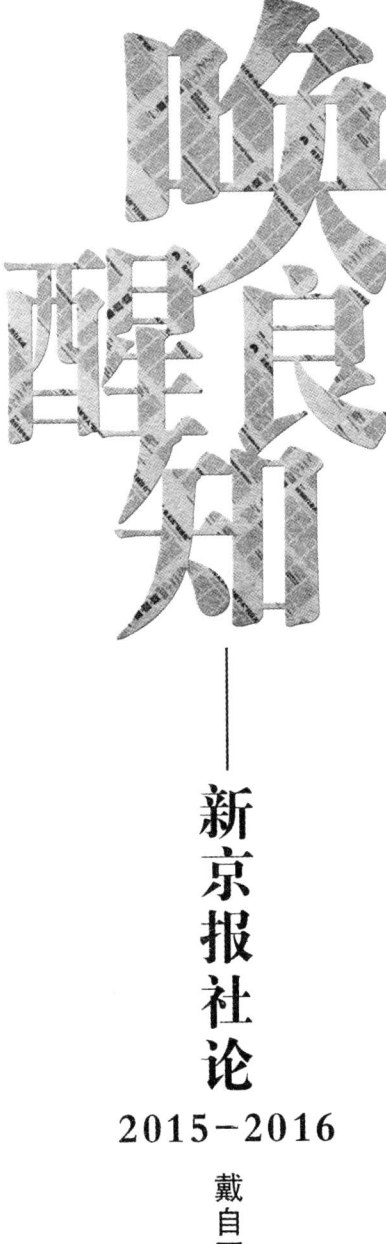

———
新京报社论
2015-2016

戴自更 ◎ 主编

中央编译出版社
Central Compilation & Translation Press

图书在版编目(CIP)数据

唤醒良知：新京报社论（2015—2016）／戴自更主编．—北京：中央编译出版社，2017.2
ISBN 978-7-5117-3247-7

I. ①唤… II. ①戴… III. ①评论性新闻－作品集－中国－当代
IV. ① I253

中国版本图书馆 CIP 数据核字 (2016) 第 323457 号

唤醒良知：新京报社论（2015—2016）

出 版 人：	葛海彦
出版统筹：	贾宇琰
责任编辑：	程 彤　曲建文
责任印制：	尹 珺
出版发行：	中央编译出版社
地　　址：	北京西城区车公庄大街乙 5 号鸿儒大厦 B 座（100044）
电　　话：	(010) 52612345（总编室）　(010) 52612370（编辑室）
	(010) 52612316（发行部）　(010) 52612317（网络销售）
	(010) 52612346（馆配部）　(010) 55626985（读者服务部）
传　　真：	(010) 66515838
经　　销：	全国新华书店
印　　刷：	北京紫瑞利印刷有限公司
开　　本：	787 毫米 ×1092 毫米　1/16
字　　数：	310 千字
印　　张：	22.5
版　　次：	2017 年 2 月第 1 版第 1 次印刷
定　　价：	58.00 元
网　　址：	www.cctphome.com　邮　箱：cctp@cctphome.com
新浪微博：	@ 中央编译出版社　　微　信：中央编译出版社（ID：cctphome）
淘宝店铺：	中央编译出版社直销店（http://shop108367160.taobao.com）

凡有印装质量问题，本社负责调换，电话：010-55626985

《新京报》13年：变的是形态，不变的是灵魂（代序）

戴自更

很多人都觉得寒冬已经来了，而我们还能在这里如约相聚，这是很温暖的一件事。大家知道，这些日子，已经不止一家报纸传出了难以熬过这个冬天的消息。所以，今天能如约在这里向大家报告《新京报》这一年的成绩，也是一件非常不容易的事。

《新京报》创刊这13年里，世界有了太多的变化，《新京报》也跟着在变。前不久，河北保定的一个孩子掉进了枯井，是《新京报》记者第一时间赶到了救援现场进行报道，而关心这则新闻的读者不必再等待次日的报纸，他只要打开手机，就可以看到《新京报》记者的现场直播——我们的记者在现场坚守了三天三夜。

即使十年前，我们也很难想象会有这样的一天：《新京报》的含义不再只是一张报纸，而是一个可以7×24小时、全方位、全媒体提供新闻资讯的内容平台。《新京报》现在到底是什么？确实很难定义，它有一份具有公信力的报纸，同时还有即时新闻、移动端，有强大的微信矩阵、快捷的新闻直播、可称之为"上帝之眼"的动新闻，甚至还有"寻找中国创客"系列品牌活动。《新京报》每天产生的三百多条原创内容，就是以各种媒体形态和传播方式呈现的。以前我们只有几十万的报纸订户，现在标注着《新京报》出品的新闻资讯的阅读量每天有上亿，在几大门户网站和移动端，《新京报》

的新闻点击率始终排在前列。

有一些朋友跟我表达过这种好奇。我回答说，《新京报》从来就不是一成不变的传统媒体。在 PC 时代，《新京报》就做了新闻客户端和数字报，到了移动互联网时代，我们又率先抢占了微信公众号、视频等资讯风口。我们一直像夸父逐日一样跟着时代在奔跑，一直贴近并探索这个时代需要什么样的媒体，而我们又能创建什么样的媒体。

与我们在内容制作方面的努力成正比的是，《新京报》的市场份额、阅读数据、经营业绩比例都在发生变化：今年以来，传统的报纸业务占业绩的比例已经在 60% 左右，而新媒体的收入正在大幅增长，比如与腾讯合作的大燕网的营收增加了一倍，报社的版权收入和新媒体广告也增加了一倍。需要强调的是，在一片寒冬中，在那些曾经号称领先一方的报纸面临亏损或者停刊命运的时候，《新京报》的传统业务依然保持稳定，有机构预测，2016 年报纸的广告下滑了 29%，而《新京报》1—10 月份的广告收入增加了 4.1%，预计今年的利润还能增长。

病树前头、沉舟侧畔，《新京报》为何能够做到"风景这边独好"？原因在于《新京报》一直在顺势而为，一直在改变自己，不仅是产品形态，还有传播方式。但是，我想告诉大家的是，其实《新京报》从来没有变过：它的灵魂、它的情怀、它的新闻专业主义，不仅没有变过，甚至连动摇都没有。

13 年来，《新京报》始终坚守社会责任。《新京报》的创办，不是为了参与粉饰，不是为了交换利益，而是为了践行当时中央提出的满足人民的知情权、参与权、表达权、监督权。13 年来，我们逼近真相，报道真相，传播真相，就是想承担起这份责任。我们没完没了地呐喊呼号，就是希望法治得以落实，公平正义惠及更多公民；我们希望通过自己的文字，重构向上的价值，让社会变得更加美好进步。诚然，以当下媒体的地位，我们有很多不如意处。但媒体在，媒体人的责任就在，比如精卫填海，比如西西弗斯推石。因为责任的驱使，正如大家看到的那样，《新京报》的记者总是出现在离新闻最近的地方。

13年来,《新京报》始终保持媒体应有的尊严。我们立志办一份纯粹的媒体:不媚俗,不盲从,相信常识,相信公理,有独立自主的价值判断,这是《新京报》的灵魂。我们希望,即使再过十年、二十年甚至更长的时间,当我们重新翻看这份报纸,依然不会脸红,不用找借口来为自己辩护:我们不曾在利益和权势面前迷失,没有讲过违背良知的话,没有写过违背常识的报道,没有利用话语权做交易。我们始终保持对真相的敬畏,对个体权利的尊重,对平等自由价值的推崇,即使为此付出所谓的代价,也坚持大道直行,无怨无悔。我们相信,只要新闻有尊严,民众才有尊严,只要新闻有力,这个社会就会有力。

13年来,《新京报》始终坚持新闻专业主义。以《新京报》名义发表的各种报道、尤其是舆论监督报道成千上万。有人问为什么碰了这么多硬钉子,《新京报》依然能屹立不倒?就因为我们坚守真实客观的原则,按照新闻规律生产新闻产品,摒弃强加在新闻上的桎梏,是我们一以贯之的办报理念。13年来,《新京报》以专业的手段、专业的水准为读者提供了迅速而准确的报道,揭露了很多被重重隐瞒的事实真相。从汶川地震、天津大爆炸到邢台洪灾系列报道,从定州血案、新泰把上访者关进精神病院到周永康背后的利益关系调查,《新京报》体现的不仅是锐气,还有精湛的专业能力。负责报道一切,对报道的一切负责,这是我们创刊时的口号,支撑这个口号的,就是新闻专业主义。我不知道为何有人要攻击新闻专业主义,没有新闻专业主义,怎么构建媒体公信力呢?

13年来,《新京报》不曾改变的还有与时俱进的创新。《新京报》在时政新闻民生化、社会新闻深度化、新闻评论常态化、报纸版式主流化等方面做了卓有成效的探索,不仅被都市类媒体,也为很多党报所借鉴。在拓展新媒体产品方面,借助原创内容优势,与拥有强大渠道资源的互联网企业合作,创建了大燕网、"我们"视频、动新闻等新媒体产品。《新京报》微博有2300

万粉丝，微信矩阵有500万粉丝。一些门户负责人告诉我，《新京报》的内容原创能力，是目前国内媒体中最好的。谦虚一点，我觉得后面加个"之一"比较好。在这个喧嚣躁动、有个自媒体就自称王者的当下，我想说的是，自媒体有它的空间，但就是把所有的自媒体加在一起，也做不出如《新京报》对天津爆炸这样的全媒体报道，而这，正是《新京报》能够在这个沧海横流的互联网时代占有主流地位的根本原因。

变与不变，已经相伴《新京报》走过了13年，我想未来还会结伴而行。变，考验的是我们的勇气和智慧，不变，考验的是我们的信念和定力。如果能把"变与不变"处理好，《新京报》应该还会有更加美好的前程。

最后我有两点想要在此表达：第一，请大家相信《新京报》，这是一份有灵魂、有底线、有品质的报纸；相信《新京报》人，这是一群有担当、有情怀、有专业能力和职业精神的人，他们以前做得很好，未来会做得更好。

第二，深深地感谢大家。感谢主管部门给了《新京报》的理解和关怀，为《新京报》提供了成长的空间和发展的机会；感谢各位广告商和合作伙伴，没有你们的信任和支持，我们不可能走到今天；感谢《新京报》的读者，共同的价值观让我们走到一起，未来我们还会给你们带去更多的惊喜。

从一出生就风华正茂，到努力创建中国最好的原创内容平台，《新京报》走过了13年的道路。这一路走来，有喜有悲，有坎坷，也有坦途，有荆棘遍地，也有繁花似锦，有山重水尽，也有峰回路转，难能可贵的是我们在一直向前。我们心怀远方、日复一日地辛勤劳作，就是为了找到属于我们、也属于大家的东西，我们相信一定能够找到。

（本文系2016年11月11日《新京报》13周年答谢活动上的讲话，有删节）

目 录

论道   001

时间未老，理想仍在	002
愿你拥有，稳稳的幸福	004
亲爱的你，值得拥有更美好的世界	006
春天属于心有诗意的每一个人	009
纪念作为知识分子的杨绛	011
唐山大地震40周年：用人性纪念人性	013
存在与尊严，是时间对真记者的回敬	016

论政   019

称举报人"叛徒"也是种"言语腐败"	020
悼念万里，向改革家致敬	022
地方官员违纪通报不能"密室"操作	024
反腐没有"纸牌屋"，也无需"敏感化"	026
"断崖式降级"，地方当学中纪委	028
当下更需要"袁庚式改革"勇气和智慧	030

查处"泄露巡视秘密",并非小题大做	032
两会上代表委员就该多说话	034
代表委员"执着"也是社会进步动力	036
张越落马,"盘古会"只剩一地鸡毛	038
听得进批评,社会就有进步	040
听懂网络"草野"之声是时代必修课	042
让更多领导脱稿讲话内容见诸公众	045
从白恩培起,让更多巨贪"把牢底坐穿"	047
公开"大老虎"贪腐细节,集结民意支持	049
新的国家监察体系"破冰而出"	051
外交部公布领导婚育信息,开了个好头	054
吴天君用"强拆成绩单"将自己钉在耻辱柱上	056

■ 论世　>>>　059

亚投行:走向多边治理的桥梁	060
巴黎恐袭是整个人类的灾难	062
在中东乱局中,别忘记共同的敌人	065
英国脱欧:反全球化终究是个民主问题	067
G20站在全球经济转型关键十字路口	069
以创新增长方式超越世界旧经济秩序	071
捍卫自由贸易,中国不可能置身事外	074

■ 论策　>>>　077

"统计造假追刑责"何时迈出第一步	078
取得社会共识是渐进式延退的前提	080
什么年代了,竟还有"流产指标"	082

"全面二孩"之后，个税改革该加速了	084
莫再让提前退休乱象削弱"延退认同"	086
废了准生证，还需剔除"审批心态"	088
实行2.5天假也要守住公平底线	090
首都周边还是应提高人口承载力	092
养老金鸿沟岂能"越填越大"	094
推行"家人合葬"，多考虑民众情绪	096
让个税改革告别在起征点上打转	098
农民进城买房，要靠鼓励而非"鼓吹"	100
跨境电商税改落地应"忙而不乱"	102
财政补贴应避免给僵尸企业"续命"	104
国企"近亲繁殖"不该久治难愈	106
拒绝"毒跑道"，国家标准不能抱残守缺	108
地方政府搭建叫车平台也是与民争利	110
是时候说"别了，漫游费"了	112
杜绝"招商造假"，需刷新政绩考核体系	114
莫把拥堵费当作"双限"快捷替代方案	116
像重视食品安全般重视个人信息安全	118
遏制新能源车"骗补"不只要靠罚	120
鼓励二孩生育别迷恋红头文件	122
让丢失身份证失灵，需打通信息壁垒	124

论法　>>>　127

税收法定：有了法，还得有立法监督　沈彬	128
"叔侄冤案"追责别"只听楼梯响"	130
呼格案：要为"终身追责"立木取信	132

"钉子户不超 5% 可强征"有违法治原则	134
是时候废除嫖宿幼女罪了	136
"排除妨害"式强拆损害法治尊严	138
在司法个案中保障媒体舆论监督权	140
法治社会不该有"农妇追凶 17 年"剧情	142
"敏感人物"减刑公示彰显制度刚性	144
慈善法规范个人募捐宜"循序而为"	146
公判讨薪民工消解司法尊严	148
法院领导当庭"传话"也是干预司法	150
依法执法何惧民众拍摄视频	152
成人礼宪法宣誓不妨成为常态	154
"行政违法大全"是份法治"负面清单"	156
让"民法总则"巩固 30 年来私权保护成果	158
"收购玉米"获罪是个黑色幽默	160
"爱国"不是违法犯罪的挡箭牌	162
寻衅无关"爱国",执法当有刚性	164
新消法"不保护职业打假"宜慎之又慎	167
检察院拒绝"创文"执勤,符合法治精神	169
让"审判环节"成为刑事诉讼指挥棒	171
多么希望冯志明被惩是因"呼格案"	173

论市 >>> 175

大涨大跌为何成 A 股常态	176
资本市场需要一场大刀阔斧的改革	178
李量落马,资本市场需重塑法治	180
对中国经济调整 5 年阵痛期多点耐心　杨国英	182

注册制改革撬动资本市场巨变	184
成品油提税跟空气治污关联性有多高	186
设立GDP区间目标，为转型留出空间	188
证监会"换帅"，股市能否告别政策市	190
地方搞房市行政维稳，不如尊重市场	192
不必以人民币回调低估中国经济	194
这个时代需要什么样的中国创客	196
GDP"开门红"：投资拉动仍有空间	199
地方不应在营改增前"留一手"	201
去产能切忌走制造产能过剩的老路	203
万科"权力的游戏"别成了反市场	206
房产税并非抑制楼市泡沫必杀技	208

■ 环评　>>>　211

"水电经济"应该为生态让路了	212
驱逐记者是自掘环保的城墙	214
环保部两度否决，无碍百亿钢企上马？	216
"环保警察"执法难，要向法治要对策	218
"雾霾费"应当收得明明白白	220
像公开PM2.5一样公开土壤污染信息	222
环保部门带头造假是公信力之霾	224
政府替企业缴排污费，侮辱"治污"二字	226

■ 热评　>>>　229

外滩踩踏事件，"最坏打算"去哪了？	230
不能再由非消防官员"指挥灭火"	232

"干尸男童"事件呼唤中国版安珀警戒	234
虐童案警示：应对收养人做心理评估	236
一次爆燃让多少PX科普打了水漂	238
不被引产，还得靠中央部委发话？	240
鲁山火灾"烧"出民办养老院短板	242
让"干尸男童"担责70%是二度伤害	244
王林"权力中毒症"无法靠权力来解	246
"释正义"何以能拿出"警方笔录"	248
足协道歉，更要彻底完成管办分离	250
深圳发生滑坡事故令人难以接受	252
解决医疗纠纷，别让公文压倒真相	254
"救援奇迹"和灾难肇因都该被铭记	256
对草原天路收费岂能搞越权定价	258
地方政府何以解"华为跑了"之忧	260
高考仍是底层社会阶层逆袭不二之门	262
"毒跑道"治理岂可"不报不动"	265
"史上最安全"说法为什么不动听	267
"老虎"受害者不该再被"冷血"审判	269
新时代女排离不开专业主义	271
我们该怎么拯救坠井的孩子	273

专评 >>> 275

1. 聂树斌案 276

聂树斌案：有效阅卷只是第一步	276
聂案听证：用司法公开赢得司法公信	278
聂树斌案听证会上疑点须全面查清	281

聂案复查再延期:真相要对历史负责 283

聂树斌案再审:用证据和程序实现正义 285

聂树斌改判无罪,中国司法的一个"结"终于解开 287

用司法改革杜绝下一个聂树斌案上演 290

2.天津大爆炸 293

正视爆炸带来的安全感危机 293

不能再让隐藏危化品成为"炸弹" 296

爆炸仓库是怎么通过"安评"的 298

安监总局局长被查也关乎公共安全 300

被"关系"搞定的消防怎能防爆炸隐患 302

检方先行,摁下天津爆炸追责按钮 304

"天津又爆炸",原因何其相似 306

3.专车新政 308

不合理的出租车专营为何改不了 308

肯定专车服务,应有实质政策松绑 311

"专车第一案"能否为专车合法性破题 313

专车监管也是深化改革风向标 315

居民出行自由才是专车新政焦点 317

面对"互联网+",警惕"叶公好龙" 319

对待网约车不能学"老欧洲" 321

废止出租车管理办法,理顺监管职能 323

网约车合法化:让改革与民意共振 325

让地方细则承接国家网约车新政善意 327

兰州网约车改革别走"回头路" 329

网约车立法,要明确"前科准入"问题 331

4. 魏则西事件 — 333

"魏则西事件",多少法律责任待澄清 — 333

解决"莆田系问题"也需靠市场竞争 — 336

警惕魏则西事件背后的"反市场化" — 338

是时候根治医院科室外包乱象了 — 340

人性荒芜的商业模式应走向终结 — 342

后记 >>> 345

论道

■ 2015年1月1日社论

时间未老，理想仍在

不愿温顺走入那长夜的人们，都要来欢欣地迎接新年。这是2015。一切仍如你所见，时间未老，理想仍在。

时光深沉悠远，让我们一再陷入迷思：我们所抵达的今天，是否就是我们曾经向往的明天，曾经梦想的彼岸？

就像双手捧着光芒。我们走过的2014，饱含敬畏，充满力量。

又一个甲午之年。这是中日甲午战争爆发120周年，第一次世界大战开始100周年，也是"二战"全面爆发75周年。

这是新中国成立65周年，新中国第一部宪法颁布诞生60周年，《中共中央关于经济体制改革的决定》发布30周年，一位叫做邓小平的中国人诞辰110周年。这也是第一次国共合作90周年，中英签订《关于香港问题的联合声明》30周年，柏林墙倒塌25周年。

时光流转之中，在过去未来之间，我们续接了什么，又开启了什么，可曾辜负，又是否真正获得了祝福？

虽不去向历史寻找某种镜像，但这一年必定深刻于历史。我们一起走过的2014，石印或是铁痕，无不深藏功与名，也寄予梦想与光荣。

这是深改之年。这一年，户籍制度、财税体制、公车制度、城乡养老并轨等一批重大改革方案相继出台，简政放权持续加码，改革在全面深化。

这是反腐之年。巡视升级，打虎拍蝇，清理裸官，海外追逃。十八大以来，已有4位副国级以上的高官落马。重拳更兼整风之下，民心或有昂奋，官意难免怵惕。

这是洗冤之年。蒙冤8年的念斌等来无罪判决；枉杀18载之后，呼格吉勒图同样迎来无罪宣判。与此同时，最高法院指令复查聂树斌案。

这也是融合之年。APEC会议在北京举办，首届世界互联网大会在乌镇召开，中国在"主场"与世界融会贯通。

权力是否规束，权利是否无恙。司法是否找到了公正与程序，法律是否成为信仰与文化。令人欣慰，十八届四中全会提出了全面推进依法治国、依宪执政之方略。

这一年互联网仍在继续创造新的奇迹，成就新的梦想。这一年，有传统媒体和媒体人的告别，同样也有理想的坚守，和跨越介质的媒体融合。

这一年的失联事件频繁发生，恐怖事件时有出现，灾害事故依旧频仍。但我们从未丧失对苦难的感同身受，对于正义的心醉神驰。

一个大国的叙事，如何深度契合每一个个体的感受，而我们是否真的可以坦然讲述这一切？无论如何，这是我们的2014，我们的血肉故事与心灵风暴。

不是所有的告别，都能以赞美结束；但一切的开始，都要以祝福开启。时光漫长，道路宽广，我们仍旧拥有理想，拥有未来。

这是一场早已开始的变革，根本停不下来的转型。2015，注定更多元也更复杂，更急剧也更深刻，更动荡也更精彩。

面对这一切并不轻松，但我们在一起。我们拥有对于变化的期待，对现实的善意，对价值的坚守，也拥有对这个国家的信心，对这片土地的热爱。

我们深信，世界必然向好。今天所有的混乱与芜杂，努力与精进，都将在进步中变得更加清晰。

时光不老，理想仍在。早安2015，早安中国。

（执笔 杨耕身）

■ 2015年2月19日社论

愿你拥有，稳稳的幸福

岁在乙未，春之节日。大地依然苍茫，河水依然流淌，依然由春天掌灯，将我们照亮。

家人都在家中，一年的辛劳，来年的梦想，也都在家中。没有比此刻更让人心安的了。五千年时光都站到身后，把未来放到明天，我们只管以最传统的温情，让春暖花开，让风和日丽。

当雾霾消散出一片大好河山，诗歌也会穿过大半个中国找到你。就像干戈载戢，悲苦永逝，就像玫瑰盛开于疮痍之地，上天永怀好生之德。

就让我们整日间与亲人交谈，或者去遇见每个有着干净笑容的人们。千秋怀抱三杯酒，万世功业也抵不过那片刻的绕膝之欢、天伦之乐。就让我们专注于一己小小的悲欢，拥有这世俗的稳稳的幸福。

此心安处是故乡。愿每一个家庭都美满，愿乡愁终不至于沦陷；愿所有还家的人们都沐浴亲情，愿所有在外的人们都有"家"可归。这世俗的幸福，希望你能拥有。

虽是农耕的节日，却有着文明的深沉指向。迄今为止，家庭仍是一种最良好的自然状态，更合理的社会细胞。家和万事兴，家泰则国安，朴素的逻辑中，藏着一座烟火弥漫的人间天堂。

所以我们希望客机不再失联，校车不再倾覆，像昆山的爆炸可以杜绝，像昭通的地震可以防范。亲情隔阻，永远是每个家庭不能承受之重。我们更希望这所有的家庭，可以获得慰藉，能够生者坚强。

我们希望念斌不再踏入同一条河流，呼格吉勒图的故事不再发生，而我们的房子也可以不再遭遇"艾滋拆迁"。我们谨以法治之名，祝愿没有离乱，没有侵犯，祝愿身边的每一位亲人都能安全。

我们希望更公平的市场，更公正的秩序。或是股市异动，消费变化；或是单独两孩政策落地，不动产登记实施；或是户籍制度改革，城乡养老并轨。一只蝴蝶偶尔振翅，都可能引起一场家庭的剧变。

愿每一个人都美好，愿每一次付出都有回报，愿每一个个体都有力量，愿每一次抵达都同时抵达价值与尊严。这世俗的幸福，希望你能拥有。

我们早已洞悉，只有人，只有每一个实实在在的社会成员，才是迄今为止一切发展的目的，一切改革的旨归，一切政治与法治的立场。这恒定的价值观，应该稳稳地熨帖着我们。

每一个人梦想的实现，都是实现中国梦的一步。你怎样，世界便怎样，所以勿以声音微小而放弃呐喊。所以希望成长没有告别，希望自由不被束缚。

我们活在这个世间，带着简单的愿望，仿佛无所用心，但即或如此，我们有谁可以免于被时代所触及的命运？谁又不在展示一个社会真实与隐蔽的秩序？所以希望平等没有局限，希望公道自在人心。

希望每一个人都安宁祥和，每一个人都不可予夺，就像尽管总有苦难我们无法面对，总有裹胁与迷茫我们无法勘破，但我们却仍旧可以拥有力量，拥有净地。

无论如何，我们都要在世俗中找到幸福，在红尘中建筑天堂。青山不改，绿水长流。那稳稳的幸福，希望你能拥有。

（执笔 胡印斌）

▎2016年1月1日社论

亲爱的你，值得拥有更美好的世界

北国风光仍然千里冰封；南方冬阳依旧若有若无。

我们已经辞别了2015。的确没有什么能够阻挡时间，这时间里所蕴含着万物的力量。

你好，2016。不得不说，越是郑重的告别，越在用力描绘理想的形状，以及那属于初心的殿堂。

一切并不都是那么难以言喻。一个大国的行程，其来有自。

又是一年冬往春来，花开花落。当十八届五中全会方略初定，全面小康开始冲刺，军队改革大幕拉开；当人民币高调"入篮"，反腐败愈发深入——旧的利益格局不断被打破，新的规则在不断生长。

这一年，中国人民抗日战争暨世界反法西斯战争胜利70周年，举行了盛大阅兵；海峡两岸领导人在新加坡会面，跨越66年双手紧握。

一个时代的演进，细致入微。

随着宪法宣誓制度得以确立，"民告官"进入2.0时代，嫖宿幼女罪也已废除，而那个曾经被判劳教的任建宇也以高分通过司法考试。当"全面两孩"政策得以公布，1300万"黑户"浮出水面，7000万人纳入"精准扶贫"目标……

在权力与权利的格局里，政治与法治的生态下，利益与权益的场域中，只有人，是永恒不变的价值主体。这是可以获得"获得感"的前提。

当你时常看到天空"飘来五个字",又需要"证明我妈是我妈",999居然也指责患者"影响稳定"——有一种现实也会让人泣笑皆非。

我们吃过"38元大虾","巴黎恐袭"也让你心塞不已,"无妈乡"的留守儿童仍在等待抚慰。

长江之星翻沉,天津港爆炸黑烟骤起,深圳渣土堆汹涌而泻……"灾难文艺腔"无法拂去创伤,灾难需要用调查和追责告慰逝者,安抚民心。

每一年,都有欢乐和哀伤。然而,在这时代的宏阔与巨变中,什么又是从来不变的恒常。

在过去的一年,我们看到了一些媒体的倒闭与凋零,还有一些媒体人的转型与离去。但坚守者深知,无论媒体传播格局如何改变,舆论场如何喧嚣,真相与正义是媒体和社会需求不变的恒常。

还有一些传统企业走入彻骨的寒冬,但也有更多的企业插上互联网+的翅膀,涅槃重生。"大众创业、万众创新",在过去这一年,无数人们无所畏惧去追寻他们的光荣与梦想。无论产业形态如何变革,自由与创新是不变的恒常。

每一次悲喜都是时代的怦然心动。每一次怦然心动,都是因为,我们心底怀有自由、正义、良知……这些不变的恒常。

政治家坚守这些恒常,好的制度就会出现;企业家坚守这些恒常,就会扩展人类的自由与富足;媒体人坚守这些恒常,整个社会就会多一些积极向善的力量;每一个人都坚守这些恒常,我们就能走出"互害"的域场。

亲爱的你,值得拥有更美好的世界。

这个世界一切的美好,悉由你造。譬如一灯,灼于暗室;譬如微风,点燃荒野。你若黯淡,世界也会失色;你若温和坚定,世界便岁月静好。

人是万物的尺度,而尺度在你我的心中。

喧嚣的舆论场中,每一个人都是10万+的存在;互联网+的年代,每一个人都是不可被屏蔽被拉黑的主体;最是转型与激荡的时刻,每一个人的命运仍是未被减损的深度报道。

我们总要以你的神情,来描绘这现世的样子。到任何时候,我们总要以理想与情怀来勾画,以公平和正义来雕刻,以法治与良知来守护。

在每个醒来的清晨相信天还是蓝的,在每个崩裂的时刻相信正义的聚集,在每个反转的时刻相信价值的坚定。你为着理想的坚定与努力,值得更美好的世界与之匹配。

沉舟侧畔,病树前头;日月恒升,山高水长。你好,2016,你好,亲爱的人们。

(执笔 杨耕身)

2016年2月8日社论

春天属于心有诗意的每一个人

极寒之后,立春已过,很多地方已然春暖花开。体察这静静的美好,让诗人余秀华"一次次按住内心的雪"。

你好,春天!

春天属于心有诗意的每一个人。无论心头有多少雪,无论回家的路如何"行行重行行",萌动、悸动、骚动已然开启,春天就在眼前。

这一天,喧腾了近半个月的春运,暂时画上休止符。就像童书《团圆》里那个4岁小女孩毛毛,从今天开始,就要一天天数着爸爸在家的日子,初一、初二、初三……捏紧手中的"幸运"硬币,期待着来年,"我们还把它包在汤圆里喔"!

长长的牵挂,浓浓的亲情,我们都是家的虔诚信徒。万家灯火,是这个时代最让人牵挂的图腾。每一次回家都是一次朝拜,每一次离开都是下一次回家的起点。生命在来来往往中充实、完善,被赋予神圣和庄严。

我们希望每一个人,都能找到回家的路,都有一份家的深沉惦念。城市拆迁,可能会拆掉一些屋舍,却拆不走生活的气味与成长的记忆;农村荒芜,可能会留下几多叹息,却掩不住家族血脉的传承。所有这些,都不会改变我们守望家园的千秋记忆。

时代剧变,家的概念也在改变。父母之邦、栖身之所、创业之地,都是我们的家,承载、寄托、生发着我们的记忆与情感。他乡丕变,故乡明月,成就我们人生的丰满。公民之"转徙于江湖间",俨然常态。

安心,必先安身。安身方有尊严、有归属感,才有一路春光春色。唯愿神州大地不再有"长安居大不易"的深长感喟,唯愿越来越多的人"直把他乡作故乡",唯愿城乡之间,再无门槛。

在新春开始的这一天,你和我,或许在干净的院子里读首诗歌,或许在静静的日头下品品闲茶,或许什么都不做,只是希望,不要被无辜羁押,不要被狂暴踩踏,不要被突然的爆炸抛出,不要在懵懵懂懂中被倾覆。我们只想要世俗、简单、平淡的幸福,大悲大喜只该存在于戏剧和小说中,我们更愿意生活在平静而温暖的春天里。

春天,雾霾散去,人心复苏。倾听春天里的花花草草潜滋暗长,那是一次次发现新大陆的惊喜:小草有了绿意、蜡梅暗蕴香气;看熟悉的公园里松鼠自由奔逐,就像我们的儿女,做着简单却又永不厌倦的游戏。当然,我们也乐见新的一年里,一切都波澜不惊,不会再像过去的一年每每被风雨袭击。

这一天开始,愿孩子们不再哭泣,愿远方的游子不再孤单。每一个人,都有权利生活在春天。今天,拜年、舞龙、逛庙会,或什么事也不做,只是在家这个安全的城堡里悠然自得。

厚重的历史,沧桑的山川,古老的春节,在开始的这一天,包容生命、承载尊严。今天,大家相见,拱一拱手,道一声:您好呐!然后,眼前万古河山。

(执笔 胡印斌)

2016年5月26日社论

纪念作为知识分子的杨绛

杨绛先生去世，朋友圈刷屏。有人说，突然间好像每个人都跟杨绛先生很熟。有人说，这样的嘈杂，杨绛不会喜欢。而最令人气愤的，莫过于几段与杨绛无干、冒用她的名义的鸡汤话大肆流传。

我们早已习惯纪念名人，却忘了如何纪念一个知识分子。我们知道如何歌颂一段传奇爱情，如何把格言做成图片供人转发，却不知道该如何评价一个认真读书、思考、写字的人。

杨绛的身份是多重的，作家、翻译家、研究员，以及"钱锺书的妻子"。公众对逝去名人的纪念，本就各取一瓢饮。通俗地说，每个名人都注定"被消费"。处世平淡如杨绛者，即使对此感到不快，谅也不会深责。为一个知识分子找到合适的位置，与其说是公众的责任，不如说是其他知识分子的责任。

在我们这个社会中，知识分子地位的尴尬并不是新鲜事，也无须埋怨商业大潮对知识尊严的侵蚀。杨绛最重要的两部原创作品《洗澡》和《干校六记》，写的就是知识分子艰难适应新环境的历史。从杨绛记录的年代开始，直到今天，中国知识分子的命运令人感怀深切。

孟子说"知人论世"，谈论知识分子更不能离开特定的时代背景。虽然杨绛常说自己只在"小天地里过平静的生活"，但她的身上和笔下早已烙刻上深深的时代底色。

知识分子之所以有被纪念的必要，是因为我们相信知识的力量。用体力劳动改造知识分子的尝试，早已宣告失败。正在重新赢得共识的信念是，知识分子的独立人格、超越思考、自由发言，对整个社会的安全运转是必不可少的。

杨绛写的是大历史，写法却极其个人化。借用钱锺书的说法，杨绛写的是"大背景的小点缀，大故事的小穿插"。但是后人要想理解历史，恰恰离不开这些小点缀、小穿插。因为历史从来不止是数据统计和大事记，人的感受与情感才是历史的血肉。

有人责怪杨绛没有利用自己晚年的身份，更直接有力地"推动社会进步"。杨绛确实很少有金刚怒目的时候，这与她恬淡避世的性情有关。但首先要知道，杨绛从未放弃对社会的关心之责，比如以全家三人的名义，将一千多万元的稿费和版税捐给母校清华大学，设立"好读书"奖学金，以资助困难学生。

还要知道，知识分子并非活动家，知识分子和每个人一样，都有选择自己生活方式的权利。杨绛之为杨绛，并没有妨碍他人成为自己。每个人不能因为自己的立场、观点而苛责别人应当去成为某种人，更不能以此作为评价一个知识分子的标准。

在多重因素的共同影响下，杨绛已成为一道文化景观，然而景观往往遮蔽真义。如果粗暴地将杨绛简化成一个标签、一个传奇，那是对知识尊严的亵渎。斯人已逝，有必要以知识分子的身份纪念这位百岁老人。

（执笔 西坡）

▌2016年7月28日社论

唐山大地震40周年：用人性纪念人性

2016年7月28日，是唐山大地震40周年纪念日。40年前，如同一声惊雷，一场7.8级地震撕裂了唐山大地，23秒，24万生灵罹难，弥望尽是疮痍，这场惨烈的大地震，瞬间让唐山变成荒墟，更成了国人心头恒久的伤痕。

40年里，昔日痉挛的大地创口渐渐愈合，那些亲历者则以舔舐伤口的方式不屈地活着。40年后，我们回望这场灾难，不是为了以灾难纪念灾难，以一种痛去承接另一种痛，而是为了于温故中缅怀那被灾难夺去的一个个曾盛开的生命，也感受寓于"向死而生"中的人性力道与"人是目的"的分量。

每次灾难，都该以历史进步为补偿。从唐山大地震发生到现在，中国社会"苟日新，日日新，又日新"，变化可谓翻天覆地。而种种变化中，与人类社会进步脉络最为契合的，就是个人价值的被打捞和重新发现——历史叙述笔触越来越多地从集体转向个人，更加注重对个体生命力和人性尊严的着墨，而非将人作为宏大叙事里抽象虚焦的脸谱化存在。

社会学家梁漱溟曾说过：中国文化最大之偏失，就在个人永不被发现这一点上。个体权利、个人尊严，本是法治和文明社会发展的根本性旨归；一个社会的成长，也是以对每一个人的权利珍视程度为衡量尺度的。遗憾的是，在过去的传统观念中，集体本位作为主流价值嵌入社会认知图谱中，集体主义也从道德原则泛化到了社会各个层面，计划经济即是其在经济领域的映射；普罗大众多样的生命形态、个体诉求，则动辄被放逐在集体话语之外，个人被认为是集体的附庸，没有独立于集体之外的价值。

但随着中国社会在现代化各维度上的纵深发展，人们的尊严、权利意识不断苏醒，个体的生命和其他方面价值也日益凸显，更多的集体性要求被移至"责权利"的现代话语框架下，更多的权利被重申被保障。中国社会也渐次迎来"大写的'我'从混沌的'我们'中凸显出来的时代"。王小波说"个人是尊严的基本单位"，而今天的很多制度、政策和法规，也指向了对个体权利的尊重，指向每个人过上体面有尊严的生活。

由此，我们看到，在2008年兴建的唐山大地震纪念墙上，铭刻着那场地震中罹难同胞的姓名。

人本立场、人文主张日渐深入人心。人们对唐山大地震的纪念，嵌入更多"人性"与尊重个体价值的视角：冯小刚拍的电影《唐山大地震》中，不再是宏大的叙述策略，而是重点讲述地震后的个体境遇和人性纠葛，地震也成为个体精神救赎的"试验场"；而媒体对地震幸存者灾后疗伤的报道，对4204个孤儿生活日常和命运"隐伤"的探访，也是落脚于"人"——灾难之为灾难，首先在于它带来的是个体的不幸。关注这些不幸者，进而改善其境遇，也是整个社会需要的人性关怀。

任何灾难，都是对命运共同体的考验，也是对人性的砥砺。命运共同体里的相互守望，亟须对个体价值的珍视。这需要的，不止是灾时的互助搀扶，灾后的救济关怀，更是对个人生命和尊严的充分庇护。我们不止是要在唐山大地震后去帮扶当年的受害者，或在汶川地震后"济川"，更要借此明确生命与个体尊严至上的人文理念，缝合权利保障的短板，让我们所有人不踏入"修短故天"以外的灾难中。

逝者为生者承担了死亡，生者承担灾难的记忆，举凡天灾，莫不如此。

唐山大地震过去整整40年了，中国社会已经发生了巨大的改变。当年出生的婴儿，如今也进入了不惑之年。历经40年的风雨，我们发现，人性才是可以穿越一切的价值，对个体价值的守护，才是我们面向一切灾难的起点。

纪唐山，念唐山。愿家园永远平安，愿每个同胞都幸福、有尊严！

（执笔 佘宗明）

■ 2016年11月8日社论

存在与尊严，是时间对真记者的回敬

就在11月8日凌晨，河北保定蠡县中孟尝村，参与救援的60台挖掘设备仍在挖土作业，经夜未停。此时，距6岁男童跌落枯井，已过去了近48个小时。

我们的记者凌晨赶赴现场，发回了第一手的报道，也经夜未眠，守候现场，报道救援者的努力，祈望孩子平安。

他们似乎忘了，今天是他们的节日。但没有什么比新闻现场更适合的过节场所。

第17个记者节，就这样如期而至。

没有仪规，没有程式，时间仍在流逝，日子已经不是往常。

当下时节，似乎正照应很多人对媒体行业的前景认知：岁暮天寒。没事唱衰一下传统媒体、调笑几句新闻人，早就成了流行姿势。

今年以来，传统媒体广告继续下滑，经不起风寒的纸媒的停刊早已不是新闻，"广告断崖式下跌"也不再触目惊心。传媒行业的变革步伐、传播媒介的终端更替节奏，都摆在眼前。

抢食者在掠夺，颠覆者在谋动，用户在苛求，永不停止地奔跑之外，有摆脱不掉的现实压力和迷茫，这是很多传统媒体人烙着时代印记的焦虑和危机。

但这又是一个传媒业"千年未有之变局"的时代，如声光电在农耕时代的降临，旧破新立，新旧更替。新媒体、自媒体兴起，传统媒体在移动互联网时代转型新生，沧海横流，英雄相竞，又是一派勃勃生机。

移动互联网时代已大大拓展了"媒体人"的定义。无论身在传统媒体，还是去了新媒体，抑或是在折腾自媒体，作为信息发布者本质上都是同一种人——记者。

这个记者节已经不再是传统媒体和传统媒体人的记者节，而是宽泛意义上的、一切从事新闻、信息传播从业者的节日。

媒体无分新旧，入行不论早晚，突破门户之见，大家站在同一个起点。

我们认为市场最公平、最公道，也是最好的遴选机制。我们习惯了见证其他企业的生死存亡，为什么看到同类传统媒体的死亡又惊诧莫名？应该看到，在公众的视线之外，那些已经死去的新媒体或许早就堆积如山。

淘汰加速、竞争激烈，所以，这是一个记者最坏的时代，也是一个最好的时代。

那些混日子、昧着良心说话的记者，或许会发现被啪啪啪打脸的时间节奏越来越快，生存空间越来越小。但是，坚守理想与责任的媒体和媒体人，其实并没有被急流冲退，他们仍然获得了社会最好的回馈。

所谓的"媒体寒冬"，其实只是那些已不像媒体的媒体的寒冬。真正的媒体和记者，经过大浪淘沙，仍在熠熠发光。既有传统明星媒体，也有新兴自媒体。

在这个时代，无论是否新旧媒体，在记者节，都绕不过一个最为根本性的问题——在我们纪念记者节的时候，记者职业存在的价值和尊严现在又在哪里？答案或许一直都没有变过。

人类需要真相，权力需要约束。公众不可以活在虚假和阴暗中，对真相的逼问和挖掘永远是社会的刚需。

不管媒体如何转型，格局如何变迁，社会对媒体人职业的需求和要求，并没有发生什么任何的改变。

在这个时代，记者职业的存在和尊严，不只是来自资本的青睐，也不是来自别人的恩赐，而在于能否满足社会需求，是否有专业的精神生产新闻事实，有无勇气揭露黑暗背后的真相，能否以犀利的目光洞察趋势。

媒体寒冬，不需要施舍的温暖。因为，总会有真正的记者刺破脓肿、守住公正，用阳光的力量温暖社会，温暖自己、温暖同行。

也不必对现实悲观，不必为未来迷茫。本质上，新闻不会凋零，只是以另一种方式在期待我们。

嘲笑初心的虚妄是世界上最无聊的事情，因为，永葆初心的人不会被时间辜负。存在和尊严，是时间对记者们坚持的回敬。

（执笔 于德清）

论政

■ 2015年4月22日社论

称举报人"叛徒"也是种"言语腐败"

经常在地下酒窖"上班"、主政泉州时与商人过从甚密、出事后司机自杀未遂……2015年3月份被中纪委通报涉嫌严重违纪违法的"福建首虎"徐钢,这些天被媒体聚焦。据《新京报》报道,2012年时任泉州市委书记的徐钢因遭举报,在泉州一次老干部座谈会上,公然称泉州有"叛徒"举报他是大老虎,"如果不是我的身份还在,我就要和你单挑"。

徐钢要与举报人"单挑",让人瞠目,也易让人想到南京市原市委书记杨卫泽——他落马前面对落马传言,群发短信"辟谣"称"国内的网络比文革大字报更险恶……井冈山斗争历史和其精神,使我更淡定更从容面对任何敌对攻击、恶意中伤和传谣惑众"。只不过,无论他们澄清时多么笃定、语气多盛气凌人,最终仍难逃恢恢法网。这既暴露出其表演性的人格,也将"言语腐败"这一病象呈现于公众面前。

所谓"言语腐败",也即带有腐败表征尤其是违背法治精神的言论、表态,乍看起来,它跟行为层面的腐败尚有距离。但从官员话语流露出来的情绪、意志看,这种"言语腐败"亦值得警惕,它或是发掘腐败的引线。

可能有人会说,官员放出这类狠话,意在掩饰其内心的仓惶不安,色厉而内荏不足为道,其实不然。言为心声,尤其是很多即兴随口的言语,也是思想、行为的征兆。有些位高权重的官员在台下说什么、怎么说,往往可从中发现行为举止的蛛丝马迹。现实生活中,言语逾矩带出腐败行为暴露的例子并不少见。

　　徐钢听闻有人举报，不是"内自省也"，认真检视自身行为是否触犯了党纪国法，却明目张胆地表示要"单挑"举报人，此举不仅仅是对监督的抵触，更是种赤裸裸的威胁。事实上，徐钢这样说了，也这样做了。据报道，2008年底，因徐钢的朋友与一蔡姓商人有经济纠纷，徐钢就指令有关部门以涉黑、涉嫌非法经营公开调查蔡姓商人。他的奇葩言语，其实是对这种悖逆法治正义做法的顺承。同样，"正气凛然"的杨卫泽也没笑到最后，当初的豪言壮语也成了坊间笑料。

　　本质上，这些贪官的"言语腐败"无论是斥人还是自辩，普遍都倚仗着权力的威势，其共同特性就是恣意狂言，罔顾法治精神。从这个意义上讲，部分官员的大言炎炎，特别是"言语腐败"，都该被视作按图索骥的反腐线索，引起有关方面重视。

　　当然，一些官员的"言语腐败"也与现实中群际话语权不平等有关系。有些官员凭借先天充裕的话语权，可以随意改变词语的涵义，甚至指鹿为马、操纵人心，"冠恶行以美名，冠善行以恶名"；而一般公众出于良知奋起举报，却常被污名化和遭打击报复。这种权力与权利关系的扭曲畸变，也在滋养着"言语腐败"的生成。

　　说到底，一些官员"言语腐败"的大行其道，与经济腐败一样不容忽视，它产生的负面效应绝不止于舆论影响，还有对法治精神的踩踏，对民间抑制着的正义的戕害。正如经济学家张维迎说的，"当我们发现我们都是真诚的，当我们的官员不胡言乱语的时候，那我相信，我们的企业界，其行为都会有一些改变"，而这种改变的根本，就指向对法治规则的尊崇。

（执笔 胡印斌）

■ 2015年7月16日社论

悼念万里，向改革家致敬

2015年7月15日12点55分，中央书记处原书记、全国人大常委会原委员长万里同志因病在北京逝世，享年99岁。这引发全国民众悼念如潮，其"改革闯将，实干万里"的形象也引发人们广泛的追思。

万里是党内元老，他的生平事迹有很多东西可写，有很多值得总结。而人们印象最深刻的，是他1977年出任安徽省委第一书记后，将小岗村创造的"联产承包责任制"或曰"包产到户"的经验推向全省，从而拉开了中国农村改革大幕，实际上也拉开了中国三十多年改革开放的大幕。

改革之于今日中国，是一项社会共识，但在20世纪七八十年代，却充满争议，要受到"一大二公"的政治观念掣肘，冒巨大的政治风险。万里主政安徽时，经过深入调研，推动安徽省委出台"省委六条"，明确"以生产为中心"等，实行以组包产，联系产量计算劳动报酬。这些改革举措广受拥护，万里也被认为为推进农村改革贡献了扛鼎之力。邓小平就曾表示，"中国改革从农村开始，农村改革从安徽开始，万里同志是立了功的"，而"要吃米找万里"也成了时代口号。

万里被民众悼念，正是因其当年的改革锐气、闯劲。他对农村包产到户的推进，对中国民主法治的推进，都灌注了敢为天下先的改革勇气。当下，改革这一关键词贯穿于中国政治经济发展图谱中，今年中国更是步入全面深化改革的关键之年。在此情境下，纪念万里，是对其政治人格的景仰，也是对老一代改革家改革精神的追思。珍视他们留下的精神遗产，也能为时下的改革找到历史刻度。

在改革步入深水区的语境下，有险滩待跨、有硬骨头待啃。这与三十多年前改革开放时面临的一些情况相通：要继续发展，就需要破除长期积累下来的体制机制弊端，需要触动一些根深蒂固的既得利益。当年以邓小平、万里等人为代表的改革家，甩开了膀子、迈开了步子，开启了中国三十多年改革开放的辉煌；现在我们致力于全面深化改革，正如习近平总书记强调的，同样需要"大家争当改革促进派"。敢闯敢试，敢于突破思想观念、体制机制上的条条框框，这是万里的"改革促进派"风格，也是最值得后来者学习的地方。

"闯"不是蛮干，而是要实事求是，其现实立足点就是在民主法治框架下干实事。毕竟，中国的现代化在世界上没有固定模式可循，这更需要实干，并为其赋予法治化、制度化的内涵。万里给亿万民众留下了"改革闯将"的形象，而其精神实质就是遵循规律干实事。他之所以"闯"，是要解决其责任范围内所面临的实际问题，而他最终也"想干事、能干事、干成事"——"联产承包责任制"对生产力的解放，也会永久性载入历史。

而今，万里长辞，中国正行进在全面深化改革的征途，路漫漫其修远。在此之际，人们悼念万里，是向当年的改革家致敬，也是让改革精神薪火相传，最终实现老一辈改革家们的夙愿，拥有一个更加美好的未来。

（执笔 杨于泽）

2016年1月4日社论

地方官员违纪通报不能"密室"操作

据中纪委网站2016年1月3日披露,梳理地方纪委官网通报曝光数据发现,2015年通报曝光数占违纪问题查处数不足20%,其中,通报曝光的地厅级干部占处理人数的19%,县处级为17%。统计还发现,二十多个地市在省级纪委官网"零通报",如果到县一级,"零通报"的更多;四成省份仅在重要时间节点才集中通报曝光。

查处官员违纪问题32128起,而在省级纪委官网上通报的却只有6110起,这未免太"低调"了。通报明明是"惩前毖后以儆效尤"的良药,却被有意无意掩藏了起来。而违纪者姓名不被通报,公众要么坠入一串数字茫然无绪,要么只好凭想象胡乱猜测,无法对应具体人事,监督恐怕也难有着力点。

通报干部违纪,是当下处理违纪官员的辅助性震慑形式,也是党风廉政建设的要求。实质上,有些官员违纪后尚未处理就被通报,这也能起到警示作用。

可如今有些地方对违纪官员查也查了、办也办了,却不向社会公开。不排除有的地方对通报流程轻慢懈怠,有些地方担心公开曝光违纪的案例多了,会影响干部队伍在当地的威信。还有些地方选择"秘而不宣",也可能是出于保护干部的考量。他们或许以为,无论违纪多严重,只要"关起门来",就能控制舆情,避免相关违纪官员陷入舆论重围。王岐山就曾提及该问题:"(对腐败问题)我们中纪委坚持一条,就是曝光。有省长、书记跟我讲,岐山同志,你怎么处理都行,就是别给我曝光。我说,就是不处理也得曝你的光。"

正因将违纪被查处当作"内部问题",有操弄空间,有些违纪干部才害怕曝光甚于处理。这些年为什么总有些官员落马后被发现此前曾"带病提拔"?奥秘就在于此。假若这些官员先前违纪的问题被通报,还有后续的越贪越大吗?

通报曝光被处理官员,终究是保障公众知情权、监督权的重要方式,是纪检监察机关等工作公开化的内在要求。2015年3月,中央国家机关工委、纪工委印发了《关于中央国家机关违纪案件通报曝光工作的规定(试行)》,就明确了通报曝光的党纪处分案件范围、通报发送范围等。对地方有关部门而言,通报曝光违纪案件是正风肃纪、惩防腐败的有效举措,而不是可有可无的"选择题"。

在这方面,一些地方应该消除在巡视组巡视时应付的侥幸,也摒弃只曝光科级以下的"一般干部"、遇到职位高点的则不曝或少曝的隐规则。而通过通报曝光,公众也能对案件查处彻不彻底、问责到不到位清晰透视。

习近平总书记曾经说过,"决不允许在贯彻执行中央决策部署上打折扣、做选择、搞变通"。眼下一些地方违纪不通报,是不是在廉政建设和反腐问题上"打折扣、做选择、搞变通"?十八大后中纪委监察部网站已实现了点名道姓通报、第一时间公开曝光,地方层面也应按此标准,实现通报曝光机制的常态化、规范化,而不能在只通报一堆数字或偶尔通报中打折扣。

阳光是最好的防腐剂,官员出现了违纪之事受到了查处,理应让公众一体周知。这不仅是对干部的负责任,也是对社会的交代。为此,对违纪干部的处理,也当摆脱"密室化"色彩,以契合从严治党和民众监督之需。

(执笔 胡印斌)

■ 2016年1月16日社论

反腐没有"纸牌屋",也无需"敏感化"

2016年1月15日,中纪委在国新办的新闻发布会引发国内外高度关注。发布会亮点频现,回应了多个热点敏感内容,其中,既有"令完成和魏宏去哪儿了"这样的个案追问,也有关涉到对中国当下反腐呈压倒性态势的总体评价;既有关于如何才是"妄议中央"的完整表述,也有对接下来反腐是否持续以往"无禁区、无上限"的正面回应。

中纪委2016年第一场发布会,来得比以往更猛一些。诸多在以往看来算得上敏感的问题,中纪委官员不回避、不绕圈子,轻松接下,直面问题,正面回答,体现出极大的公开透明与交流互动的诚意。即便是散场后,亦不拒绝记者的围追堵截,配合采访。这令公众感到耳目一新的同时,也对今后反腐工作抱以更高期待。

这样的"知无不言",才该是信息发布的常态。以四川省省长魏宏的事为例,一段时间以来,坊间多从其缺席省里重要会议等蛛丝马迹,猜测其行止,但权威信息缺乏又让这种猜测带有很大的不确定性。若听任传言纷纷扬扬,必然影响公众对反腐的理解。此番发布会直面追问,一句"反省思过",颇有水落石出之效。

而此前新纪律处分条例里"妄议中央"的规定,也因其高度敏感,尽管舆论场有些讨论,却鲜有正面触及。在昨天的发布会上,监察部副部长肖培现场翻开条例完整解读,并重申了"闻过则喜"原则,缓解了此前社会上的担心，值得称道。其他还有对"结构性腐败"的辩诬，反腐对经济有何影响等等，均一一剖白、绝无躲闪。

诚如中纪委副书记吴玉良所言，十八大以来，中纪委在破除神秘化、秉持开放态度方面，坚持不懈，多有作为。无论是及时通报"秒杀"贪官，还是坚持公开点名曝光，都取得了良好的社会反响。其中，既与中纪委积极作为、良性互动有关，也与中央强力反腐得到民众支持从而形成的社会共识分不开。

可以说，经过这两年的反腐，收获的不仅仅是"不敢腐、不能腐、不想腐"的效应显现，还有诸多公共话题的开放与包容，很多以往只能用"你懂的"来隐晦表达的敏感问题，越来越呈现出公开透明的一面，可以不躲不闪地正面回应。这在反腐眼球边际递减的情势下，也是种积极的增量。

其实，很多时候，部分公共议题"敏感化""神秘化"，并非问题本身有多么"碰不得"，更多是出于一种惯常思维，似乎为这个那个"讳"，遮挡一下就可以避免刺激公众情绪。凡此种种，在公开透明、交流对话已成大势的当下，很多已不合时宜。如果大家都心知肚明，且私下多有议论，与其划线设禁区，还不如坦然脱敏，以开明开放姿态直面问题。

说到底，所谓敏感问题都是一种人为设限。既然"90.7%的群众对遏制腐败现象表示有信心"，在相关信息的披露上也应有更多信心。何况，随着制度反腐、依法反腐的逐渐深入，反腐压倒性态势正在形成。而要保持已经取得的成效，根本还在于社会公众监督公权的高参与度。

反腐没有"纸牌屋"，而是与每一个公民相关的公共事务。中纪委在发布会上的答疑不避敏感话题，传递出在执纪反腐上的自信。而可以想见，在这种扩大公众参与，减少人为设置的禁区的执纪氛围中，腐败现象蔓延的势头，也能在更广泛的民意支持和参与中得以遏制。

（执笔 胡印斌）

■ 2016年1月30日社论

"断崖式降级"，地方当学中纪委

2016年1月29日上午，中纪委官网发布消息称，2015年10名中管干部被"断崖式降级"。在公告中，中纪委公布了处分的依据："在纪律审查工作中，针对被审查人的具体情况，综合考虑其违纪行为性质和情节、造成的后果和影响、认错悔错态度，及配合组织审查、退缴违纪所得等情况，依纪依规给予10名中管干部党纪重处分，并作出重大职务调整。"

在年关逼近的节点上，批量公布对10名省部级高官的"断崖"式处理，还通报了他们的违纪事由、解释了他们被一降多级的规纪依据……中纪委此举，无疑延续了其"出其不意"的反腐执纪风格。而不为所谓尊者讳的通报和"批量化呈现"的通报方式，既让此前某些处在"据传""疑似"之列的相关信息，得到了权威定音，也集中显现了执纪问责从严的震慑力。

但如果将此次通报的亮点，归结为10名高官的"同框"，显然过于简单。这10名高管去年都因严重违纪遭遇"断崖式降级"，其实更彰显了某种寓于制度化逻辑中的趋势，即这种处分方式的适用面在变宽：它早已不是停留在浅表层的零星摸索，而正变得常态化和规范化。

说规范化，是因这把尺子应用标准渐显明晰。实质上，自2014年7月云南省委原常委、昆明市委原书记张田欣被降为副处级非领导职务以来，"断崖式降级"就走进了公众视野。这一介于普通降级和追究司法责任之间的问责方式，该沿袭怎样的标准，也引人关注。此次中纪委对10名相关干部违纪具体情节、处分依据公开，则能让人在可堪比照的案例中看到，它是有着显性规律和通盘考量的，会综合考虑干部具体违纪情节、性质和程度等，会有精细甄别。

说常态化，则是因为这种纪律处分的使用频率在提高。降级是《领导干部任免条例》等党纪法规规定的处分类型之一，但十八大之前不常用，偶尔有降级，降幅基本不超过3级。但眼下，断崖式降级对于那些处在错与罪回旋地带、违纪严重但又不至于动用司法程序的官员而言，已成常用处分手段。

像这次，其涵盖的违纪情形挺多，被通报高位降级的干部有走"夫人路线"弄虚作假的，有胡乱上马项目的，有在用人方面徇私舞弊的。从人数上看，光2015年被断崖式降级的省或自治区的政协副主席，就有许爱民、韩志然、刘礼祖、孙清云等数人。

疾病"在肠胃，火齐之所及也"，而断崖式降级，无疑契合严管厚爱、治病救人之需。王岐山曾提出执纪监督"四种形态"的说法，强调要"及时提醒、不能把小问题拖成大问题"。而执纪抓"早"抓"小"和"断崖式降级"的常态化，都有助于避免养小痛成大患。

当然就眼下看，要让"降级"乃至"断崖式降级"和以此为路径的干部"能下"制度更普遍地落地，也需地方相关部门跟上中纪委执纪的力度步伐。目前已有些地方对省管、市管干部采取"一降多级"措施，但这仍不多见。

而按照中纪委去年3月的表述，纪检干部"发现违纪就要及时处理，该处分的予以处分，该降级的予以降级，这应成为纪律检查工作的重头，而立案审查、移交司法则应是少数"，地方层面在这方面，显然还须更多尝试、迈步，将降级作为既具威力又常用的执纪利器。

（执笔 佘宗明）

▎2016年2月1日社论

当下更需要"袁庚式改革"的勇气和智慧

2016年1月31日凌晨3时58分,被称为"中国改革开放探索者"的袁庚于深圳蛇口逝世,享年99岁。随着其魂归道山,一轮悼念热潮也在官方和民间涌动。

袁庚是何人?有些人还很混沌,有些人对其的认知,则停留在招商银行、平安保险等企业创始人上。即便如此,由他创造的那句标语恐怕也叫人耳熟能详:时间就是金钱,效率就是生命。袁庚于1984年在蛇口竖起的这块标语,已成那个时代的文化坐标,也是后来者对那个改革风云年代的标志性记忆之一。

在人们对袁庚的怀念中,他必然会被再次推到"历史现场"。他参加过抗日和解放战争,解放后曾主职情报工作,万隆会议保卫周恩来、参与破获了刺杀刘少奇案等,都很传奇,也在坊间留下轶闻无数。但从历史高度看,比起这些传奇,他后半生勇立时代潮头,参与"打开局面"的中国改革开放事业,更是影响了中国整个的现代化历程。

作为改革开放先行者,他创造的24个全国首创或第一,至今都是弥足珍贵的改革遗产:第一个进行民主选举;在全国率先实行人才公开招聘;第一个改革人事制度,实行聘用制;第一个实行工程招标;第一个进行分配制度改革、第一个实现住房商品化、第一个建立社会保障体系、创办第一家企业自办的股份制银行等,打下了中国市场经济的雏形。而在他所深耕的改革开放试验田深圳，也由此诞生了一批迄今在中国仍有举足轻重地位的企业家。

忆了往昔，再看今朝：袁庚当年的所作所为，多数已取得决定性的进展。但全面改革进入"深水区"，改革场景虽不可同日而语，却依然需要袁庚式的改革勇气和智慧。当年袁庚以既往价值观念挑战者的面目，提出易被上升到姓"资"高度的"时间就是金钱"论断时，就是在思想观念上开拓与守旧的较量中打破阻力。而今天，改革的脚步如何不受既得利益阻碍，并敢于突破禁区，对于改革动力机制的设计和改革利益参照的选择，也尤为重要。因此，重新审视袁庚留下的智识遗产，别具意义。

在流传甚广的报道中，当年袁庚创办蛇口工业园的直接动因，便是目睹蛇口海面上的偷渡者尸体，洞见了这一现象背后的"人心"与"政策问题"。说到底，就是从人心和人民的利益中，寻求和确立改革的动力和落脚点。这点之于当下的全面深化改革，仍有启发价值。

从乔石到万里、杜润生，再到袁庚，近两年我们先后目送了多位故去的老人。他们身上的最大标签不是职位高低，而恰恰是改革者的头衔。悼念逝者，是为致敬，更是生者回眸历史与基于现实的一种感怀。一个社会选择悼念谁，向谁致敬，往往蕴藏着一种集体性的时代诉求。而悼念改革者，表达的就是对改革深化、推进的殷殷期许。

于此而言，如何继承已故改革家的精神遗志，并将之转化为现实的改革动力，是摆在悼念者面前的重要课题。对应的，同样肩负改革重任的当代改革者们，也当有所思，自己又将为后世留下怎样的纪念话语？

"时间就是金钱，效率就是生命。"若说在彼时，这句口号的最大价值是对于市场与经济常识的还原，那在今天，比之于全面深化改革，它就是对于改革紧迫性的敦促。是的，对于袁庚最好的悼念，就是让改革开放，继续深耕向前。

（执笔 任然）

■ 2016年2月5日社论

查处"泄露巡视秘密",并非小题大做

中纪委监察部网站2016年2月4日通报,湖北省原省委常委、组织部部长贺家铁因严重违纪受到撤销党内职务、行政撤职处分,降为正厅级非领导职务。其实早在数月前,湖北就风传贺家铁"落马",在人们的想像中,八九不离十跟权钱交易之类情形有关。

但这次中纪委通报,贺家铁身为高级领导干部,特别是担任中央巡视组副组长期间,严重违反政治纪律和政治规矩,泄露巡视工作秘密;严重违反中央八项规定精神,违规出入私人会所,用公款支付个人费用。问题主要两条,目前看来,都不能算直接的权钱交易。

按照过去的标准和逻辑,贺家铁"泄露巡视工作秘密"可谓小事、"小节",甚至可能被视为鸡毛蒜皮。特别是当我们拿它与某些大贪巨奸的问题相比较,就可能觉得这不算什么。比如去年被"双开"的山西省委巡视组原组长刘向东,被查实的问题有7大类,有些涉嫌犯罪,"泄露巡视工作秘密"掩映其中,似乎不甚显眼。

但类似小题大做的看法,其实是一种陈腐的惯性思维,它将从严治党等同于反腐败,又将腐败简单地与权钱交易、权色交易画等号,并且有着相对主义倾向,认为只有贪腐金字塔尖的少数人才是真贪,其他受贿几十万元、几百万元都算相当清廉的干部。至于泄露巡视工作秘密、违规出入私人会所,都是身在"染缸"难以避免的小节,不必过于认真。

贺家铁被查，背后是一个全面从严治党的时代正在到来。十八大标志着从严治党的开始，截至去年12月上旬，中纪委共查处副省部级以上领导干部133人。中纪委书记王岐山去年在福建调研时指出，党风廉政建设和反腐败斗争是全面从严治党的重要方面，但绝不是全部，不能把全面从严治党等同于反腐败。

全面从严治党，方法论正如《中国共产党纪律处分条例》第四条所言，就是"把纪律挺在前面，注重抓早抓小"。简言之，把握一个"严"字，防微杜渐。和近几年查处的巨贪大奸相比，泄露巡视秘密问题不算特别严重，但泄露巡视秘密违反党章和《中国共产党纪律处分条例》，不容姑息，严肃查处理属当然。

近一段时间，抓早抓小的案例已经不少，相比之下，还有比泄露巡视秘密更"小"的。比如山东省副省长徐珠宝日前辞职，据分析"系因隐瞒病情"。过去，带病坚守岗位被宣传为"忘我工作"、自我牺牲，但现在显然被理解为一种隐瞒重大个人事项的违纪行为。拖着病体坚守岗位不仅没有获得赞扬，反而丢官。可见党纪之网越织越密，从严治党越管越细。

王岐山在福建调研时提出，要运用好监督执纪"四种形态"，即批评和自我批评是常态，党纪轻处分和组织处理要成为大多数，对严重违纪的重处分、做出重大职务调整应当是少数，而严重违纪涉嫌违法立案审查的只能是极少数。

抓早抓小，目的是让重处分、涉嫌违法立案审查的少下去。而要让重处分、涉嫌违法立案审查的少下去，对泄露巡视秘密、严重违反中央八项规定精神、隐瞒病情之类问题的查处就不可避免地要多起来。

（执笔 胡印斌）

■ 2016年3月4日社论

两会上代表委员就该多说话

据报道，全国政协委员蒋洪在接受媒体采访的时候表示，公民表达的权利必须要保障。"两会本身就是议论国家大事，提出建设性的意见，而不是讨论什么鸡毛蒜皮的小事。"

近年来，两会的传播方式发生了质的变化，全媒体的传播方式、"点对点"的互动渠道等，从某种程度上也反映了公众的信息"饥渴"。这对"两会主角"的代表和委员以及列席会议的其他人员，都形成某种倒逼。

从某种意义上来讲，部长们在"部长通道"的"立谈"，尽管只是"片言只语"，却也传递出丰富的信息，可以一定程度上缓释公众焦虑。与之形成对照的是，今年两会，仍有一些代表委员习惯沉默。不排除其有出于"严谨""认真"的考量，但由此产生的结果，则是对民众的知情权有所亏欠。

值此社会转型期，经济社会中有太多重大议题有待破解，民众现实生活也有诸多困惑希望代表委员代言。而两会作为一个意见激荡、众议纷杂的场合，代表委员肩负国民的重托，前来参政议政、共商国是，本来就应该回应期待，表达诉求，为民众发声，与民众互动。

如果有的代表委员依然顾虑重重，不能、不敢、不愿敞开心扉，积极回应舆论的关切，主动表达自己的观点，而一味谨慎，三缄其口，甚至婉拒采访，不只会加剧公众的失望情绪，也是在自弃职责，并不可取。

不排除有代表委员担心自己的话语在二次传播中被扭曲，进而产生误导。客观而言，很多意见或话语，往往有其特定的语境，一旦脱离语境，被单独"拎出来"，或者经由"标题党"制造话题，难免产生漂移和偏离。而由此引发的舆论声浪，也让人不堪其扰。

因而，社会唯有以极大的宽容、包容、理解，才可能使一些话题脱敏，使代表委员少一些顾虑。

两会的公共性首先表现在开放性上。代表委员身负其所代表群体或所在界别的利益诉求，来参会就是为了来说话的。现在，已经有不少代表、委员积极通过媒体发声，把自己的主张和建议，通过媒体传播。这都引起了良好的社会反响，民众也给予了鲜花和掌声。

在2014年两会，俞正声曾表示，提倡热烈而不对立的讨论，开展真诚而不敷衍的交流，鼓励尖锐而不极端的批评，努力营造畅所欲言、各抒己见的民主氛围。

希望越来越多的代表委员的发言具有"公共产品"的属性，畅所欲言；也希望我们的舆论环境越来越鼓励代表委员愿意说话，敢于说话。

（执笔 胡印斌）

2016年3月10日社论

代表委员"执着"也是社会进步动力

在每届两会上，都可以看见一些代表委员，就自己所熟悉或者民众最关注的领域，坚持对一些关键问题提交提案议案。比如2005年，时任全国人大代表、烟台大学教授王全杰联名五十多位人大代表，首次提交了领导干部财产公布的议案。其后两年，王全杰继续建议官员财产公开。在他之后，已连任三届全国人大代表的重庆律协会长韩德云加入这场接力赛，连续7年关注官员财产申报与公开。

类似执着的代表委员所在多多，难以尽数。全国政协委员、河南大学校长娄源功连续9年关注均衡高等教育资源；全国人大代表、湖北省统计局副局长叶青连续10年呼吁公车改革；全国政协常委、民进中央副主席朱永新今年第14次提议建立国家阅读节；而朱清时则在担任代表、委员的近20年时间里，年年都呼吁落实教育经费占GDP的4%。

这些建议有的已经功成，成为治国方略，譬如公车改革、教育经费占GDP的4%等等；有的仍在路上，譬如均衡高等教育资源、建立国家阅读节；有的则在坎坷中一步步推进，譬如官员财产公开，中纪委曾就此问题答复韩德云称，已抓紧对公职人员财产申报国家立法进行研究论证工作，官员财产申报制度正一步步完善。

已经落地的自然收获满满的敬意，历史也会记住这些"先知先觉"并奔走呼号的代言人。

而那些一时还未被采纳的建议提案，同样有着毋庸置疑的意义和价值。很多时候，从一个提案、一条建议到一项政策、一个制度，其间并非简单的直线，而很可能有着复杂曲折的演进历程。其中，既有认识上的差异，客观条件的限制，很多看上去很美的提案建议，还不能很快成为现实，需要进一步协同步调，渐次前行，并逐渐形成普遍共识。

此外，利益博弈也是很多方略难以实施的重要原因。一个富有建设性的提案，往往意味着一场改革，而改革则首当其冲会触动利益。以公车改革为例，之所以推动如此艰难，可能有具体操作的因素，但根本还在于这项改革是要褫夺公权力的特权。即便从目前的各地实践看，难点仍在于补贴的数额与保留公车的数量。

还有官员财产公开制度，尽管目前社会上已经形成共识，即财产公开乃是实现政治清明的重要路径，但在具体的操作中，依然会有困难。而接下来的推动，除了依靠代表委员的不懈呼吁之外，顶层设计则更为重要。

一个个代表委员，多年来前赴后继就一个公共议题表达意见，体现的是一种难能可贵的履职自觉。为民代言、为社会主张利益，本来就是人大代表、政协委员的职责所在。一而再、再而三，而正是在这样持续的表达和主张中，代表和委员们也更深刻地了解了社会，触及各个利益群体的核心利益，并在不断的补充修正中，实现各种利益的共享。

社会也在这种博弈、竞合中进步，法治也在不断的触碰边界中彰显。代表委员的执着，是在一次次的努力中拼接出我们这个时代"代言者"的精神图景。

（执笔 胡印斌）

■ 2016年4月18日社论

张越落马，"盘古会"只剩一地鸡毛

中纪委网站2016年4月16日晚发布消息称，河北省委常委、政法委书记张越涉嫌严重违纪，目前正接受组织调查。媒体盘点，继北大方正集团原CEO李友、原执行总裁余丽、国家安全部原副部长马建等人之后，张越落马，也使得一个以政法官员为主的"盘古会"名存实亡。

实际上，关于张越落马的传闻由来已久，在神秘富商郭文贵等人的"盘古会"去年被起底时，各种线索已指向这位"河北省某政法高官"，但"第二只靴子"其时尚未落地。看似涉险过关的张越，照常出现在公开场合，视察、指导、强调……直到这次被调查，才戛然而止。这也表明，天网之下，没有例外。

而随着张越的被调查，"盘古会"这一庞大的政商关系网络也愈加清晰。此前很多媒体报道中语焉不详的部分，这一次人与事终于能够一一归位，不必再费力揣摩。由此，公众不仅看到一些官员富商曾经的飞扬跋扈，也看到了权贵盛宴收场时的凋零。

这些权力施压行为显然是种滥权，而拥有如此强大奥援的"市场行为"，必然会无往而不利。事实上，这也是"盘古会"这类政商联盟强势运行的奥秘所在，即以强权为背景，以生意为幌子，表里合一，以行强取豪夺之实。

不少报道披露，张越的富有"不可思议"，目前案件还在调查，张越究竟有多少"身家"还不清楚，但这跟像"盘古会"这样的政商媾和、利益输送的关联，难免引人遐想。这或许也可解释，张越何以会罔顾党纪国法拼命为一家企业撑场子站台。

类似的政商扭结，还有此前的"西山会""山西汾酒会""飞行俱乐部"等。尽管圈子有大小、圈中人能量有高低、核心人物或政或商，但其道理大抵相近，都是为了某种共同利益结成"团团伙伙"。对涉事官员而言，这可能是为了获得现实经济利益，以及升迁所需要的各种支持；对于卷入其中的商人来说，除了可以兑换金钱的"人脉"之外，还有更轻松、更庞大的非分利益。

盘根错节的各种"会"，不仅败坏了社会风气，阻碍了资源的市场配置，也扭曲了正常的政治生活。特别是，几乎每个这样的"会"，都会有高级别官员的深度介入，并围绕他们形成一个特殊的、罔顾法规的食利群体，其对社会生态、政治生态乃至政商关系产生强烈的困扰。不祛除这些困扰，则不可能形成正常的政商关系与营商环境，马云此前说的"浙商不行贿"，也将举步维艰。

当然，"盘古会"也好，"西山会"也罢，这些小圈子、小团伙或可得逞于一时，但无论如何猖獗，终归还是会灰飞烟灭。这一方面得益于近年来持续加力的反腐败行动，不管有何背景、有何筹码，在中央坚定的反腐决心面前，没有任何条件可讲；另一方面，也与此类政商同盟本身的脆弱性有关，既然都是为了利益，不免会出现利益冲突，一旦内部分化，圈子也容易分崩离析。

当今之计，除了厉行禁止类似的"官商会"之外，根本上还是要推进依法治国，强力约束官员的行为，并通过深化各个领域的改革，营造一个更健康的以市场为主配置资源的社会环境。不然，明面上的"会"消失了，可能还会滋生出更隐秘、也更猖獗的官商联盟。

（执笔 胡印斌）

> 2016年4月21日社论

听得进批评，社会就有进步

2016年4月19日，习近平总书记在网络安全和信息化工作座谈会上强调："对网上那些出于善意的批评，对互联网监督，不论是对党和政府工作提的还是对领导干部个人提的，不论是和风细雨的还是忠言逆耳的，我们不仅要欢迎，而且要认真研究和吸取。"

习近平这一强调虽然是在谋划中国网信事业发展，以期让亿万人民在共享互联网发展成果上有更多获得感的重要座谈会上所讲，却具有强烈的现实针对性。

一方面，正如习近平所说，中国7亿人上网，网民来自老百姓，老百姓上了网，民意也就上了网，网民通过互联网表达意见，反映诉求，进行舆论监督，抱怨自己委屈，甚至宣泄自己的不满，从网上言论变成网下行动，网络的病毒式传播使得舆情变得复杂多变。

另一方面，有极少数官员不懂互联网，有的根本就不上网，闭耳塞听，不了解网民所思所想，无法收集网民好想法好建议，不能积极回应网民关切、解疑释惑，与互联网隔着一层皮，与网民隔着一根网线，与民意隔着一条鸿沟，还在用陈旧的管理办法来应对互联网时代社会。闻批就跳，见批就驳，不能接受网络上尖锐的批评，遇到网络上尖锐的批评和监督，总是首先想着要删帖，封杀，用粗暴的办法来应对舆情。结果适得其反，民意反弹更烈，严重影响政府的形象和公信力，这样的失败例子不在少数。

俗话说"金无足赤，人无完人"，无论个人、政党，还是政府，都可能存在着或多或少、或这样或那样的缺点和不足。批评是对缺点和错误提出意见，促其改正，是个人、社会乃至国家发展进步的动力，是其永葆进取的朝气的重要来源，历史经验和教训一再证明，能广开言路、接受批评的朝代，比钳制民口、堵塞言路的朝代更受人称颂。

况且，批评和监督公职人员和政府，是宪法赋予的正当权利，一些官员利用手中权力，甚至动用国家机器来限制和剥夺公民自由批评的权利是不合法的，对公民的批评不仅要欢迎，而且是法定义务，要认真研究和吸取，有则改之，无则加勉。

诚然，批评不等于口无遮拦的违法违纪言论；不等于歪曲篡改事实的"言论自由"；不等于进行人身攻击；不等于充满敌意的蛊惑性、煽动性言论。批评应该合法合规，如果充满善意，和风细雨，应该欢迎；如果忠言逆耳，十分刺耳，只要不逾越法律的界限，也要允许并欢迎。

因为网络带有一定的虚拟性，人们在网络上的批评和监督可能要较现实中更加情绪化一些，会让被批评者抹不开情面，下不了台，但只要这样的批评是真心实意，实事求是，就要多一些包容和耐心。

习近平在这次座谈会上对官员倾听民意、接受监督提出了六个"及时"：对建设性意见要及时吸纳，对困难要及时帮助，对不了解情况的要及时宣介，对模糊认识要及时廓清，对怨气怨言要及时化解，对错误看法要及时引导和纠正，让互联网成为了解群众、贴近群众、为群众排忧解难的新途径，成为发扬人民民主、接受人民监督的新渠道。

每个官员都应该对照习近平的要求，拾遗补缺，真正做到开门纳谏，虚心倾听，善待批评，认真吸取，集网民的智慧力量作为自己的宝贵财富，何愁工作不能做好、社会不能和谐、国家不能进步？

（执笔 廖保平）

■ 2016年4月26日社论

听懂网络"草野"之声是时代必修课

2016年4月19日，习近平总书记在北京主持召开网络安全和信息化工作座谈会并发表重要讲话。昨日，讲话全文发布，比之前的会议报道内容详实生动很多。

习近平总书记在讲话中强调，各级党政机关和领导干部要学会通过网络走群众路线：古人说："知屋漏者在宇下，知政失者在草野。"很多网民称自己为"草根"，那网络就是现在的一个"草野"。网民来自老百姓，老百姓上了网，民意也就上了网。群众在哪儿，我们的领导干部就要到哪儿去，不然怎么联系群众呢？

将互联网称为"草野"，无疑形象又准确，也是对网络空间和社会力量的认可。这显然是可贵的洞见。毕竟，知屋漏者在宇下，知道经书有错误者在诸子。"草野"是相对于"庙堂"的江湖和民间，而江湖和民间是当政者执政失得的最终检验者和评价者。目前中国有7亿人上网，涵盖了各个社会阶层和年龄，互联网已不只是工具，它就是人们生活的一部分，是舆论的广场、意见的集散地，领导干部要想了解民意，不光要下基层，更要上网络。

下基层是领导干部走群众路线的"老办法"，这对普通领导干部或许驾轻就熟。可是，通过上网的方式走群众路线的"新办法"，对一些干部来说就相对陌生了。有些干部能较熟练地使用互联网，有的可能知其一二，极少数可能还没有触网、用网。当工作服务对象已经转移了阵地，他们还在原地不动，或跟不上网民的步伐，如何谈得上更好地"为人民服务"？

一个谙熟互联网的人，与一个不触网用网的人，中间可能隔着一个时代的万水千山，两者交流可能如同鸡和鸭讲话，两者的思维方式、话语体系有着难以想象的差异。因此，习近平总书记才会强调，各级党政机关和领导干部要经常上网看看，潜潜水、聊聊天、发发声，了解群众所思所愿，收集好想法好建议，积极回应网民关切、解疑释惑。

我们相信，有不少领导干部确实是经常上网看看的，但未必聊聊天、发发声，他们在下基层时往往十分高调；但上网时又往往十分低调，潜得很深，更不要说与"草根"互动。事实上，紧跟舆论，常与网民互动的官员也有，像广东省官员廖新波、原浙江省委组织部长蔡奇等，算是走网络群众路线的突出代表，他们受追捧程度不亚于一些网络大V、意见领袖，说明网上走群众路线也广受欢迎。

由于互联网天然的开放、共享、平等特性，互联网信息交流其实也变得容易，如果说现实中民意表达还有所顾忌的话，那么互联网的民意表达会更加直接真实，甚至会形成"围观效应"，或线下行动。

如果领导干部不到网上走群众路线，对网络特性陌生或迟钝，对建设性意见吸纳不及时，对困难帮助不及时，对不了解情况的宣介不及时，对模糊认识廓清不及时，对怨气怨言化解不及时，就有可能变成网络民意的"堰塞湖"，甚至酿成决堤之灾。

还有领导干部视网络舆情为洪水猛兽，甚至以敌视心态对待网络舆情，其实背后还是对互联网不了解、不熟悉，因为对陌生的恐惧，才会缺乏应对的自信与从容。

因此，将善于运用网络了解民意、开展工作，当作新形势下领导干部做好工作的基本功，绝非戏言，也绝不是简单要求。这里面蕴含着丰富的管理、沟通艺术。正如习近平总书记所言，网民大多数是普通群众，来自四面八方，观点和想法肯定是五花八门的，不能要求他们对所有问题都看得那么准、说得那么对，要多一些包容和耐心。

我们已经走在互联网的时代大潮中，每个领导干部以积极的心态、以服务民众的心态拥抱互联网，就会倾听到网络"草野"的心声，也才会真正触摸到时代的脉搏。

（执笔 廖保平）

■ 2016年5月12日社论

让更多领导脱稿讲话内容见诸公众

据媒体报道,最近湖南省省长杜家毫在省委城市工作会议上,不遮掩不回避、脱开讲稿,直陈城市工作中存在的问题,其中的"猛料"不少。党政一把手开会脱稿,并爆出猛料的现象,湖南并非孤例。据报道,诸如浙江书记夏宝龙、江西书记强卫、江苏书记罗志军等都有过类似的事情。

自十八大以来,中央就曾多次提出,要改会风、改文风,开会不要念稿子。中纪委书记王岐山在多个场合的脱稿讲话,就赢得了很多掌声。

这里面需要关注两方面的问题。首先是脱稿的形式,其实是脱稿后讲的内容。为何脱稿的方式更容易受到大家欢迎?

此前几年,某些官员开会时睡大觉的画面时不时被媒体曝光。这实在让人印象深刻。这里面有些固然与某些官员渎职,没有履行其责任和义务有关外,有些也与会议内容冗长乏味有关。有些空话、套话、官话一直重复讲,却对解决具体问题没有任何帮助,纯粹流于形式,不能击中要害,也就成为废话。

这也是为何中央要求改会风、改文风。开会是为了解决问题,而不是为了走形式,为开会而开会。天天开会却没有落实,会议就白开了。

但问题在于,为何很多官员们宁愿照本宣科,也不愿脱稿开会呢?一是官场风气使然;二是可能实在无话可说、不知怎么说,所以只能说些官话、空话;第三则是怕说错话、不敢乱说话,不敢表达自己的想法、观点。这恐怕是很主要的原因。

如此一来，官员的形象自然"千篇一律"，乏味而毫无个性。相较之下，"脱稿"讲话，更能凸现一个人的风格与特征。原因很简单，当一个人的说话出于真情实感，自然激情澎湃，飞流直下，因而，其个人形象也更加明显，更加突出。自然容易受到大家的喜欢。而这个时候，其所说所讲的内容，有的放矢，因此也就更能切中要害，也就成了脱稿后的"猛料"了。

总结近来很多领导干部脱稿讲话的内容，归纳起来主要包括几方面的内容，比如要求减少开会的时间长度、频率，能不开的会议，尽可能不开；能合并的会议合并开；能开电视电话会的，尽可能开电视电话会；能开短会的，尽量短一些，比如提高公共服务的，解决有自行车却骑不了的问题；比如提高工作效率的，及时处理文件，"有些文件到相关部门手里，一个月走不出来"；比如反对打招呼托关系要提拔的；当然也有反腐等等方面的内容。

不同于过去死板僵化的会议报道，这些内容报道出来，既贴近生活，也符合传播规律，自然会受到民众欢迎，而且也满足了公众对一些会场内信息的饥渴。

在新的时代，一些会议报道，也该有互联网思维了。互联网思维说到底也就是民众思维，民众都已经上网了，我们的一些传统会议报道模式也应该改改了。其实，很多领导干部在很多会议场合，都会脱稿讲话，只是过去，囿于思维的局限，民众并不知情。现在，这样的报道越来越多是个好事。只要不涉密，内容没有什么不妥当的，既满足了民众知情权，又拉近官民距离，何乐而不为。

（执笔 斯远）

■ 2016年10月10日社论

从白恩培起,让更多巨贪"把牢底坐穿"

据报道,云南省委原书记、全国人大环资委原副主任委员白恩培,2016年10月9日上午被安阳市中级法院以受贿罪、巨额财产来源不明罪并罚,判处死刑,缓期两年执行,在两年期满依法减为无期徒刑后,终身监禁,不得减刑、假释。白恩培由此成为中国被判终身监禁的首个"大老虎"。

用通俗的话讲,被判"终身监禁",意味着白恩培的余生将在狱中度过。此举有其标志性意义。

根据《刑法修正案(九)》及贪污贿赂犯罪相关司法解释的规定,受贿300万元以上,犯罪情节特别严重,社会影响特别恶劣,可以判处死刑;但具有自首、立功、如实供述罪行、真诚悔罪、积极退赃等情节,不是必须立即执行的,可以判处死刑缓期二年执行。该规定没有把判处死刑或死缓设计成"应当"条款,而是选择了有司法裁量空间的"可以"条款,这就导致对被告人适用死刑没有硬性、具体标准。

与一些高官犯罪相比,白恩培受贿近2.5亿元,数额刷新了"老虎"贪腐纪录。但既往的一些贪腐案件表明,由于存在一些法定、酌定从轻处罚情节,如坦白交代司法机关尚未掌握的罪行、积极退赃等,很多贪官很容易"逃过一劫","死刑难上大夫"俨然也成了现实。

在当前慎用死刑、减少死刑的法治背景下,参考世界各国的做法,终身监禁是尽量不折损法律威慑力的替代性措施。在已废除死刑的国家,终身监禁就是最严厉的刑罚。

一直以来,舆论对废除死刑颇为担忧,除了"杀人偿命"的同态复仇观念影响外,更重要的原因是,死缓常异化为"有期徒刑"乃至"提前(钱)出狱"。而在目前高压反腐的大背景下,以终身监禁弥补慎用死刑后的刑法震慑力,既符合"严格控制和慎用死刑"的刑事政策,为死刑设计了替代措施,也能从制度上封堵贪腐分子提前出狱的可能,从而使刑罚体系更符合宽严相济的刑事政策。

而按照罪责刑相适应的刑法原则,对一些巨贪开始尝试终身监禁,是积极而稳妥的选择。此时的重罚更多考虑震慑犯罪的层面上,体现严厉打击腐败犯罪的决心。

虽然以往的"无期徒刑"单从字面上看,也会让人有"牢底坐穿"的感觉,但由于减刑、假释制度的存在,这一刑罚已被戏称为"假无期"。而《刑法修正案(九)》新增的"终身监禁"虽然不是一个独立的刑种,但是与"不得减刑、假释"配套使用,真正实现了"无期徒刑"的本意所在,属于实实在在的"真无期",也较好地纠正了我国"死刑偏重,生刑偏轻"的不合理现象,弥补了我国无期徒刑执行存在的漏洞。

当然我们也应看到,目前"终身监禁"只是附随在死缓减为无期徒刑之后的一种刑罚执行方式,适用范围过于狭窄,从长远来看,可以考虑将我国新设立的"终身监禁"与无期徒刑制度对接,将无期徒刑修改为可以减刑、假释的无期徒刑和不得减刑、假释的无期徒刑两种情况,同时,重新厘定适用不得减刑、假释无期徒刑的犯罪类型,让对于重罪的惩罚制度更加细致、严密,也让终身监禁成为打击重大贪腐官员的新利器。

(执笔 金泽刚)

■ 2016年10月19日社论

公开"大老虎"贪腐细节，集结民意支持

由中纪委宣传部、央视联合制作的八集大型电视专题片《永远在路上》，2016年10月17日晚首播。这部专题片首次将包括薄周徐令等在内的落马"大老虎"们在央视荧屏上集中呈现。在已播出的第一集《人心向背》中，就有周永康、薄熙来、郭伯雄、徐才厚、令计划、苏荣、白恩培、周本顺等11名"老虎"出镜。其中，郭伯雄、徐才厚、苏荣等落马后的形象和认罪忏悔情景，是首度曝光。在18日播出的第二集《以上率下》中，万庆良、谷春立现身忏悔。

巨贪大蠹在央视悔罪，之前不乏先例，但没哪次能像此次专题片这般，既有"大老虎"群像，也有典型案例特写和诸多细节呈现，包括此前罕有对社会披露的情节，如白恩培之妻光是收受的一个镯子就要1500万元，在白家查获的藏品，办案人员光清理就花了十几天；周本顺住所占用军区大院小楼，上下共16个房间，还请保姆专门给他养宠物。正因如此，该专题片甫一播出，就如同在舆论场投放了一记重磅炸弹，公众"于有声处听惊雷"，进行了海量解读。

一个镯子1500万元，一个住宅16个房间，很多"老虎"被曝光的案情细节让人瞠目。某些"大老虎"凭借权钱勾兑实现的财富积累，让很多工薪阶层可能打拼几辈子都无法企及。这类落差会让公众意识到，腐败侵害的是社会公共利益和基础正义。

以前，类似的内容往往只用于内部警示学习，如今中纪委通过电视台公之于众，是真正对民众负责，满足了民众的知情权。我们不认为，公开只是满足了民众的好奇心与窥视欲。我们相信，民众的眼睛是雪亮的，正如第一集所用的题目《人心向背》，无论那些高官巨蠹如何奢侈糜烂，世道人心不会迷失。让民众知道更多反腐败的细节、详情，才会知道腐败之恶，遏制腐败之难，继续反腐以及推进制度反腐之急迫。

另一方面，将"大老虎"们示众，也能形成震慑合力，以儆效尤。"以儆效尤"四个字说来简单，但若只是说说那就是"以励效尤"。十八大以来，反腐以社会看得见的高压态势持续推进。打了那么多"虎"，将"老虎"们作为负面教材典型，用他们以身说法的忏悔、身败名裂的下场汇编成"加强版"的系统警示，很有必要。让"大老虎"们齐齐亮相，也是反腐不因人而异不烂尾的决心昭示。

这部"政论片"的播出节点，正在十八届六中全会召开前夕。早在7月26日召开的中央政治局会议，就已预告了此次六中全会主要议程，包括制定新形势下党内政治生活若干准则，通俗地说，就是立"最严家规"。会议说，新形势下加强和规范党内政治生活，重点是各级领导机关和领导干部，关键是高级干部特别是中央委员会、中央政治局、中央政治局常务委员会的组成人员。

中纪委将周、薄、徐、令等"大老虎"恰逢其时地亮相，现身说法，是对六中全会最好的预热。此时，将案情细节公之于众，能广泛集结民智民力，获得社会舆论强力支持。

（执笔 佘宗明）

■ 2016年11月08日社论

新的国家监察体系"破冰而出"

据报道，中共中央办公厅这两天印发了《关于在北京市、山西省、浙江省开展国家监察体制改革试点方案》，部署在3省市设立各级监察委员会，从体制机制、制度建设上先行先试、探索实践，为在全国推开积累经验。

早在2016年10月27日，十八届六中全会闭幕当天发布的公报中，有一句话就已引起了国内外广泛关注："各级党委应当支持和保证同级人大、政府、监察机关、司法机关等对国家机关及公职人员依法进行监督，人民政协依章程进行民主监督，审计机关依法进行审计监督。"在公报中，本来作为政府组成部门的监察机关，首次在中央全会文件中与人大、政府、司法机关并列提出。

中央办公厅这一方案的印发，意味着新的国家监察体系的组建已正式提上日程。

《方案》提到的"实现对行使公权力的公职人员监察全面覆盖"，是设置监察委员会的重要目的。

在现行体制下，监察机关是县级以上人民政府的组成部门，是行政机关内部专司监督职责的特殊部门，依法对国家行政机关及其公务员、国家行政机关任命的其他人员实施行政监察，监察的对象原则上并不涉及行政机关以外的公务员。

在 2010 年对行政监察法修改时，有关方面还特别强调，在现行监察体制不变的情况下，不宜将行政机关以外的其他六类公务员纳入监察范畴，监察的对象应当限定为"国家行政机关及其公务员和国家行政机关任命的其他人员"。

这些年来，虽然法律实施取得了很大成效，但由于监察体制引发的监察对象范围过窄、监督盲区过大、监察机关独立性不够、法律保障不足等问题也日益显现。

只有将监察定位于国家监察，才能建立集中统一、权威高效的监察体系，将所有国家公职人员，包括在党的机关、人大机关、政协机关、司法机关等任职的公务员及其他国家工作人员等全部纳入监察范畴，"一把尺子衡量"，才能实现对行使公权力的公职人员监察全面覆盖，进而构建不敢腐、不能腐、不想腐的监督环境。

此次三地试点改革方案，无疑突破了过去的掣肘，扩大了监察对象范围。"实现对行使公权力的公职人员监察全面覆盖"等表述体现出巨大的制度进步价值。

完善监察体制，需要进一步理顺监察机关和检察机关等单位之间的关系。长期以来，行政监察机关、检察机关都承担了对公职人员的监督职责，在预防和惩治腐败方面都发挥了重要作用。如果组建新的国家监察机关，也需进一步理顺二者之间的关系，整合监督力量，进而提高监督的成效和威慑力。只有权力的科学配置，才能实现"1+1>2"的目标。

方案中提出，由省（市）人民代表大会产生省（市）监察委员会，作为行使国家监察职能的专责机关。党的纪律检查委员会、监察委员会合署办公，建立健全监察委员会组织架构，明确监察委员会职能职责，建立监察委员会与司法机关的协调衔接机制，强化对监察委员会自身的监督制约。这些架构设计，也是对长期存在的问题的全面回应。

现在，北京、山西、浙江三地即将开始国家监察体制改革试点。希望三地在未来的改革实践中，让改革方案获得升华，最终为行政监察法的修改提供成熟的制度经验。

（执笔 朱恒顺）

■ 2016年11月13日社论

外交部公布领导婚育信息，开了个好头

据报道，2016年11月上旬，外交部官网领导栏进行了更新，十八届中央纪委委员谢杭生正式出任中央纪委驻外交部纪检组长。在其简历底部，特别注明的"已婚，有一子"颇为亮眼。这引发舆论广泛关注。

事实上，自王毅出任外交部部长后，从2013年起，外交部部长助理以上的主要官员就都公布自己的婚育情况。此次谢杭生的婚育信息公开，也沿袭了其"传统"。

外交部的这一"创新"举动，不是偶然。早在2012年，在十八届中央政治局常委履新一个月之际，新华社就连续3天播发了"中共高层新阵容"人物特稿及图片，首次详细披露了现任领导人的个人经历与家庭情况。这在彼时被外界普遍解读为领导人新作风的展示，也备受好评。人们也由此对加强官员信息公开，寄予了更多期待。

领导干部家庭信息公开的意义不言而喻。一方面，包括婚育状况在内的干部家庭信息，属于公职人员应该让渡的"隐私权"的重要组成部分，它对加强权力运行的监督具有重要作用。另一方面，领导干部主动向社会公开自己的家庭信息，也利于塑造亲民形象，赢得民众信任。这层背景下，中央领导人公开自己的家庭状况，释放出率先垂范的信号。而外交部随后开始在部级领导简历中注明婚育状况，也属于对此的积极回应。

十八大以来，无论是"八项规定""六项禁令"还是反"四风"，由中央到地方都形成了"领导带头,一级做给一级看,一级带着一级干"的践行路径,并取得了积极成效。

而今,外交部在部委中带头通过官网公布部领导的婚育信息,也是先行示范。公众也希望,这在横向和纵向两个维度,都能引导"跟进",这样也能在善举"扩面"式传递中,涵养公开领导婚育等状况成常态的氛围。

事实上,从十八大以来开展的从严治"官"看,公布各级领导干部的家庭信息也是属于箭在弦上的"改革"了。2014年上半年,中组部就下发了《配偶已移居国(境)外的国家工作人员任职岗位管理办法》,首次明确5类重点岗位"裸官"需清理。这表明,官员的家庭状况已成为干部管理的重要参考指标。

《关于党员领导干部报告个人有关事项的规定》则明确,"配偶、子女从业情况"等个人信息是县处级副职以上的干部必须向组织报告的个人事项。《党政领导干部选拔任用工作条例》也要求,被选任干部任职前,相关个人信息"应当在一定范围内进行公示"。

这些都是制度化安排。外交部在"向组织报告"和"一定范围内公示"的基础上仍有突破,把领导婚育状况向全社会公开,这是部门层面的自觉探路。其良好的舆情反响,也成了其可借鉴价值的最好印证。可以想见,这类公开越多,对反腐也越有增益。全国政协原副主席苏荣落马后感叹,家庭成了权钱交易所。这也说明了"借公开之力打力"的必要。

无论是从自上而下"严要求"的政治惯例,还是就从严治"官"和反腐的现实而言,让更多地方和部门承接"主动公布领导婚育"的善意,都极具意义。而制度层面,也不妨在对领导信息公开要求、公开面规范上更进一步,以此为更具突破性的官员信息公开做好铺垫。

(执笔 任然)

■ 11月28日社论

吴天君用"强拆成绩单"将自己钉在耻辱柱上

有的人活着,他已经死了——其为政声誉已死;有的人走了,他还在停留——其骂名仍留在坊间。

河南省委政法委原书记吴天君,大概就是集这二者于一身的人:2016年11月11日,吴天君被查,落马消息传出后,不少市民挂横幅、放鞭炮,庆祝他"滚出郑州"。

没有无缘无故的恨,吴天君的招骂,跟其疯狂强拆有关:他主政郑州期间,郑州进行了建城史上规模最大的拆迁运动:郑州四个开发区、六个城市区及县城、产业集聚区、组团新区规划区范围内,共启动拆迁村庄627个,动迁175.65万人,郑州全域范围内保持着每年拆迁100多个村的进度。

其中,中心城区的476个村庄,已完成拆迁改造城中村383个,占总数的八成。吴天君的"一指没"绰号,也因拆得名。

"每年拆100多个村""共拆迁村庄627个"……这些看得见的数字下,是无数的拆迁拉锯与博弈。以往公众没少耳闻某些"拆迁官员"的"拆迁成绩单",可拆起来"开挂"成这样的,依旧让人惊愕。拆迁复拆迁,拆迁何其多?

拆迁不是问题,违法强拆才是,正如接访不是坏事,违法截访才是。吴天君的"疯狂拆迁",若都是循法而为,那是种魄力;可如果这些拆迁很多都跟违法强拆有关,那这"魄力"只能被转换成另一种贬义表述——野蛮。

毕竟，法治是评判官员为政的伦理底盘，任何背离法治的"实干"都是蛮干，任何目中无法的"能吏"都是社会灾难。

四百多家报亭，拆；22个只用了5年的快速公交BRT站台，拆；下辖县区没钱拆迁补偿，拆；属于集体土地的城中村未经国务院或者省一级政府批准征收不得转为国有土地，没事，继续拆；拆迁指挥部人员不够用，带动人大、政协、公、检、法领导参加也要拆……

吴天君治下的拆迁乱象，堪称令人触目惊心：他力推的强拆，仿佛印证了那句"有条件要拆，没条件创造条件也要拆"，似乎很少有什么，能挡住其"拆字诀"的通行。

强推之下，民众苦——不少农民"被上楼"，有拆迁户在"凡不接受'先拆迁，后补偿'的，都是这个下场"的威胁下，躺进了医院；官员也苦——没拆迁许可证明凭着"一指"就要拆的随性下，在"限期拆完，拆不完、没钱拆的不要干这个县委书记了"的震慑下，他们被推向拆迁前线，只能硬上。

可以看到，这类拆迁中充斥着"人治"的影子。吴天君在《耕地保护新论》中阐释的"新农村建设"观点，就只看到"让农民上楼"的利好，没看到他们愿不愿意上楼的意愿。到头来，被"人治"导航的推土机，俨然不顾《物权法》《土地管理法》和中央"1号文件"等标示着"法治禁区"的指示牌。

吴天君的强势做派，让人想起了跟他一样作风强势的"能吏"仇和，而其结局也几乎重蹈了仇和的覆辙。这很难说是偶然。它也指向了一个道理：法治社会，不需要"一指没"官员，"能吏"再能，也得守法。

吴天君主推下的那些强拆"要风得风"，也表明了当地民众土地权益与财产受保护程度的孱弱。

值得留意的是，就在昨日，我国首次以中央名义出台产权保护的顶层设计——《中共中央国务院关于完善产权保护制度依法保护产权的意见》正式对外公布，聚焦了土地与房屋权益保护问题，明确提出要"推动形成全社会对公民财产长久受保护的良好和稳定预期"。而土地房屋权益保护层面的制度设计，就该给吴天君式"拆迁官员"们的"一指没"冲动系上缰绳。

不生产"强拆"，只做法治理念的搬运工，应是地方官员的基本为政素养。相信在法治臻于完备的语境下，留给"一指没"们肆虐的时间真的不多了。

（执笔 佘宗明）

论世

■ 2015年6月30日社论

亚投行：走向多边治理的桥梁

2015年6月29日，50个成员国在北京签署了《亚洲基础设施投资银行协定》，亚投行的创建最终尘埃落定，中国既是第一大股东，也拥有关键事项的决定权。中国从多边机制的接受者变成了创建者，亚投行是中国走向多边治理的桥梁，也是迈向世界大国的关键一步。

亚投行，从理想到现实，用了不到两年，而它的成长则一直在路上。一个具有生命力的多边组织必然包括效率、信誉等要素，只有经过实践检验之后，亚投行这一初生的多边组织才会得到更多的认可。现在，亚投行已经变成了现实，而未来则是如何从现实出发，去实现最初的理想。

亚投行协定的签署标志着这一组织的创建基本完成，投票权、治理结构以及相应的规则与规范是各成员国经过多轮磋商，并借鉴其他多边金融组织经验的智慧结晶。亚投行不是世行和亚开行的替代者，而是有效的补充者，它的竞争力来自于更高的效率，更少的官僚气息。一个多边国际组织如果缺乏有效的监督和制衡，就难免陷入官僚主义的泥潭，程序拖沓冗长，加上代表性逐渐被侵蚀，也就失去了吸引力。

中国是亚投行的倡导者，也是最大的出资国，但是，亚投行不是中国的，而是新型的全球性的金融合作平台。中国的出资额为30.34%，比预定的50%要少得多，而欧洲国家的广泛加入，也稀释了亚投行的"中国色彩"。一个多边组织的建设过程，也难免受到集体行动逻辑的约束，"三个和尚没水吃"，因此，需要主心骨，亚投行的"中国重心"是这个新生机构能够顺利建成和运转的关键。

一个具有生命力的组织不仅需要资源的注入，也需要一套可以自我运转的程序，即便是其中最强大的国家或者个体也要受到这套程序的约束，唯有如此，程序才有可信度，而组织才有了内聚力。规则和程序制定的过程必然伴随着成员国之间的权力和利益的博弈，一旦规则被制定出来，就需要遵守。

中国目前拥有在重大事项上的否决权，但这也不意味着亚投行失去了开放性。一方面，随着成员国的增加，中国的股权和投票权也会相应地被稀释；另一方面，作为"主心骨"的中国，也会有自我约束力。不可否认，亚投行的创建过程的确充满了政治的博弈，但是其运营过程则需要以专业性和技术性为主要依据。亚投行创建之初便受到日本、美国的质疑，唯有以公开透明的决策过程，兼顾经济增长与法治、环境等要素，才会为亚投行积聚信誉，最终真正成长为一个全球性、高效能的多边开发融资机构。

亚投行，见证了中国实力转化为中国影响力，实力可以是单方面的，但是影响力则是双向的，需要在一个"非中心"的网络中呈现出来。亚投行的创建迈出了第一步，接下来，还有更多的挑战在等着我们。

（执笔 史泽华）

■ 2015年11月15日社论

巴黎恐袭是整个人类的灾难

2015年11月13日晚发生的巴黎恐怖袭击，引发国际舆论高度关注。此次恐袭，也是继"9·11"之后，恐怖主义势力对人类文明的又一次重大挑战。截至巴黎当地时间11点，官方公布的伤亡数据为至少128人死亡，逾250人受伤。已发现8名恐怖分子死于此次袭击，其中7人自爆，1人在枪战中被击毙。

巴黎恐袭，震惊世界，因为如此血腥暴力的野蛮行径，是反人类的恶行，也挑战了人类底线。这一天，不仅是法国人民的灾难，也是整个人类的厄运，尤其是针对平民的暴恐袭击，每个有良知的人恐怕都会忍不住谴责。

毋庸置疑，此次巴黎恐袭，客观上也是对G20等全球治理机制的挑战：应看到，恐袭的发生节点就处在多个全球领导人峰会开启的节点上——11月15日至16日的G20峰会、17日至19日的亚太经济合作组织（APEC）峰会及11月30日的联合国气候变化峰会（后者将在巴黎召开）。

正因如此，如今各国领导人都对此次恐袭作出回应。中国国家主席习近平就表示对这一野蛮行径予以最强烈谴责。美国总统奥巴马也表示，此次恐怖袭击不只针对巴黎的无辜平民，而是对全人类普世价值的攻击。

可以想见，在今日开启的G20峰会上，安全反恐议题或将受到关注。本质上，巴黎暴恐与G20峰会，也是全球化两股力量的对撞：自2008年以来，后者在应对危机、促进增长、推动国际经济与金融体系改革等方面发挥了重大作用，也成为全球经济治理的主要平台之一，它本身也在为抵御和防止恐怖主义打下"全球协作"的桩子。

应看到，以"伊斯兰国"为代表的恐怖主义势力，是问题全球化里极端中的极端。眼下在北非、中东等多个国家，经过地区战争后，政权重建遭遇了各种各样的难题。在外部强力推动中东国家政权形态巨变的过程中，IS以一种超乎寻常的方式扩展了自己的"版图"。

数年来，IS崛起的负面影响已经几乎遍及全球。首先是以先进的技术和手段招募激进分子，成为名副其实的全球恐怖大本营。其次是导致了难民问题的扩大化，难民如潮水般涌入了邻近国家乃至遥远的西欧和北欧。

在G20峰会召开之际发生的巴黎恐袭，昭示了全球携手反恐的紧迫性。基于此，G20要表达对巴黎恐袭的高度关切，要表达各国一致反对恐怖主义的决心，加强反恐的全球化协作；另一方面，G20也应当坚持其自身的轨道，坚持其"全球经济治理主要平台"的定位，从"治本"上应对恐怖主义威胁。

还应看到，G20机制是经济全球化的代表。布雷顿森林体系瓦解，G7机制代表性不足，IMF和世界银行机制存在缺陷，催生了G20等新兴机制和组织。G20成员国的人口占全球的70%，贸易额约占全球的80%，经济总量则占到全球的90%。目前，在中国等国家的推动下，该机制的全球治理舵手和经济增长引擎的角色正在凸显。此次土耳其峰会的主题便是"共同行动以实现包容和稳健增长"。

而应对恐怖主义威胁，也亟须促进增长与发展、推动经济合作、改革全球经济体系中不合理之处。这些都是G20的核心议题。恐怖主义滋生的根源在贫穷、动荡和发展不平衡，故G20也应通过切实的措施，从经济、金融方面切断恐怖组织的资金来源，并开展长效经济发展合作，从根源上消灭恐怖主义滋生的温床。2001年"9·11"事件发生后，APEC上海峰会就以加快亚太一体化建设做出回应。

因此，此次 G20 峰会在回应巴黎恐袭的同时，也该通过加强经济领域的合作，促进世界和平繁荣。

说到底，经济全球化和问题全球化，一个向左一个向右：一个在以市场经济规则和自由资源配置推动全球福祉；一个在以各种极端意识形态和行动填补统治权力真空。在 G20 峰会等召开的当下，各国也当同心相向、共育强大的全球治理能力，以共同应对恐怖主义全球化的威胁。

（执笔 史泽华）

2015年11月26日社论

在中东乱局中，别忘记共同的敌人

2015年11月24日，一架俄空军苏-24战斗轰炸机在土叙边境执行对叙境内目标空袭任务时，被土耳其以"多次进入土耳其领空且罔顾警告"为由击落，两名飞行员一名丧生、一名生还。

突如其来的变故显然立即影响到了两国间的关系：土耳其方面不仅召见俄罗斯大使表示抗议，且先后向北约和联合国要求"主持公道"，而俄外交部则向本国公民发出针对土耳其的旅行警告，国内更出现"经济制裁"的呼声。

所幸，在如此复杂局面下，两国领导人头脑仍较为理性，均强调坚持"不以对方为敌"，表示将通过对话寻求和平解决。

问题在于，两者不仅不应以对方为敌，还本应在某个重大议题上进一步沟通并成为伙伴，这个议题就是反恐。

自"11·13"巴黎恐怖袭击案发生以来，"伊斯兰国"（IS）和"基地"系统的极端恐怖武装相继在各地制造了多起骇人听闻的恐怖事件，造成大量无辜平民死亡，正常的社会秩序、经济活动被扰乱。

尽管对于什么是"恐"、如何反恐，各国间存在不同见解，甚至分歧，但日前联合国安理会有关"成员国有尽一切力量打击IS义务"决议案15：0的表决结果表明，恐怖主义是全人类共同的敌人，一个包括最广泛成员参与的国际反恐联盟是必须的，哪怕仅具有号召意义。

土耳其和俄罗斯在叙利亚问题上利益不同、见解各异，对反恐的理解也存在很大反差。但IS和基地系统的"胜利阵线"对两国都构成重大威胁：俄罗斯高加索地区，曾参加过当地恐怖主义活动的、有战斗经验的极端分子是叙利亚极端武装的骨干，他们潜回国内的成员对俄本土安全构成严重隐患；土耳其领土被不少极端组织当成传递兵员、物资、军需的通道，极端分子在当地为非作歹，也严重影响地方安定和公共安全。

不仅如此，两国还都是IS恐怖袭击行为的受害者。远的不说，仅在今年，土耳其先后发生了32死104伤的"7·20"苏鲁奇爆炸案，和95死246伤的"10·10"安卡拉爆炸案。俄罗斯则遭遇了导致224人死亡的"10·31"俄民航客机西奈半岛坠机案，其幕后的罪魁祸首，都是IS。

从俄军机被击落事件所引发的愤怒、震惊中迅速冷静下来，强调对话、和平和"不以对方为敌"是难能可贵的，但此时此刻也不应忘记IS这个共同的敌人，不应忘记在反恐大局上仍然需要沟通、合作。

事发时普京正在约旦访问并和约旦国王讨论合作反恐事宜，而俄外长拉夫罗夫本拟于次日到访安卡拉，和土耳其方面商讨此事。突如其来的变故令拉夫罗夫的安卡拉之行被取消，这显然会严重影响各国在反恐和共同打击IS问题上的协调进程。

事发后各主要国家领导人和众多民间人士尽管对军机被击落事件立场、见解各异，却都表达了对反恐、对共同打击IS进程可能受此干扰的担心。如果说，在此非常时刻两国高级领导人能不约而同拥有"不互相为敌"的魄力，是一件难能可贵的事，那么人们当然更希望在合作打击共同敌人——以IS为代表的国际恐怖主义势力方面，表现出更难能可贵的智慧和勇气。

（执笔 陶短房）

› 2016年6月26日社论

英国脱欧：反全球化终究是个民主问题

2016年6月下旬以来，英国脱欧公投的"意外"，不仅让观察者大跌眼镜，也让不少国家无所适从。除了对卡梅伦"非正常"政治冒险的唏嘘之外，不少人都开始更认真地思考反一体化、全球化问题。

冷战结束以来，人们越来越把经济全球化看成不可逆转的潮流，生产要素在全球范围的自由流动和优化配置，让不少国家、企业和个人享受到了实惠，经济增长对各国各地现代化进程的促进作用显而易见。每当有不同意见时，多数人也都将其看作"少数权利"问题，如贸易保护主义者、左翼人权分子等。

直到最近几年，反全球化思潮开始从外围国家渗入中心国家，从下游国家上溯到上游国家，从少数人的权利诉求上升为多数人的社会积怨，全球化不可逆转的"思维定式"才开始有所松动。如今，这股反全球化的思潮，正在以民族主义、民粹主义和民主主义齐头并进的方式，向全球化进程发起进攻。

在技术进步步伐不均的背景下，国际分工体系内世界生产力的横向和纵向拓展，都出现了流动性受阻的"水坝效应"，进而导致了国家间日益严重的分工竞争和经济对立。上游国家经济增长高度依赖技术进步，而那些严重依赖能源和原材料出口的下游国家则在丧失发展想象空间。

当前更严重的危机是，同样的问题在体系上游的国家内部发酵，也就是

"皮克提现象"（即工资增速永远赶不上资本增值速度）的扩大化和长期化，大资本和富人的垄断性增强、中产阶级规模萎缩及文化堕落、穷人规模扩大及生存绝望，经济保护主义和政治民粹主义从"少数权利"问题成长为"多数统治"问题。

民粹主义者的诉求，不仅表现为对当下社会状况的不满，还表现为对整个精英阶层的不满。在美国，当杰布·布什这样一度呼声高涨的"政治权贵"在大选初期便不堪奚落、挂冠而去时，没有多少人表现出惋惜之情，而当桑德斯和特朗普这些用语随意、主动与主流圈子交恶的"政治土豪"走向前台时，却掌声连连。卡梅伦个人政治命运戏剧般的反转，很大程度上也是僵化的民主政治程序和呆板的官僚政治系统为这种"小人物"情绪买单的结果。

但是，民粹主义的真正目标，并不是把"尸位素餐"的当权者赶下台，而是实现经济上的民主主义。一句话，让穷人也有钱。

在美国，桑德斯受欢迎的原因，是其提高最低工资标准、扩大社保覆盖范围和公立大学免费等进步主义口号。特朗普则是因其对外限制自由贸易和拒绝移民涌入、对内保留高社会福利和再造美国经济繁荣的主张。无论是左翼还是右翼民粹主义，首先要保护的，都是长期不识权力滋味的"草根"阶层的利益。在这些人眼里，全球化已成为加剧国内经济不平等的罪魁祸首，堕落为"革命"对象；反全球化，则是种基于自保的正当需求。

不过，反全球化思潮虽然以一种前所未有的全方位姿态汹涌而来，但依然谈不上一种具有鲜明阶级功能的意识形态，而是一些破碎的、内讧的、极端的观念及诉求的集合，离与全球化进程分庭抗礼、形成路径竞争还有不小的距离。破解反全球化思潮的风险，解铃还需系铃人，需要有远见的政治家们从对内民主主义和对外自由主义的平衡中寻求解决办法。

（执笔 史泽华）

▓ 2016年9月4日社论

G20站在全球经济转型关键十字路口

备受瞩目的G20杭州峰会已拉开大幕，数十位国家领导人和国际组织负责人聚首西子湖畔，共绘世界经济发展与合作新图景。在2016年9月4日下午举行的G20预热峰会B20（二十国集团工商峰会）开幕式上，国家主席习近平发表主旨演讲指出，当前，世界经济在深度调整中曲折复苏，正处于新旧增长动能转换的关键时期，"面对当前世界经济的复杂形势和风险挑战，国际社会对二十国集团、对杭州峰会抱有很高期待"。

从早期的八国集团到后来的G20，这一全球领袖峰会自诞生开始，其主要宗旨就是为了应对经济一体化后的全球经济危机挑战。1999年的G20第一次会议，就是为了防止亚洲金融危机重演而创设，而提升为领导人峰会则与2008年全球金融危机密切相关。可以说，过去的近三十年来，G20在全球经济走向中扮演着关键的"交通指挥者"角色。而这三十年，也正是人类产业革命、科技进步日新月异的三十年。

如今，1998年的亚洲金融危机已然远去，2008年的全球金融危机也已经过去8年，但从经济历史和产业革命进程的角度来看，全球经济仍处于持续下行觅底区间，无论是发展中国家还是发达国家，都面临着各种各样、复杂多元的政治经济问题。当此之时，杭州G20的全球首脑峰会，其意义不仅仅是国别与外交上的关系重塑，更是一场人类新历史关口的经济走向抉择。

2009年伦敦峰会，各国政府基本都倾向货币宽松导向，并推出了相应的政策，这对遏制当时金融危机蔓延发挥了作用。而如今我们观照各国央行，以美联储为代表的各国央行们，在面对加息降息表面选择难题背后的流动性困境之下，全球货币政策的制定急需决策者们更多的"联动"以实现信息沟通。

也就是说，相比往届的G20峰会，本届杭州峰会在形成实际的战略之前，首先更需要凝聚改革转型的共识。这样的共识形成，离不开"开放""包容"的态度。

当年的伦敦峰会，经济全球化一体化尚未遭遇如今的挫折，而如今的贸易保护主义和地缘冲突复杂多变，使得杭州峰会面对着比伦敦峰会更多的挑战。这正是当前世界面临的困境，也是本届杭州G20峰会强调"创新、开放、联动、包容"的关键意义所在。

正如财政部科学研究所所长刘尚希所说，以往的G20是为应对金融危机而生，如今随着危机治理慢慢走向全球治理，它的机制作用发生重要改变。如果说过去是短期政策的协调问题，那么现在它更关注长期增长的问题。

而长期增长的问题，不仅仅有赖于货币政策之间的配合协调，更需要全球政府协作，在包括财政政策等在内的宏观调控的协调配合。这里的变化，已经不仅仅是当年的政策讨论，而是进入了整体结构转型升级的新领域。

当我们回顾工业革命以来的全球经济历程，每一次经济由危转安，都离不开那些改革家们的勇气和韬略。这一届的杭州G20峰会，恰恰站在了全球经济转型的新十字路口，如何汇聚众智、集思广益形成共识，真正将改革进行到底，也考验着决策者们的决心。

（执笔 毕舸）

■ 2016 年 9 月 5 日社论

以创新增长方式超越世界旧经济秩序

2016 年 9 月 4 日，G20 领导人峰会在杭州开幕，中国国家主席习近平在开幕致辞中强调，面临挑战，我们应该创新发展方式，挖掘增长动能。通过创新、结构性改革、新工业革命、数字经济等新方式，为世界经济开辟新道路，拓展新边界。

众所周知，全球金融危机爆发以后，G20 峰会一直把推动全球经济复苏作为最主要的议题，共同商讨克服危机的办法与对策，取得了一定成绩，全球经济也正在朝着复苏的方向前进。但是，由于全球经济也面临着结构性矛盾和瓶颈，面临着增长方式落后带来的经济增长潜力不足。因此，复苏的动力明显不强，复苏的效果也很难显现。中国作为全球第二大经济体，显然也受到了这方面因素的影响，遭到其困扰。

也正因为如此，G20 峰会在杭州召开，毫无疑问会成为中国向世界传递创新信号的机会，成为中国向世界表达创新决心的平台。而供给侧结构性改革的提出，则是中国在"创新增长方式"方面提出的最具针对性的措施。

虽然世界经济仍处于复杂、困难的状态，但用创新改变增长方式的苗头已经在不少国家出现。如美国对已经成为经验的园区化"硅谷模式"和碎片化"纽约模式"提出新的创新要求，明确新的创新目标。日本则提出要在 2020 年奥运会之前加速技术创新，并将项目在公有和私营经济部门联合开展，推动无人驾驶汽车、前沿机器人技术的运用等。而德国提出了工业4.0战略和2020高科技战略。

对中国来说，提出"创新增长方式"的战略构想，很大程度上，也是为了顺应世界经济发展潮流，追随世界科技发展步伐，加快步入世界先进行列。这个"先进"，显然不只是经济总量的先进，更是经济质量的先进，是科学技术、产品质量、企业品牌的先进。

在此方面，过去几年中国已经取得了不小的成绩。近日发布的G20创新竞争力黄皮书则显示，在G20国家创新竞争力排名中，中国成为唯一进入前十名的发展中国家。不仅如此，刚刚公布的2016中国企业500强，也有一组很亮丽的数据。在500强企业中，研发投入同比增长了7.4%，研发强度则达到1.48%，同比提升0.19个百分点。其中，多家知名中国企业的研发强度均超过了10%。

更重要的，为了尽快摆脱经济困境，各国都在积极寻找驱动经济增长的"药方"，探索新的经济增长动力，而科技创新无疑会成为新一轮经济增长最主要的动力来源，成为各国竞争的焦点。如果不能在科技创新方面有新的突破，那么，各国的经济增长将面临更大的压力，进而可能导致全球贸易保护主义的抬头，阻碍全球化的进一步发展。

希望看到的是，中国的包容态度和联动倡议，能够得到其他国家特别是参加峰会各国的支持，从而推动全球"创新经济增长"，化解经济增长的结构性矛盾，冲破经济增长的瓶颈。尤其不要在全球经济博弈中亮肌肉，而是以平等、开放、平和的心态，帮助和带领全球所有国家一起实现经济增长方式创新，推动全球经济早日步入健康有序的复苏轨道，走向共同繁荣，避免陷入旧经济秩序的羁绊。

可以说，当前世界经济处于深度的调整期内，各国也因为经济议题而面临不同的社会问题，通过创新增长方式，为各国创造新的合作空间和可能，正当其时。G20峰会在中国召开,开出了"创新经济增长"的药方。这剂"药方",既适合中国,也适合世界,就看各国如何将"药方"的功能全部释放出来。

(执笔 谭浩俊)

■ 2016年11月21日社论

捍卫自由贸易，中国不可能置身事外

2016年亚太经合组织（APEC）工商领导人峰会当地时间11月18日在秘鲁首都利马正式拉开帷幕。在本次APEC峰会上，习近平主席提出，建设亚太自由贸易区，是事关亚太长远繁荣的战略举措，工商界朋友称之为"亚太经合组织之梦"。我们要坚定推进亚太自由贸易区建设，为亚太开放型经济提供制度保障。

在利马，相关APEC经济体领导人与企业领袖均表达了对贸易保护主义抬头趋势的担忧。这次APEC峰会开的正是时候。

从2008年金融危机起，伴随全球经济增长缓慢，贸易保护主义浪潮泛起，特别是主要经济体不断出台贸易和投资限制措施。根据WTO的数字，自2008年以来，G20经济体采取了1583项新的贸易限制举措，仅取消了387项此类措施。从2015年10月中旬到今年5月中旬，这些经济体采取了145项新保护主义措施——月均将近21项，达到2009年WTO开始监测G20经济体以来最严重的水平。

贸易保护加剧，导致近年来国际贸易增长进入低迷期。WTO预计，今年全球贸易增幅可能连续第五年低于经济增速。贸易增长缓慢成为全球经济增长乏力的重要原因。

特朗普当选美国总统，给全球贸易又蒙上一层阴影。特朗普所提出的贸易保护措施，既包括反对更便利的国际贸易规则确立、威胁对个别国家采取惩罚性关税等显性贸易保护措施，也包括号召制造业回流这种隐性贸易保护措施。假如这些贸易保护措施届时真的全部得到实施，将给全球贸易带来重创。

在全球经济增长缓慢的背景下，更充分的自由贸易有助于全球经济重现生机，也有助于各国真正发挥比较优势，完善本国产业结构。以邻为壑，采取贸易限制措施，伤人伤己，最终会让全球经济在泥淖中继续挣扎。

中国经济在过去30余年中，能够维持如此高的增长速度，很大程度上依赖相对自由宽松的全球贸易环境。特别是在加入WTO后，中国制造更是在全球范围内攻城略地。假如这种相对自由的全球贸易环境发生根本性逆转，中国经济前景堪忧，特别是考虑中国经济本身正处在探底过程当中。在这场继续推动自由贸易的全球行动中，中国不能置身事外。

建设亚太自由贸易区，重点在于推进《区域全面经济伙伴关系协定》（RCEP）。《跨太平洋伙伴关系协定》（TPP）的暂时搁浅，迫使部分重要谈判成员将重心转移到RCEP上来，也使各成员推动RCEP的意愿增强。

作为推动RCEP谈判的领导者，中国肩负着巨大的使命。据悉，第16轮谈判将于12月6日—10日在印度尼西亚举行。此前各方的联合声明提出争取在2016年结束谈判。虽然还面临着不小的困难，但是我们期待与会各方届时能够顺利达成协定。

RCEP如能签署，这将是对全球贸易保护主义浪潮最有力的回应。捍卫自由贸易原则，不仅符合中国利益，也符合亚太地区其他国家的利益，当然，也符合美国利益。希望美国的不确定性只是短期的困扰，但无论将来如何，加快推进亚太自由贸易区的建设，是各国利益最大化的选项。其既可防止情势恶化，同时，也为未来亚太地区的合作提供新的选择。

（执笔 梁秀峰）

论策

▎2015年2月15日社论

"统计造假追刑责"何时迈出第一步

衡山县39家企业5.8亿元的产值上报为44亿元,有些停产的、未投产的甚至连地址都找不到的企业,还在上报"产值";长沙市某区被核查的9家联网直报企业普查数据,有5家存在虚报,虚报数是实际数的80多倍;一些部门分解任务,伪造资料,"指导"企业上报虚假数据……新华社这些天曝光湖南在全国第三次经济普查中抽查发现的统计造假乱象,让人触目惊心。

统计造假,地方与国家数据"打架",已是屡遭曝光。2013年6月,国家统计局就在其官网通报,广东中山横栏镇将71家企业2012年工业产值虚报62.9亿元。而此次湖南基层被发现的数据造假乱象,更是令人瞠目。这不仅是因"实际数还不足虚报数一个零头"的离谱,也源于它在"淡化GDP考核"改革语境下的突兀。

要看到,近年来,国家统计局等对统计造假的惩治力度持续加码:自2012年2月起,国家统计局废除一级级报送模式,启动了"企业一套表"联网直报,意在压减数据传递在中间环节被篡改的几率。去年还就《统计上严重失信企业信息公示暂行办法》征求意见,拟将数据造假的企业列入诚信"黑名单"。今年1月,国家统计局又强调,将统计弄虚作假作为统计领域最大腐败予以坚决惩处。饶是如此,数据核算下管一级的被架空,"官出数字"的窠臼难消,很是常见;个别地方"授意"企业按需报数,甚至代填代报的乱象依旧层出。

尽管说，随着"唯 GDP 论"的降温，地方数据造假的动力在衰减，可在正处考核指标调整窗口期的当下，统计造假的概率与危害仍不容小觑。问题来了：该怎么消除行政干预下的数据造假乱象？有不少专家提出，应建立自上而下的统计垂直管理体系，可考虑把统计划归人大，经费上独立于地方政府；还有人认为，产值等数据可造假，但耗电量、铁路货运量和银行贷款发放量等经济指标不会"说谎"。

这些都不乏道理，但提升识别造假的敏感度之后呢？还得加大对统计造假的法律惩治力度。而就眼下看，相关的问责规定还真不少：无论是《统计法》《公务员处分条例》等，还是 2009 年专门出台的《统计违法违纪行为处分规定》，都明确了对统计造假相关责任人员的问责举措。修订后的《统计法》还明确：对国家机关在统计上弄虚作假的，将对其直接负责的主管人员和其他直接责任人给予处分，构成犯罪的，依法追究刑事责任。

问题是，《统计法》实施多年来，处罚官员的最高级别是县级，且处罚止于行政处分、罚款，迄今未见到追究刑责的先例。这显然跟其危害不匹配，责权利也很难对称。在此情境下，激活"严重统计造假可追刑责"的条款，很有必要。这无需设立新罪名，只需对"严重"等情形进行界定，实质上，严重数据造假或构成滥用职权或玩忽职守中"致使公共财产、国家和人民利益遭受重大损失"的犯罪要件。

说到底，轻描淡写的处罚，托不起"统计领域最大的腐败"之重。要消除统计造假乱象，刑责追究"利剑"的震慑力不能总处在悬空状态。

（执笔 佘宗明）

■ 2015年3月11日社论

取得社会共识是渐进式延退的前提

2015年3月10日在十二届全国人大三次会议举行的记者会上,人力资源和社会保障部部长尹蔚民透露,计划今年制定出渐进式延迟退休方案,2016年报经中央同意后公开征求意见,2017年推出。方案将渐进到位,每年只会延长几个月的退休年龄,经过相当长时间达到法定退休年龄,推出后至少5年以后才会实施。尹蔚民坦承,这项政策是"一举数得"的政策,但还需要进一步凝聚社会共识。

制定渐进式延退政策时间表,旨在应对养老保险基金可能出现的收支平衡问题,同时等于增加了劳动人口,还可以缓解人口红利趋于消失带来的问题。自2013年以来,适龄劳动人口的下降已经抬升了用工成本,进而削弱了中国制造的比较优势。就此而言,实施渐进式延退政策确有可能收到"一举多得"之效。

但是,尽管渐进式延退具有潜在总体利益增值之效,却需要面对个体利益被变相剥夺的问题。本来,退休人员按法定年龄退休后即应享受相应养老待遇,延迟退休等于增加了个人养老支付。此外,延退到底能够补充多大潜在养老缺口,也缺乏精确计算。

因此,让渐进式延退"一举多得",能否取得社会共识是绕不过的前提。延退是涉及所有社会成员自身利益的公共政策,必须展开充分讨论,广泛征求各方面意见,尽量弥合不同群体间的诉求差异,寻找利益共同点,而不能只出台一个时间表就止步。

这就要求，一方面，渐进式延退政策的推出，程序正当性不能缺失。按照方案，延退将2016年报经中央同意后公开征求意见，2017年推出。在这一过程中，全国人大不能缺席。在公开征求意见充分讨论后，将提案交由全国人大讨论审议表决，才可能实现民意和政策意志的统一，成为有社会共识，能够得到顺利推行的公共政策。

另一方面，渐进式延退政策还需要补充细节，增强公众说服力。比如，目前养老保险金作为政府性基金的组成部分，监管仍有不少空白，导致巨额资金没有得到善用。解决这一问题，现行的省级统筹模式必须改为全国统筹，既方便公众提取，又能盘活存量，让养老金在全国的范围内调剂余缺，安定民心。

又如，除延迟退休这一"指令性"计划外，还需引入市场化力量以弥补可能的缺口。按照现行制度要求，为保证资金安全，养老金年均收益率不能超过2%。堵上未来可能出现的养老金缺口，将现存养老金结余作为长期战略资本投向可依赖的、追求价值投资的市场，势所必然。

此外，从延长人口红利角度出发，也需要加大人力资源培训力度。设想，假如适龄劳动人口能够得到知识和技能培训，能够摆脱人口管理、人才管理等制度的束缚，单位生产率和社会抚养能力能够获得多大提高？

渐进式延退背后，是养老公平、养老金收支平衡和社会抚养能力等问题的集合，所涉及的利益面复杂，调整不是易事。只有秉持程序正义，在取得社会共识的基础上同步展开相关改革，渐进式延退才能消除疑虑，为实现"一举多得"奠定基础。

（执笔 杨国英）

■ 2015年5月24日社论

什么年代了，竟还有"流产指标"

为了限制"超生"人口数量，2015年4月开始，山东临沂兰陵县被指给基层干部下达"流产指标"，每个村需完成固定数额的"超生"妇女引产的任务。该县某村支书表示：他们村子共有1500人左右，被分派了6个流产指标，但村里只有一名"超生"妇女，为了完成任务，他还得向医院购买"流产指标"（据澎湃新闻）。

兰陵县为计生考核的政绩，向妇女下达"指标"；明明一个村子没那么多"超生"妇女，却被摊派这么高的"流产指标"……听着像一个黑色幽默。

应该注意到，这次"流产指标"事件和之前"贵州省不认可安徽的二胎证，责令女教师引产"事件之所以能引发全社会的讨伐，甚至后一事件还惊动了国家卫计委，是因为计生工作的大气候变了："单独二孩"放开之后，生育环境相对宽松；中国正在全面推进依法治国，过去司空见惯的野蛮计生执法，再也不会被"宽容"。

首先，众所周知，在过去将近30年的时间里，基层野蛮的计生执法多见：有些基层政府直接下达"流产指标"、对孕妇强行引产。顶着"计划生育一票否决"的政绩考核压力，一些明显溢出法律渠道的"堕胎执法"，罕有受到严肃追究的，特别是没受到法律追究。比如，2012年，陕西省安康市镇坪县怀有7个月身孕的冯建梅，在被当地镇政府强制引产，病床上血淋淋的胎儿照片，引爆了舆论，最后也只是两名官员被撤职了事。

"见怪不怪",不代表这些行为是合法的。相反,国家法律从来没有授权任何政府部门进行强行堕胎;责令引产也不是法定的行政强制手段。对政府来说"法无授权,即不可为",否则就是权力的"任性",就是越权,甚至可能构成违法、犯罪。

计划生育当然是国策,但在全面推进依法治国的当下,个别地方官员不能再按老皇历办事,以为再重复之前的野蛮执法,仍然不会受到法律追究,那恐怕是错打了主意。

其次,"放开单独二孩"之后,全社会都希望有一个更为人性化的计生执法环境,为生育政策可能的进一步调整留足空间。那么,计生考核也就应该考虑做出微调。

比如,这次临沂市在2014年山东省计生工作考核中"排名垫底","合法出生人口和性别比"等考核指标,"都不理想",所以在压力传导之下,临沂下属的兰陵县才有如此荒唐的"流产指标"摊派。这种摊派,其实是基层官员为了个人政绩,罔顾法律、罔顾孕妇、胎儿生命,不择手段,逆国家计生政策的大势而动。

为了法治的尊严、生命的神圣,也是为中国人口政策留下调整空间,之前一些地方政府推行多年的、没有法律依据的强制堕胎、强制摊派生育指标等"计生执法",必须被叫停。兰陵县的"流产指标"事件,逆时代而动、逆法治而行,必须被及时严厉追责,才能起到彰显依法治国的立木取信的效果。

(执笔 沈彬)

■ 2015年11月20日社论

"全面二孩"之后,个税改革该加速了

据报道,针对有人大代表提出个人所得税法忽视了工薪所得纳税人之外的其他劳动者等问题,2015年11月下旬,全国人大财经委员会建议有关部门在个人所得税制改革中统筹考虑代表所提意见,适时提出修法建议。

就当前来讲,对于个税改革,大多数争议仍然围绕着起征点以及税率"打转",但实际上,除了税基、税率等人们耳熟能详的老问题外,更关键的是在个税征收体制方面进行突破性改革,走出单一提高个税起征点的改革套路。比如由分类税制转向综合和分类相结合的税制,将纳税人家庭负担等情况计入抵扣因素,改革当前以个人为纳税对象的税收体系,实行以家庭为纳税对象的个税征管体系

实际上,个人所得税制不考虑纳税人家庭负担差异,一刀切征收,是个饱受争议的问题。而在大部分发达国家或地区,综合考虑纳税人的家庭负担和赡养人口的实际情况,允许纳税人就其赡养人口的多少扣除一定的纳税金额。如在我国香港,会根据家庭情况设置多档免税额,美国的低收入家庭甚至可以通过申报税收来获得一笔收入,即"负纳税"。

改革目前不合理的个税征收制度,应当说民间和政府已有共识。多年以来,财税部门官员多次重申要实行综合与个人分类所得结合的混合税制,"按家庭征个税",有关部门甚至在2012年就启动全国地方税务系统个人信息联网工作,据称为"按家庭征收个人所得税"改革做好技术准备。

不过，时下这一改革需要进一步加速了。尤其是，今年十八届五中全会提出"全面放开二孩"政策，可以预见的是，随着二孩家庭的增多，许多家庭的负担骤然增加，也需要个税制度的人性化关怀以及相关保障性政策的倾斜。

可问题在于，"按家庭征个税"喊了多年，却仍是"雷声大雨点小"。有关改革的精神一再被重申，但改革却一直处于"研究"之中。

此前，曾有专家撰文称，由于我国存在"留守儿童""留守妇女""空巢老人""夫妻分离"等大量跨越时空的家庭结构，按家庭来课征个税将使成本高到"难以实施的地步"。

诚然，目前中国个人信用体系不发达，大量户籍登记情况与实际不符合，这就给以家庭征个税带来许多困难。但是，在新的技术条件下，一些过去的难题，或许也能够找到解决办法。

个税征收的改革，完全可以一步一步来，没必要一下子就拿出完美的方案来。比如，按家庭征个税，一开始没必要将条件设置过细、范围设置过宽。可以先用比较严格的纳税减免条件，迈出第一步，之后再逐渐完善。如果说马上进行全国范围内的改革可能条件不成熟，但至少，选取一些税收基础统计较好的地区，先行先试，也是可行的途径。

期待有关方面让改革尽快"动"起来，早日拿出改革的时间表和路线图。

（执笔 于平）

■ 2015年12月20日社论

莫再让提前退休乱象削弱"延退认同"

据报道,人社部已多次证实延迟退休政策将推行,但在延退政策出台前,发改委等部门的调研结果并不理想。据发改委就业和收入分配改革司人士透露,在有的地方特别是地市一级,出现了退休年龄54岁现象,有地方政府还鼓励提前退休,部分国企则出现了退休后退休金比退休前收入还高的情况。

自延迟退休被提上日程以来,"如何渐进""谁先延退"等问题就备受舆论关注。此前有消息称"延迟退休公职人员将先行",这遭到人社部方面否认,却也能说明社会对退休政策公平度的敏感。在此背景下,部分财政供养人员、国企职工能逆其势而行地提前退休,难免刺激到要被"延退"的广大人群,削弱乃至透支公众对延迟退休的认同感。

毕竟,弥补养老金缺口、冲抵逐渐减少的人口红利,被普遍认为是延迟退休的两个重要意图。而某些公职人员却能"先天下之忧而乐",未到法定退休年龄离岗或提前退休,这不仅造成人力浪费,社保缴费年限压减的同时提前领取养老金,还会扩大养老基金收支缺口。

公职人员、国企职工提前退休的现象,说来并不罕见。2013年11月,河北黄骅市科级、副科级干部提前离岗休养提高三级工资事件,就曾引发舆论哗然。这非孤例,在有些地方的机关单位,所谓内退式"退二线"俨然成为惯例,甚至被塑造为体现"干部队伍年轻化"的"创新机制"。

今年初,还有媒体报道,养老金并轨还未落地时,有的地方机关单位人员担心并轨后退休待遇被拉低,扎堆申请提前退休。人社部社会保障研究所所长金维刚前不久则披露,当前"未老先退"问题特别突出,有的地区提前退休的人员占到当年退休人员的30%。

如果说,因特殊工种、相关工龄已满等法定情况提前退休无可厚非,那有些提前退休的情形则不合情理,哪怕是借"腾位子"名义,或是作为机构人事改革的衍生物。遗憾的是,有些地方、部门仍沿袭着鼓励提前退休,甚至给先退者工资级别俱涨的"土政策";有些国企,也是退休前后收入倒挂,再加上很多人工资涨幅还跑不过退休金年增长幅度,也形成了对"提前退休"的负向激励。

可以想见,若任由这类提前退休横行,必然会造成缴费在职人员数量减少,转移给普通民众的养老金支出压力也会加码。到头来,作为延退政策推行相对受损者的公众,不满情绪会在"两重天"际遇中累积,延退给养老基金"开源"的作用亦会遭反噬。

要避免这番乱象,显然要严格规范公职人员等提前退休规则,要坚决清理鼓励提前离岗多拿钱的"土政策",实现提前退休须"依法";劳动监察部门等则应严格执行提前退休的审批监管,加强违规筛查,机关单位改革精简下来的人,也不妨先内部消化,而非一"退"了之。还有,要把对退休前后待遇倒挂的扭转"落子"在薪酬体系和养老金并轨改革的框架下,实现退休待遇与缴费基数年限的正向挂钩。

提前退休乱象不是个小事,而今延迟退休在即,更要管束住这些乱象,以避免其在要养老基金亟须填坑之时继续"挖坑"。

(执笔 佘宗明)

> 2016年1月7日社论

废了准生证，还需剔除"审批心态"

据报道，2016年1月初，《中共中央、国务院关于实施全面两孩政策改革完善计划生育服务管理的决定》（下称《决定》）正式公布，这是继中央明确"全面放开二孩"以及《人口与计划生育法》修订之后，全国生育管理、服务机制的再一次的顺势调整。《决定》明确：我国将实行生育登记服务制度，对生育两个以内（含两个）孩子的，不实行审批，由家庭自主安排生育。

这实际上是废除了之前饱受诟病的"准生证"，也是把生育自主权还给了民众。不过，这一政策如何落实到每一个人的身边，地方计生部门要从之前的严格审批，转化为服务于生育，化"审批登记"为"登记服务"，还有不少细节有待夯实。

首先，没有了"准生证"，也需要夫妻生育在政府部门登记，但是，如何登记，新生儿如何落户等流程，也关系政策的善意能否兑现。

应该看到，虽然这次废除了"准生证"，但是很多地方之前就没有了"准生证"，而是叫"生育服务证"。可见废一个名字很容易，难的是地方政府真正放权到位。而且现代化的母婴保健、优生优育机制，注定了生育过程需要地方政府的参与和服务，包括安排孕检、产床资源的调配。即便废除了"准生证"，将来夫妇生育仍有赖于政府调配公共资源，还是需要在政府部门做登记的，但这个登记应该是服务，而不是审批。

这就带来第二个问题：在全面放开二胎之后，怎么能避免"登记服务"沦为变相的"登记审批"？怎么避免个别基层部门"穿新鞋走老路"？虽然，目前已"全面放开二孩"，但并不是"全面放开生育"，这意味着：即使在中央明确不再对生育两个以内（含两个）孩子实行审批的情况下，还存在一个"合法性审批"：怎么证明你生育的不是二孩以上的？

这决定着一些地方的计生部门或许不会轻易放松任何一个审批的机会。事实上，之前很多完全符合生育条件的初婚初育家庭，在办理"准生证"（生育服务证）时，就遭遇过各种各样的刁难。

所以，在实行生育登记服务制度之后，还需杜绝公民将来可能遭遇的自证"我生的不是三孩"的尴尬，这是各方决策层要先想一招的地方。要知道，之前一些基层人口计生部门习惯了"严管、严查"的工作方式，工作的重心就是把不合规的生育"挡在外面"；现在中央决策层全面调整人口政策，计生部门的工作重心要全面转变为提供更好的生育服务，这不啻180度的大转弯。

有废也当有立。各级人口部门以及街道、社区等职能单位，在废除了有形的"准生证"之后，还要在心理废除传统的"审批"心态，要想方设法为夫妇生育服务，包括不将计生、生育登记等与落户挂钩等。

（执笔 沈彬）

■ 2016年2月3日社论

实行2.5天假也要守住公平底线

2月初召开的2016年全国旅游工作会议明确,今年将探索夏季2.5天休假模式。媒体梳理发现,目前重庆、安徽等地先后出台意见,鼓励有条件的单位实行2.5天弹性休假。而山西晋中、江西上饶、贵州黔南州等多地,则明确了2.5天休假的具体实施时间表。

自去年8月国办发文,首提有条件的地方和单位可为职工休2.5天短假创造条件,不到半年时间内,多地已明确了具体实施时间表,这可以说是"迅速响应"。但在其"狠抓落实"的同时,争议也一路随行。

最具代表性的一点在于,这一休假模式带来的"福利",会否成为机关事业单位的专享?从现实情况看,公众担忧不无道理,如贵州黔南州就明确,党政机关和部分事业单位要进一步优化夏季作息安排,实行周五下午弹性作息……事实上,无论是就现实条件,还是"落实动力",机关单位都是2.5天休假模式的首要受益者。

对此安排,一些地方、部门祭出的逻辑是:让有条件的、容易实行的地方或单位先休,再"先休带动后休"。可休假模式并不具备天然的"外部性",机关单位带头休2.5天假,真能带动其他一般企业员工见"先"思齐跟着休吗?答案注定存疑。毕竟,休假模式作为一种关涉整个经济社会运转的时间安排,其落实必然会受制于诸多现实因素,如权力强弱势的现实呈现。

靠继续放大本就在休假质量和数量上都更有保障的机关事业单位的优

势,能带动一般企业跟进?难。更可能的情况是,这导致公务人员不仅成为2.5天假落实中的先行群体,更成为实质上的独享者。而横亘在公务人员和普通民众间既有的休假权益鸿沟,也会进一步扩大。

考虑到机关单位的公共属性,即便是单纯从增加国民休假福利出发,机关单位都最不应该排在2.5天假的优先序列。而就算没有先享,在机关单位里试行2.5天假时,都得做好配套制度设计:比如,鉴于此前就发生过一些机关事业单位周五提前下班,或以"集体学习"为名的提前"关门"现象,到底谁来监督"法定每周40小时"的足额工时保障?

"先天下之休而休"显然违背行政伦理。公务员本质上是"服务者",职责就是提供优质的公共服务,保障公民的各项权益。公职人员既然是"公仆",是为人民服务的,就该有"后天下之乐而乐"的精神,率先受益于理不通。在众多民众休假权益仍然得不到保障的情况下,若是一些地方让公职人员"先天下之休而休",就有可能损害服务型政府的公共形象、公信力,带来负面示范。

公众其实并不苛求公职人员全年无休、加班加点,但在民众普遍休假权利得不到保障的情况下,就在事实上享有了优先休假权,在休假福利分配"患寡更患不公"的语境中,这是否有些过?

所以说,2.5天假的先行先试,最该守住的底线是要不增加公众在休假福利上的不公感。而任何可能将之转化为公职人员福利的政策倾向与执行状况,都势必令此模式合理性受到质疑,这也是制度设计中该尽力避免的。

(执笔 任然)

■ 2016 年 2 月 19 日社论

首都周边还是应提高人口承载力

据媒体报道，河北省政府 2016 年 2 月中旬发布了《河北省居住证实施办法（试行）》，其中明确规定，首都周边的廊坊市市区，三河市、涿州市市区及下辖建制镇，大厂回族自治县、香河县、永清县、固安县、怀来县政府驻地镇及其他建制镇，可根据实际，合理确定落户条件。城镇综合承载压力大的，可结合本地实际，建立居住证积分落户制度。

尽管这一"实施办法"在表述上有多种可能，不过，其中"积分落户制度"表露出来的限制意味，还是比较清晰明白的。也即，一旦政策上留下了这样的口子，相信那些首都周边的"热土"，都会不约而同地选择"积分落户"。

从地图上可知，河北这一实施办法开列的"首都周边"，全部紧紧贴着北京。这些地方均与北京有着密切、长久的交流与互动，北京的公交车基本上覆盖了这些区域，其中多地与北京也有着悠久的情感与文化认同，比如名闻遐迩的燕郊、"北三县"等。

特别是在京津冀协同发展的大背景下，这些区域已经成为或正在成为北京疏解非首都功能的重要目标地。无论是产业外迁，还是医疗、教育等诸多社会功能的迁移，这里都是首选之地。

在这种情况下，这些地方若确定了与北京等特大城市同样的"积分落户"制度，则不仅会打乱本地民众进城的节奏，也会对首都人口的分流与疏解产生消极影响。

此外,根据此前国务院公布的《居住证暂行条例》之规定,城区人口300万至500万的大城市,以及城区人口500万以上的特大城市和超大城市,才可以设定"积分落户"的门槛,河北的这一实施办法,似乎与国务院指导精神不符。上述首都周边的市县,人口规模均未超过300万,应该不在"积分落户"之列。尽管也强调"城镇综合承载压力大的",才可以建立积分落户制度,但未免有些含糊。

实际上,就河北而言,充分借助与首都的地缘优势,顺势而为,在首都周边加快培育一批中等城市,提高其承载能力、公共服务水准以及社会化程度,应该是利国利民的好事。不仅北京诸多非首都功能可以就近消化,河北也可改变以往城市发育不足的问题。

而放眼全国,无论是珠三角,还是长三角,其核心城市广州、上海的周边,哪一个不是环绕着众多人口集聚度高、经济高度发达的中等城市?多年来,京津冀城市群为何一直处于不均衡发展状态?作为腹地的河北缺乏发达的城市群,应该是一个重要原因。

京津冀要想协同发展,需要改变以往的固化思维,比如,在环绕首都的周边设置一圈"缓冲层"等。这样的顾虑非但不可能为北京减压,反而会错失绝佳的发展机遇。世界各发达经济体的经验表明,人口和经济的集聚效应是规律,不是人为可以改变的。只有真正践行以人为本的城市化路径,才有可能保障公民权益、实现公民权利的均等化。

城市化从来都不单纯是一个人口问题、治安问题,而是经济社会发展的方向性问题。在这个过程中,地方政府固然可以加强顶层设计、宏观治理,但不应该人为设限、抬高门槛。这不仅关乎经济社会的发展,也关乎社会的公平正义。

(执笔 胡印斌)

■ 2016年2月22日社论

养老金鸿沟岂能"越填越大"

据《新京报》报道，日前出版的《中国社会保障发展报告2016》中指出，2005年以来，为缩小企业退休职工与机关事业单位退休职工的养老金差距，我国每年为前者提高10%以上的养老金，但后者养老金提高更快。公职人员退休后养老金长期是企业退休职工的两倍以上。11年过去了，这种差距不仅没缩小，反而在扩大。

这结论无疑令人惊诧：自2005年国家出台相关政策以来，我国企业退休人员基本养老金水平已实现了"N连涨"，可没想到，政策正式实施10年来，两者之间的养老金鸿沟不仅没有有效缩减，反而越来越大，这太不正常。

这种乱象背后，不仅彰显出近10年来养老金改革实践在缩减差距层面的成效不彰，更反映了事涉机关事业单位养老金预算支出的不合规——"企业退休职工基本养老金年增10%以上"是有明文规定的，而机关事业单位的年均增速更快，依据何在？都知道，长期以来，我国机关事业单位职工养老金主要是由财政负担，而过去10年里，缺乏明文依据下的机关事业单位职工养老金增幅过高，这显然难言合理。

去年1月，《关于机关事业单位工作人员养老保险制度改革的决定》拉开养老"并轨"的大幕，意味着4000万机关事业单位工作人员将从吃财政饭转变为缴养老金。这无疑有利于削减被越拉越大的养老待遇差距。按人社部的说法,"并轨"不是简单地把机关事业单位退休制度"并入"企业养老保险制度,而是朝着共同方向改革和推进,最终取消"双轨制"。

但也要看到,若上述问题不解决,即便养老制度"并轨"了,也很难实现事实层面的平等,因为基于机关事业单位对养老金预算支出的不合规惯性,很容易产生"自肥"冲动。这就涉及填平养老金鸿沟过程的"抑"。具体而言,针对过去10年机关事业单位退休职工养老金的增幅过快,应启动复查程序。而在今后,也要严格规范"并轨"后机关事业单位对养老金、职业年金的缴费基数、出资比例,严查违规操作,而不能"旧差距未消,新差距又来"。

再就是填平养老金鸿沟中应有的"扬":对当前企业退休职工基本养老金增速必须进一步提高。针对城乡居民基础养老金长期维持在每月55元水平,人社部农村社会保险司司长刘从龙昨日就回应,将逐步提高城乡居民基础养老金标准。

但在具体启动这一步骤前,也要认识到当前企业(尤其是民营企业)负担过重的现状,这些负担中,"五险一金"的占比过高(占工资总额40%至50%)不容小觑。因而,提高企业退休职工基本养老金增速的前提,是更大幅度地给企业降税,用降税留下的收入空间,弥补企业对职工基本养老金的增加支出空间。除此之外,还应考虑,相对上调国企赢利上缴财政的比例,将其增幅部分的资金用于相对弥补企业退休职工,及更广范围的城乡居民养老保险基金的亏空。

企业与机关事业单位养老金差距扩大的态势,应该尽快遏制。这需要各地加速养老保险"并轨"改革,也在"填谷"上多下工夫,在追求形式上并轨的同时,更注重实质层面的公平。

(执笔 杨国英)

■ 2016年2月25日社论

推行"家人合葬",多考虑民众情绪

据民政部网站公布,民政部、发改委等九部门出台关于推行节地生态安葬的指导意见,其中,"鼓励家庭成员采用合葬方式提高单个墓位使用率"的说法,引发热议。尽管民政部表示,此举非"硬性要求",而是意在"鼓励和引导",但因类似"公公和儿媳葬一起"的段子笑场的民众却难以淡定。

按理说,提倡绿色环保的理念,实施节地生态安葬,并非不能理解。中国人多地少,特别是大城市,以及一些人口密集地区,墓地供应日趋紧张,很多地方已经出现"一穴难求",进而炒出天价墓地的情形。不能让死者挤占生者的生存空间,不仅符合绿色发展的理念,也是现实国情使然。

不过,好的理念也需要合情合理的现实路径,不能仅仅因为"这是为你好",就祭出有悖正常人情伦理的手段。此前,河南周口等地推动的大规模平坟,节约耕地、移风易俗的出发点未必不好,结果却引发社会的普遍质疑。

"家人合葬"能够节地吗?当然可以。但问题是,中国人的"人生终点""终极去处",复杂缠绕,情理法纠集在一起,远非一个简单且不乏功利的"节地"可以全面覆盖,进而心甘情愿接受这一制度安排。

国人之重视葬式、葬法,并非完全出于奢靡,而主要是源于一种传统的人生观念。"先人庐墓"也不仅仅是人们看到的一个个坟丘,而实在是生者寄托情感的符号。论语说,慎终追远,民德归厚;莎士比亚的墓志铭上则写着"所有人的生命都是一部历史"。在生与死的河流中,每个人都应该拥有或大或小的浪花,以及深深浅浅的记忆。

若无视这些精神层面的追求,而只是强调节地,甚至以夺地为目的,胡乱将家庭成员混搭一起,堆到"单个墓位"中去,节地固然节地,但在普通人看来,"先人庐墓"如何祭奠?清明时节纷飞的泪雨又将洒向哪里?传统文化尊崇的子孙绵祧、生生不息,能通过合葬墓来承载吗?可见,移风易俗也需要循序渐进。

此外,生态安葬的前提应该是公益安葬。当前,民众在墓葬问题上的支出越来越大,个别地方甚至出现"死不起"的现象。其中,土地资源紧张固然是一个制约性因素,但有关部门的利益冲动也难辞其咎。

这些年来,尽管殡葬暴利及腐败问题愈演愈烈,公众呼吁多年的殡葬改革却难有切实推进,管办分离也只是喊喊而已,权力之手难以从殡葬市场撤回。在这样的语境下,一味鼓励老百姓"家人合葬",本意虽好,也难以让人信服。

还有,举凡文化习俗、传统惯例,往往应该自上而下地影响、濡染。如果现实中民众看到的多是有些人群生前多吃、死后多占,又怎么可能先把自己的家人父子委委屈屈地合葬到"单个墓位"?

说到底,随着一个社会文明程度的普遍提高,传统习俗、生死观念未必不能改变、更易,但习俗、观念要慢慢转变,作为催化剂的政策更要考虑到人的情绪和接受心理,切忌操之过急。

(执笔 胡印斌)

■ 2016年3月8日社论

让个税改革告别在起征点上打转

2016年3月7日，在十二届全国人大四次会议上，针对"个税起征点是否还会上调"问题，财政部部长楼继伟表示，简单提高个税起征点是不公平的，在工薪所得项下持续提高减除标准不是个税改革方向。他还指出，"个人综合税的方案已经提交国务院，今年将把这个方案提交全国人大"；新体系下房贷利息、教育和抚养子女费用将可减税。

在"据传"多时后，个税改革工作的进度迎来权威"定音"。楼继伟"部长级别"的回应，相当于明确了未来个税改革的方向：要建立一个完备的个税法体系，而非在起征点问题上打转。

作为很多人生活中唯一接触到的直接税，个税问题向来备受社会关注。我国的个人所得税税法35年没有全面修订，就连个税起征点调整也是步履蹒跚，自2011年个税免征额自2000元调至3500元后，已连续5年"岿然不动"，在房价物价不断上涨之下，个人所得税沦为"工薪税"的情况也饱受诟病。

在有些人看来，提高个税起征点，似乎是解决这一窘境最简单的方式，统一的标准也最为公平。但罔顾家庭因素、个人赡养负担异同的一刀切免征额标准，本就问题多多，再怎么调整，调节收入分配差距的目的都难实现。而综合计征模式则不同，纳税人一定时期内各种来源所得要加总，再按个人或家庭不同情况扣除一定金额后，按比例税率或超额累进税率纳税，这样的征税方法能够更为全面反映个人和家庭收入情况，也最能够体现纳税人真实纳税能力，而加上如房贷利息、抚养子女费用计减抵扣的办法，更能兼顾公平。

个税改革，就是要切换个税体制"制式"。但要突破现行税制，就必须改革现有个税征收机制，以适应新的社会变化。正如有税收专家说的："从减轻税负的角度来讲，只盯着起征点，是只看到了枪靶的外环"，而我们要做的，就是切中要害。

综合和分类相结合的征税方式改革，需要对具有相同综合所得的纳税人按相同税率课税，同时对不同综合所得纳税人按累进税率不同课税，真正实现"多得多收，少得少收，不得不收"的纵向公平与相同所得税负相同的横向公平。但综合模式也有其短板，就是对税法体制大盘子的完善、税收征管水平要求较高。

综合分类课税制度改革的方向，对未来的税制设计提出了更高更细的要求：比如全面放开二孩后某些家庭支出增加，该如何确立抚养子女费用抵税的规则？再比如，独生子女家庭养老负担加重，是否也应当做出相应税收减免？

税收征管上如征收标准、征管手段等，也要有个调适的过程。比如目前所定义的高收入标准一般被认定为年收入 12 万以上，而这一收入对比房价和物价等等，在一二线城市恐怕仅够基本生活开支。

说到底，个税改革，在确定方向之后，还需复杂的制度配套，如完善税号制度、金融资产和其他财产收入实名制度等；也需要根据新的社会变化，有针对性地评估、优化税率结构。这些最终要诉诸一个更科学合理的个税法体系，为个税体制破茧铺路。

（执笔 陈白）

■ 2016年3月19日社论

农民进城买房，要靠鼓励而非"鼓吹"

据报道，江西省召开全省房管局长座谈会，全面部署房地产去库存工作。鼓励农民买房本很常见，但该省要求各地市"要广泛宣传去库存政策，形成共识，宣传'农民在城市购房是升值，在农村建房是贬值'的理念"，引发广泛争议。

"在城市购房是升值"若是出自开发商之口，那只是种营销策略，可它却是出自当地政府部门的"理念宣传"中，这无疑有角色错位之嫌：广告法第26条就规定了房地产广告不得做升值或者投资回报的承诺，何况是政府？

平心而论，当地政府要求宣传"升值VS贬值"论，也有其现实背景：时下很多地方都面临高企的库存压力，也在积极出台放开限购、提高贷款额度等政策。饶是如此，那些三四线城市的去库存压力，因一线城市对人口、资金的"虹吸"而显得越发急迫。像江西，2015年末，商品房待售面积1496.1万平方米，增长26.8%。鼓励农民别在农村建房而在城市买房，正是在这种急症压力下的应激思路体现。

但这样的应激思路合适与否，就要另当别论了。要知道，以政府信用托底的"宣传理念"，本质就是拿公信力为其张目：原本很多人在做决策时，会进行对比询价、根据自己的需求做出预期和判断，可政府方面吭声后，有些农民可能不认为这是"广告"，更相信这是政策动向，认为政府会通过行政手段保证房产价值只升不降。

这样的保值增值宣传,注定有违行政伦理。楼市价格有其自身的规律,供给和需求的博弈才能真正决定房价的涨跌保值与否。作为政府部门,盲目的理念宣传也是另一种"价格干预",它并不可取。尽管说,"在农村建房是贬值"乍看上去有其道理——在当下城乡二元体制下,农村建房的资产效益是日渐衰减的,可对农民群体而言,在哪置房有其复杂考虑,而不会止于单向的投资考量。

对政府而言,政府是市场"守夜人",而不能越俎代庖、亲自上阵打"广告",宣传"农民在城市购房是升值",这未免逾越了行政职能边界。或许对地方政府来说,比起让农民接盘楼市更重要的,是做好城镇化过程中的福利均等化等工作,如随迁家人、户籍社保、入学就业、社会保障等。若没有户籍、社保制度改革来配套,只指望农民助力化库存,却不给予同等的市民福利保障,显然不妥。

而以"升值"宣传或采取"零首付"等政策鼓吹农民进城购房,还存在进一步放大地方金融风险的可能性。同样的买房,农民的压力要远远大于城市阶层,且农民进城后的收入非常不稳定,能不能支撑起房贷,都要打上个问号。在个人征信体系尚不完善的情况下,一旦出现断供弃供,承担坏账风险的就只能是银行。去库存的本意之一,就是化解长期依赖土地财政的地方债务高企困局,而上述做法可能与其相悖。

说到底,农民该在城里买房还是村里建房,有其远超"价值属性"的考量,对其引导时,也理应着眼于"人"本身,而非将他们视作去库存下的工具。这样才能免于政策话语误导,也才契合长远的去库存之道。

(执笔 边际)

■ 2016年4月10日社论

跨境电商税改落地应"忙而不乱"

在海外代购市场6年间增长30倍、原有包容式税制模式急需转变之下，跨境电商税改新政已在落地——2016年3月24日财政部、海关总署、国税总局联合发文后，4月8日，我国跨境电商税改新政正式实施，但因公布正面清单跟新政实施间隙太短，新政实施也被业内认为有些匆忙。

纵观此次跨境电商税改新政的落地，我们不能不感慨其速度之快。从发文到正式实施，仅历经短短半个月时间，而在跨境电商税改新政正式实施的前一天（4月7日），财政部才在其官网公布《跨境电子商务零售进口商品清单》，4月6日海关总署也才发布《进境物品归类表》和《进境物品完税价格表》。

尽管正面清单、单次限额2000元、取消50元免税额等新政特色，可能会提高部分企业和消费者的税负成本，但综合评估此次跨境电商税改新政，其整体意义是正向的。在我国海外代购市场规模急剧扩大之际，此次正式实施的跨境电商税改新政，不仅可相对规范合规跨境电商与非合规跨境电商之间的公平性，也可平衡一般性贸易与跨境电商之间的公平性。

但也要看到，跨境电商税改新政落地显得过于急促，这也给相关部门和企业造成较大困扰——不少地方监管部门因准备不够充分，当下已忙成了热锅上的蚂蚁，多个保税区发生严重的订单拦截乱象，郑州保税区更是近乎全部瘫痪；为数较多的涉及跨境贸易的电商更是猝不及防，当前不仅应急式进行调改 IT 系统，而且相当一部分未在正面清单目录显示的商品，更面临从保税区打回乃至抛弃的窘境。

有网帖曝出，浦东机场商品因不交税被弃一地。这些都迅即被官方辟谣，却也昭示出某些准备不足的影响之大。

方向正确的跨境电商税改新政，在落地过程中却引发诸多意想不到的情况，甚至导致部分电商产生了本不应该的财务损失，这值得深思。

首先，此次新政在三部委联合发文之前，本应先行深入电商企业进行充分的摸底调研，比如，电商企业在保税区的囤货数量和品类结构，再如，跨境电商 IT 系统更换所需的时间，这些均应提前了解并核实清楚，再在此基础上设定必要的政策缓冲期。

尽管说，压减政策颁布到施行的时间差，能避免企业提前囤货的可能性，使得交易环境能公平开展，可也不宜为了求快而让电商在保税区积压货物严重，平白承受损失。二者间该合理权衡，这也考验决策的现实平衡能力。

其次，在前期充分调研的基础上，针对跨境电商税改新政，相关部门如果能举办多轮政产研和消费者代表参与的论证会，广泛吸纳不同群体的反馈意见，还能在部门之间开展协同推进会，制定彼此之间相互配合而不是相互冲突的政策，那么就能更为有序地推进新政。

在我国全方位深化改革正在加速推进之际，不可否认，当前包括跨境电商税改新政等诸多层面的改革落地，其数量和频率可能远超既往，这客观上给相关部门造成了较大的工作压力。但若各种政策出台，能更注重那些前置性议程程序，避免仓促上阵，相信会令其落地过程更平缓，其成效也得到更大的保障。这也是跨境电商税改新政刚落地激起的舆情反馈的启示所在。

（执笔 杨国英）

▪ 2016 年 4 月 23 日社论

财政补贴应避免给僵尸企业"续命"

据报道,伴随着实体经济增速放缓,越来越多的上市公司特别是央企,对于地方政府补贴的需求强烈,出于保壳的目的,很多地方政府也乐于出手。数据显示,截至 2016 年 4 月 19 日,两市 1792 家上市公司去年拿到了政府补贴。其中中国石化以 50 亿元成为 2015 年度"补贴王"。受益于煤价下降的电力行业中,42 家上市电企合计"进补"30 亿元,更有百余家僵尸企业连年靠政府补贴"续命"。

面对上市公司尤其是上市央企呈现的如此数据,人们普遍的疑问是:为什么像油企、电企这样的赚钱大户,还能拿到高额的政府补贴?为何亏损几成"僵尸"的企业,还能凭借政府补贴僵而不死、"赖"在资本市场?

本来,财政补贴是国家财政通过对分配的干预,能够有效调节社会供求平衡,促进社会资源的优化配置;与此同时,财政补贴的存在,能够促进产业结构调整,使得那些新产业在进入市场初期获得优惠与支持。总的来说,财政补贴这只看得见的手存在,能够补充市场这只"看不见的手"的死角,促进社会公平。

应该说,财政补贴并没有问题,问题在于财政补贴这一资源配置的流向。

对于石油、电力这些涉及国家战略以及大众民生企业的财政补贴,本来无可厚非。在自然垄断的领域,如城市的公共交通、煤气和水电等,市场价格无法有效配置社会资源,因而政府必须对其实行价格管制,以向整个社会尤其是中低阶层提供社会福利。由于政府的低价政策会导致企业产生亏损,因而应由政府提供财政补贴,否则这类企业将无法生存。

但是,目前像电价终端销售价格并没有明显下降,而成本端的煤炭资源价格不断下降有目共睹,这些自然垄断企业在已经具备较大盈利空间、并不会面临生存危机的情况下,再对其进行大量补贴,恐怕就会使得财政补贴有违提供社会福利的良好初衷。

此外,值得关注的还有对于僵尸企业的补贴。这种补贴一般发生在地方财政之中。由于注册制改革的暂缓,A股的壳资源依然价值连城。而在地方政府业绩考评中,往往会将上市公司作为政绩考核的重要因素。因此,用地方财政为其"续命",也成为许多地方政府一致的选择。而这样的后果,就不仅仅是大众难以获得财政二次资源配置的福利,还会使得经济体陷入"饮鸩止渴"的循环。其实也正是由于这些产能过剩行业本该被市场淘汰的企业,被地方财政强行维持生命,才导致如今的整体经济去产能道阻且艰。

长期以来,以财政补贴扶持某些行业和产业,几成"习惯性动作"。因此,尽管财政补贴方向需要根据当年甚至一段时期的政府预算来确定,但是随着市场经济改革的不断深化,目前已经有必要使得补贴流向及时根据市场的变化而调整。比如资源价格发生了较大变化,那财政补贴就有必要及时节流;而对于已资不抵债且亟待出清的僵尸企业,财政就该及时收手止损,而不是为了地方政绩、盲目保壳而用有形的手扭曲市场无形的手。

财政补贴是调节经济的重要杠杆,也是世界上许多国家政府运用的一项重要经济政策,不可或缺。但是,财政补贴未来需要及时根据市场状况调整其金额和流向,才能避免资源错配。让市场在资源配置中发挥决定性作用,有形的手积极配合辅助补漏拾缺,才是"神队友"的配合。

(执笔 陈白)

■ 2016年4月28日社论

国企"近亲繁殖"不该久治难愈

据中纪委网站消息,2015年底,中央第四巡视组对中国工商银行党委进行了巡视。4月下旬,巡视组公布巡视整改情况,提到该行存在"近亲繁殖"问题,近三成干部配偶子女在系统内工作。

银行,包括国有五大行在内,存在比较突出的近亲繁殖现象,已不是什么新鲜事,人们在现实中也能感知一二。中纪委将银行近亲繁殖状况量化地告诉了人们——比30%还多一点。

这固然不排除家庭的耳濡目染,银行子弟对银行业务要精通一些,甚至基因里就有做银行业务的天分,即便不走后门进人,或是搞"萝卜招聘",银行子弟也可能凭真本事竞争进去,在同样的业务和业绩竞争中也会胜出,进而得到更好的职位和待遇。

但"近亲繁殖"成风,领导干部在自己权力范围进人唯亲、任人唯亲。而这个现象何止在国有银行存在,在一些央企、国企里都比较突出。去年6月,中央巡视组对26家央企进行专项巡视,在报告巡视反馈情况时,提到多家央企被指出在选人用人方面存在"近亲繁殖""带病上岗"等问题。

国企为什么近亲繁殖严重?这有历史成因,也有现实问题。从历史来看,过去的国企都是按战线、系统来划分的,带有浓厚的战时应备特色,这些战线和系统自成一体,相对封闭,系统里有从幼儿园到中学到大学的教育,从生到死的医疗保障,很多事情可以系统内部解决,很自然的,在招收员工时不同程度地存在着一些针对职工子女的"土"政策和倾斜办法，有的只作"内部消化"。

比如银行系统子弟，会更多地进入银行学校学习，就业按"专业对口"要求，会更多进入银行工作。没有如此家庭背景的，一者基础较差，二者读出来没有关系也难进这些待遇较好的系统，银行子弟多能优胜。

甚至过去在农、林、水、地矿系统，还存在"顶替"（顶名代替）这一工作分配模式，父亲或母亲退休后可招收其一名子女进入该单位工作，这是计划经济的产物。

到了市场经济时代，一些央企、国企"近亲繁殖"特色，一部分是历史的制度性安排造成的，而另一部分原因，就是对央企、国企领导权力监督不力。

央企、国企不同于行政机关，行政机关是铁打的营盘，流水的兵，虽然也存在近亲繁殖，但相对容易受到监督，尤其是进行"公考""国考"之后，"逢进必考"，虽然存在各种"萝卜招聘"，但近亲繁殖的难度大大增加。

可是央企、国企不同，它不是行政机关，是企业，企业领导人有较大的经营决策和录人用人权，加之央企、国企的产权虚置，作为名义上的股东，民众实质上很难监督国企领导干部，国企几乎成了国企领导的"独立王国"，有非常大的自主权，这为央企、国企"近亲繁殖"提供了土壤。

因而国企"近亲繁殖"的痼疾之所以久治难愈，归根结底还是因为国企市场化程度不高。国企改革，只有加快资本融合，推进现代企业化治理，企业才能任人唯才，从而解决"近亲繁殖"。

（执笔 廖保平）

■ 2016年6月15日社论

拒绝"毒跑道",国家标准不能抱残守缺

针对北京有学校因翻修或新建塑胶操场和跑道出现异味问题,北京市教委再次要求,各区、校对家长反映的问题和学生集中出现的症状要高度重视,切实把孩子的身心健康放在首要位置,不得以任何理由推诿迟缓处理措施。另外,北京市教委立刻会同各相关部门着手制定中小学塑胶操场和跑道的建设和监测标准。在新标准出台之前,各校所有在建或待建操场暂停施工。

一群出现流鼻血、过敏、咳嗽、视力下降等症状的孩子赫然于前,停工自是必须,而由教委会同有关部门制定相关标准,也确有必要。事实上在北京之前,同样由于"毒跑道"事发,深圳市教育局也委托深圳市建筑科学院编制完成了"国内首个塑胶跑道工程建设标准",即《合成材料运动场地面层质量控制标准》,并已开始试行。国家标准未能及时确立,各地只能自立门槛。

当然,近年"毒跑道"事件已非止北京、深圳二地,那么我们终究是要等一个所有地方均自行制订标准的局面吗?那会不会又带来标准不一或过多的乱象?何况,订立标准的资源也是有限的。另外,如果说塑胶跑道都可能面对一个劣质或有害的疑问,那么其标准的制订也不应仅以校园塑胶跑道为对象。一些对塑胶有需求或者已铺设了塑胶地面的公共体育场地或户外场地,亦应一并考虑才好。

不妨把北京、深圳两地自行制订相关标准的做法，视为对国家标准的一种呼唤。直至目前，国家关于塑胶跑道建设及监测标准的迟滞，的确是问题所在。它至少表明，面对"毒跑道"事件在不少地方均有出现，这种迟滞未免不是对已经明显不适的旧"国标"的抱残守缺，亦显出相关职能部门在事涉公众健康的事情上，缺乏敏感，更少责任主体意识。

据报道，目前中国执行的与塑胶跑道产品有关的国家标准为《体育场地使用要求及检验方法第6部分：田径场地》和《合成材料跑道面层》。但这两个"国家标准"均存在标准宽松导致生产厂商大量使用有机溶剂甚至毒性溶剂，以及二者均非强制性标准从而导致"有标准而无执行"的先天缺陷。可以说，这也是导致十数年来塑胶跑道近乎"裸奔"的情形。此种情形，未免让人倍感沉重。

固然很多时候，即使有十分严苛的强制标准，也未必会得到真正的执行。媒体报道所指"低价竞标压力下以次充好，有的专家封个红包就放宽标准"式的招标与监管，也同样可能消解标准的意义。但说到底，如果仍然没有订立或完善相应的国家标准，执行与监管更无从谈起，也无助于事后的责任认定或追究。

一部关于塑胶跑道的国家标准，看起来已是势在必行。但除此之外我们更想提请思考的是，塑胶跑道是否一定应成为每所学校的标配。作为一种"史实"，在塑胶跑道大举进军学校的这些年里，一直都不乏相关专家呼吁"终止学校体育场地铺设塑胶跑道的做法"，理由是其成分中天然含有"毒素"。另外即使真的无毒，也未必环保，故世界有多地已明令禁止学校铺设塑胶跑道的做法。

此说是否准确，亦需仔细论证才好。或者说，此论证亦是建立新国标的必要前提。

（执笔 杨耕身）

■ 2016年6月20日社论

地方政府搭建叫车平台也是与民争利

据中国之声报道，尽管身份问题仍未解决，但这不影响几大网约车平台之间竞争日趋激烈；而有些叫车平台却天生具有所谓的"合法性"。据不完全统计，全国已有近20个城市上线了地方性叫车平台，其共同点是官方色彩浓厚——政府搭台，出租车企业唱戏；号称不用财政资金，可国资却成为主力军。

就市场反响来看，多数地方对这些行政主导叫车平台的投入都泥牛入海，难有回声；其中半数已处在停滞状态。含有"官方背景"金汤匙的地方性叫车平台，很多未起势就先衰，引人寻思。

有些城市推出地方性叫车平台，跟网约车安全事故频发有关系，也旨在对网约车与出租车的关系加以梳理调节，其初衷可以理解。但试图携以政策保护伞参与市场竞争，而不是加强外部监管的方式解决网约车安全问题，是下错了药方。

在市场经济环境下，政府作为"守夜人"，职责是维护公平市场环境，划定可为不可为的红线。将市场竞争比作"比赛"，那作为规则制定者的政府就是裁判员，它不能冲上跑道去比赛，更不能抢跑，否则是对市场其他各方最大的不公平。

有的地方政府对网约车"直接插手"的动力，或许是网约车分流了出租车的市场后份子钱减少，造成了间接"割肉"效果。但份子钱跟其他不合时宜的税费一样，是时候清理了。在简政放权、减税降费、鼓励新经济发展的政策语境下，地方政府也好，国有企业也罢，应当尽快适应不与民争利的新常态。目前决策层持续推进的国企改革，以及之前国务院派出的九大督查组督查民间投资情况，都在努力使国有资本从那些无关国民经济命脉的市场行业中退出，给民资和民营企业更多的空间。在新经济领域更是如此。

仔细想来，地方性叫车平台遇挫，其实是行政干预市场的必然。很多地方性约车平台着眼于"本地化"，可其延伸空间很小，这也框住了其发展的想象空间。人们不可能去一个城市就下个当地叫车APP。

更重要的是，眼下那些纯市场化的网约车平台早就通过砸钱等方式，瓜分了市场份额，攒下了大量用户基数，也培养起用户叫车习惯和品牌依赖度。地方政府或国资再另起灶炉搞网约车平台，或许就如全国人大代表蔡继明说的，属于重复建设和资源浪费，很有可能会成为"出租车第二"。

有些地方政府和国资并不具备互联网基因，在应对新经济发展时缺乏相应的运营经验，一些传统国企转型而来的地方性叫车平台，很难跳出出租车运营的思维框架，也不容易像纯市场化网约车平台那样专注用户体验，强行烧钱投入，只可能导致国资面临流失风险。

在市场完全能自我调节的情况下，不宜由行政主导之手直接介入市场竞争已白热化的领域。对地方政府而言，也理应戒掉与民争利的冲动，尊重市场规律，自身退回到监管者的本职责任范畴内，为市场竞争提供更公平合理的基础秩序，避免成为公平竞争环境的破坏者。

本质上，地方性叫车平台的遇挫，就是市场给出的回应。这也不啻为现实警示：只有管住左右规则的行政参与市场的手，民间资本才有机会；只有让行政回归裁判员角色，新经济才拥有可持续的发展空间。

（执笔 陈白）

■ 2016年7月17日社论

是时候说"别了，漫游费"了

据报道，中国电信董事长杨杰7月中旬宣布，中国电信将会在2016年逐步取消长途漫游费，并将先于另外两大运营商在国内推行"全流量计费"。也就是说，未来我们打电话、发短信不是以话费计费，而是全部折合为流量统一计费。消息甫出，引发广泛关注。

继去年8月三大运营商相继宣布，京津冀三地区域内漫游通话费都将按照本地通话处理后，在多方意见呼吁之下，长途漫游费取消又听到"更进一步"的声响。其实不止中国电信，移动、联通等运营商的套餐也在往鼓励流量支出的方向推进。而中国电信的这一只靴子落地，则意味着，流量为王正成为中国电信运营商整体的趋势走向。

这对日益依赖流量网络的手机用户来说，自然是好事一桩。在Wifi被戏称为马斯洛需求的最基本需求的背景下，通信流量已成为和水气电一样重要的事物。在此语境中，作为自然垄断行业的三大运营商央企，提供的服务若落后封闭，与用户实际需求脱节，那必然会遭到诟病，也会被那些OTT（通过互联网向用户提供各种应用服务）蚕食市场份额。

而封闭性服务中最为典型的，就是长途漫游费。这一项目的征收是基于2G时代的业务产物，那时漫游得通过2G网络和HLR、VLR体系。但在3G、4G已普及5G即将到来的情况下，电信领域基础服务在拓殖，当时的技术障碍早就不复存在，继续维持长途漫游费，只会对用户造成一块不必要的通信费用支出，也会成为公众用户体验层面的"心梗"。折合成流量计费，对用户来说显然更为直观和科学。

但也要看到的是，按照媒体的报道，目前中国电信已有套餐取消漫游费，但该套餐价格并不低廉。而公共舆论之所以对长途漫游费耿耿于怀，其实并非只针对这个通信收费品种，而是对整体性的通信费用过高的怨言。归根到底，长途漫游费只是一个靶子，背后的诉求，是公众对本应承担维护公共利益的央企运营商不作为的不满。

去年以来，国务院总理李克强频频发话直指要求提速降费，工信部也屡次三番发文要求运营商改革。取消长途漫游费是"提速降费"的一个侧影，我们在聚焦这个品种时，不能忽略本来的目的——那就是作为央企的运营商，能够通过更充分的竞争，让利还利于民，降低民众的通信使用成本。

当然无论如何，中国电信的这次改革，算是长途漫游费的一次"破冰"，证明了长途漫游费的取消可以不止于区域，同样存在全国无障碍的可能。既然在地域和技术上都不再有实际的障碍，事到如今，运营商事实上已没有充分理由维持漫游费等的征收。

无可否认，作为企业存在的运营商也有其盈利需求，但正因如此，在日益开放的中国市场中，在互联网渐次改变用户通信习惯的当下，其真正可持续的盈利来源应是顺应移动互联网规律，多些用户思维和多元化服务，培养更多的忠实用户，而不是吃垄断红利的老本。这就需要从受诟病最密集的长途漫游费这一"化石费用"改起，将其尽早整体取消。若仍冥顽守旧，那很可能逐渐被市场抛弃，而一旦被市场抛弃，也就离被政策抛弃不远了。

（执笔 边际）

■ 2016 年 7 月 18 日社论

杜绝"招商造假",需刷新政绩考核体系

为了制造虚假的政绩效应,种种形式不一的招商造假,当下再次频现——据媒体报道,2016年以来,多个省市出现重复签约、夸大签约甚至虚假签约的现象。

事实上,掀开招商造假的面纱,并无太多的新鲜事,集中举办招商签约协议、夸大招商引资规模、热衷签定不具法律效力的所谓框架协议,这些招商造假,在 GDP 政绩观的过度推崇之下,已经存在了许多年。只不过,在中央决策层强调"不以 GDP 论英雄"已逾两年多之下,上述招商造假的再次频现,着实令人感到惊诧。

应该说,当下招商造假的再次频现,既有地方政府 GDP 崇拜的惯性因素,又有经济下行压力增加之下,地方政府"稳增长"压力增加的偶发因素。

经济下行压力增大,尤其是今年上半年民间固定资产投资创下新低(同比名义增长仅为 2.8%),给一些地方政府的"稳增长"造成了压力,部分地方政府为维持所谓的"经济繁荣",为了与周边地区形成表面上的"竞争优势",故而助推了种种投机色彩明显的招商造假的沉渣泛起。

对于当前招商造假的沉渣泛起,我们不仅有深入反思的必要,而且更应尽快形成有别于既往纯粹"以 GDP 论英雄"式的考核体系。

在中国经济已经明确进入新常态之下,地方政府必须冷静面对 GDP 从

高速增长减缓到中高速增长的现实，没有必要通过形式主义的招商引资，人为制造所谓的"经济繁荣"。更何况，招商引资规模的表面增长，并不等于 GDP 的同比上升，即使 GDP 有所上升，也不必然等同于地方财税的同比上升。

同时，在经济下行压力增大之下，面对"稳增长"压力的上升，地方政府更应树立良好的心态。弄虚作假式的招商引资，不仅收不到实质性的成效，还会平添招商引资的额外成本，更会滋长一个地方"务虚不务实"的行政作风。

功夫在诗外，抓经济亦是如此，在经济下行压力增大的情况下，地方政府更应该在软环境建设上下工夫。比如，加速转变地方政府的行政职能改革，优化地方的经商营商环境，并降低地方经济的运行成本；再比如，改善当地的绿色生态环境，并完善当地的医疗、教育配套，从中长期来看，这些均可明显增强当地对外部资本的吸引力。

更进一步来说，既然中央已经提出"不以 GDP 论英雄"，那么，当前应该尽快形成更为科学、可持续的全新考核体系。GDP 增速的变化是否应该挂钩地方生态环境的改善，是否还应该将地方的医疗、教育以及其他民生保障配套水平，作为较大的权重列入地方政府的考核体系中，各地应该给出明确的努力方向。

之于当下而言，"招商造假"延续至今，必须尽快通过制度完善予以杜绝。不仅希望地方政府能够立足于当地的资源承载力，通过软环境的完善和提升吸引资本，而不是不计成本地盲目招商甚至是虚假招商；而且更希望行政职能改革能够加速推进，既往的经济主导型地方政府，应该尽快转变为社会服务型地方政府。如此，我国经济转型的成功方才有实实在在的保障。

（执笔 杨国英）

■ 2016年7月27日社论

莫把拥堵费当作"双限"快捷替代方案

据交通运输部网站消息,交通运输部2016年7月下旬印发《城市公共交通"十三五"发展纲要》。《纲要》要求多举措缓解城市交通拥堵,适时研究推进城市交通拥堵收费政策,谨慎采取机动车限购、限行的"两限"政策,避免"两限"政策常态化。

近年来,为了解决拥堵,一些城市采取限购和限行。尽管在某种程度上,"两限"政策确实在减轻城市拥堵状况,但毕竟,这种行政调控方式并非治理交通拥堵的长久之计,不能常态化。

在依法治国的语境下,限行限购这样的临时性举措,最终需要退出。问题在于,如何退出?一旦退出,城市交通拥堵有可能再次加剧,那么替代方案是什么?

未来恐怕很多地方政府都会面临这样的两难选择。在此,我们需要防止的一种倾向就是,有的地方政府为了尽快让限行限购政策退出,而快速以征收拥堵费来作为政策替代。

征收拥堵费不是不能征收,但是,要廓清其法律地位,依法征收。拥堵费曾被当作解决城市拥堵的经济手段。这一办法通过提高用车成本,来抑制个人购车和开车的欲望,缓解交通压力。在国外也有成功案例,比如伦敦从2003年开始征收拥堵费,缓解了伦敦市中心长期以来交通拥堵的状况。

但一些城市的经验也表明,拥堵费长期征收之后,缓解交通拥堵的效果也在递减。所以，缓解城市交通拥堵，也不能单纯迷信经济手段，根本上还是要建立在诸如良好的城市公共交通服务等配套措施之上，鼓励人们减少开车出行。

在限行、限购政策替代的工具栏中，至少还有很多其他的选项。比如，我们目前城市的公共交通服务能力恐怕仍有待提高，轨道交通网的建设还需要更密，更便捷，一些主干线地铁的服务时间仍然需要延长等。

另外，如何利用新技术打造"互联网＋公交"，推广智能公交，创新服务模式，也是公共交通部门的新课题。

同时，还要规范、充分发展网约车，给其合法身份。网约车作为"互联网＋"的成功创新，不仅调动了大量闲置和未充分利用的汽车资源，节约了稀缺的道路资源，其价值还在于共享经济的特性，使得"所有权不再重要，使用权才最重要"，减少人们购车的欲望，将城市汽车资源与道路资源进行最优化配置，在一定程度上减少拥堵。

此外，就是鼓励市民绿色出行。按照《纲要》规划，地市级以上城市，要用5年左右时间实现绿色出行比例达到75%以上。这是个艰巨的任务，一个有效的办法可能是发展城市"自行车高速路"网络，比如北京和厦门等城市已就此进行规划和建设。在公众越来越主张健康、绿色出行的今天，将城市"自行车高速路"网建设纳入城市发展的重大战略，使出行方式多样化，将更有助于缓解城市拥堵状况。

如果，我们能够想方设法，通过各种方式让人们更多地乘坐公共交通工具出行，更乐于骑自行车出行，城市的交通和空气就会进入一种良性循环。当人们自愿放弃开车出行的时候，那么，限行限购等政策或许就已经自然失效。城市交通治理，我们不能用短期政策代替短期政策，而更应该以长远来代替临时。

（执笔 廖保平）

■ 2016年9月1日社论

像重视食品安全般重视个人信息安全

因为个人信息泄露而被诈骗的新闻仍在增加，最新一例是，因骗子冒充公检法，清华一老师被电信诈骗1760万元。

应该说，徐玉玉之死形成了一次持续的舆论风暴。这是多年来个人信息保护缺失、个人信息"裸奔"、人们不断遭遇骚扰诈骗后的一次总爆发，是一起标志性事件。

但标志性事件，未必有标志性意义。迄今为止，徐玉玉事件的价值似乎仅局限于形成舆论共鸣，促使警方迅速侦办案件，提醒公众学习"防骗大法"，而对个人信息安全的深层叩问、反思，也仅限于媒体和专家，一些政府部门还没有完全动起来。

在个人信息安全形势严峻，已然成为重大社会安全问题的今天，必须要像重视食品安全一样重视个人信息安全，将个人信息安全纳入公共安全的范畴，提升到国家安全战略层面，在立法、监管、安全技术等各方面补齐"短板"。这是政府的责任所在。

据有关报告显示，2015年全国电信诈骗案就高达59.9万起，造成经济损失222亿元，诈骗从业人员多达160万人，"年产值"1100亿元，已经形成庞大的黑色产业链。不仅个人，包括公安机关，学校，甚至电信运营商，都对个人信息安全的巨大漏洞束手无策，任凭公众成为透明人，在与诈骗分子的交锋中，全靠运气躲避。

这样的局面酷似食品安全乱象丛生的那些年。当时相继发生"毒奶粉""瘦肉精""地沟油""染色馒头"等事件，让人有种生活在"毒食"之中的感觉，社会的道德和信任遭到空前的打击。

面对严峻的食品安全危机，国家迅速将食品安全上升到国家战略高度，从严整治，从上到下，落实"四个最严"（最严谨的标准、最严格的监管、最严厉的处罚、最严肃的问责）的要求，严厉打击食品安全违法犯罪行为。

同时，建立起统一的权威食品监管体系，推进体制机制改革，创新监管方式方法，抓好食用农产品源头治理，保持严惩重处违法犯罪的高压态势，推进社会共治，2015年还出台了《食品安全法》。虽然不能说现在的食品安全已然高枕无忧，但相比之下，还是有了明显的进步。

食品安全治理的成功经验完全可以复制到个人信息安全治理上。

个人信息保护与公民的健康一样，是公民的一项基本权利。每个公民都享有个人信息不受侵犯、不遭恶意使用的权利。侵犯这一基本权利，必须受到法律的严惩。

尤其是在信息时代，个人信息越来越多地被收集运用，个人信息安全问题也势必日益突出，多如牛毛的电信诈骗只是个人信息安全问题的一部分。而这样的问题之所以迟迟得不到有效的治理，根本原因还是没有认识到信息时代保护个人信息的重要性，没有将个人信息安全上升到国家战略的高度，从立法到机制上建立起综合治理体系。

我们非常遗憾地看到，徐玉玉引发全社会对电信诈骗的批评，对个人信息保护不力的批评，并未引起足够的重视，相关的主管部门还没有站出来发声。

无论如何，我们不希望这样的局面再持续下去，个人信息泄露、电信诈骗已经严重影响了民众的安全感，个人信息亟须列入国家层面的治理议程，不要让公民继续无力。

（执笔 廖保平）

■ 2016年9月9日社论

遏制新能源车"骗补"不只要靠罚

2016年9月8日，财政部公布了新能源汽车推广应用补助资金专项检查的相关情况，公开曝光了5个典型案例，其中不乏金龙、奇瑞等知名企业。这些企业有的虚报千余辆汽车信息，意图骗补5亿多元，有的汽车还在工厂里生产，却按照完工多申请补贴5亿多元。

新能源车制造企业如此明目张胆"骗补"，涉及金额如此之大，让人吃惊。对于这样的恶劣行为，理当重罚以儆效尤。而就在近日，财政部、科技部、工信部和发改委联合下发文件，对2015年新能源汽车骗补情况所做处罚的详细规定中，明确对于这些"骗补"车企，要通过追回补助资金并处罚，取消补贴资格，取消其整车生产资质等手段进行惩处。

这些处罚措施颇具力道，而就现实看，在处罚涉事车企外，还要追究补贴发放的审核部门及其官员之责：一些车企之所以能"骗补"，他们难辞其咎，理应被追究其失职渎职的责任。有些车辆未完工，却可办理机动车行驶证，背后是否存在腐败，也值得深究。

查"骗补"不该有丝毫手软，无论是否为知名品牌，无论是否为地方重点扶持对象，只要涉及"骗补"，就该彻底揭开盖子，给纳税人以交代。眼下5个典型案例之外，还有多少车企涉及"骗补"，希望有关部门也尽快给社会一个详细的追责清单。

"骗补"现象的泛滥，其实还暴露出新能源车补贴政策的某些弊端。有关部门此次也提出,将提高补贴准入门槛,并启动补贴标准"退坡"制度,补贴政策逐步退出。这些很有必要,除此之外,要推动补贴政策精细化、精准化,相关政策仍需改进。

例如,一些车企往往通过虚报电池组数,以及"一块电池装多辆车"来套取补贴,甚至有的企业将电池拆下重复销售、重复套取补贴。电池作为新能源车主要部件,却不能进行唯一性追溯,这无疑是个很大的漏洞。所以,应尽快建立电池唯一性编码制度,让电池序列号与车架号相关联。

此外,我们对新能源车的补贴,主要侧重于消费环节,这就给虚假交易骗取补贴带来极大便利。而在国外,对于新能源车的补贴,往往是消费和使用环节并重。例如法国向电动汽车用户发放电力补助,德国的电动车不仅能10年免交行驶税,而且可与家中另一辆车共享车牌,以节省保险费用。挪威的电动汽车可免费停车,免收公路通行费以及免费使用通行渡轮。

其实,要想改变消费者的习惯,认同新能源车,仅靠价格便宜是不够的,使用的便利、廉价,这更是消费者考虑的重要因素。因而,未来不妨让一部分补贴从消费环节向使用环节转移。例如,加大对充电桩建设的补贴,完善新能源车充电网络,解决用车者的"里程焦虑";通过电费补贴,让新能源车低价充电甚至免费充电;通过补贴降低新能源车的保险费用,为新能源汽车提供免费停车以及高速收费打折等优惠等。这契合经济学中"补砖头不如补人头"思路的补贴方式,显然没那么容易骗到。

对于新能源车"骗补"现象的曝出,有人呼吁取消新能源车补贴。但补贴过早退出,不利于新能源车产业,培养消费习惯,对新能源车实行补贴政策也是国外通行做法。问题的关键,还是完善补贴制度设计,建立严厉的行政、法律追责。

(执笔 于平)

■ 2016年9月22日社论

鼓励二孩生育别迷恋红头文件

2016年9月18日，湖北宜昌市卫计委网站挂出一封《关于实施"全面两孩"政策致市直机关事业单位全体共产党员共青团员的公开信》，呼吁"年轻的同志要从我做起，年老的同志要教育和督促自己的子女"，宣传生育两个子女的好处和一个子女的风险，引导群众负责任、有计划地生育第二个子女。

如果对于宜昌的计生历史有过了解，相信并不会对这封公开信表示惊讶。一方面，即如公开信中所示，目前宜昌呈现超低生育水平，平均每个妇女生育的子女数不足1人；另一方面，宜昌的长阳、五峰两县，分别于2003年和2004年就推出了普遍二孩政策的试点，并没有出现预想中的生育率反弹。2015年，亦有来自宜昌的全国人大代表建议宜昌试点全面放开二孩生育。

但是，宜昌公开信，很容易让人想起20世纪80年代为鼓励"一胎化"而发出的公开信。正是有着上述历史背景，现在发红头文件呼吁二孩生育，又让人生出一种现实的荒诞感。

不难看出，宜昌卫计委以红头文件的方式，呼吁和鼓励生育二孩，是对人口生育现状的顺应与先行试点普遍二孩经验的回应。但实质效果，恐不容高估。

从不少国家的案例来看，社会生育率的提升并非易事，比限制生育率要难得多。典型如日本出台了一系列的鼓励生育措施，却至今未走出低生育率陷阱。这既与人口发展的自然规律有关，也与社会生育观念的转变和生养成本的提升有直接联系。换言之，要提升社会生育意愿，仅仅呼吁是远远不够的，也不是发红头文件就能解决的。

宜昌的人口生育形势，其实并不具备特殊性，而是可以说，是当前我国低生育率现状的缩影。不管采纳何种统计口径，我国当前的整体人口生育率，都远低于正常人口更替所需要的水平。很可能，未来发出类似公开信的，宜昌并非是唯一一个。而隐含在其中的一条主线则应该得到更大范围和更高层面的回应，即中国的计生政策亟待更鲜明地从限制生育到鼓励生育的转变。

而问题的复杂性还在于，诚如专家所言，今天社会超低生育率的形成，还并非简单是生育政策限制的结果。这决定了鼓励生育若仅仅只是对计生政策松闸，效果将很有限。推进计生部门的服务转型，对生育行为进行正名，提升社会福利保障水平，都应有系统性的优化。而鼓励生育，更不容只局限于"小气候"和特定群体。

因为社会生育观念和行为的转变从来就非孤立的，它必须基于整个社会生育权利与福利保障水平的提升。与宜昌发公开信鼓励生育二孩形成鲜明对比的是，目前一些地方还尚未认识到低生育率对社会的负面影响，计生服务和全面二孩政策的配套措施都仍待加强，甚至出现过学校要求教师必须排队怀孕的现象。

从限制生育到鼓励生育，不该仅仅是态度的转变，更应是治理理念的升华。要将控制型的计划思维，导向对于生育权利和人口发展的服务思维，不能迷恋于红头文件的力量和作用，化解社会的生育焦虑，需要实实在在的鼓励举措。

（执笔 任然）

■ 2016年10月7日社论

让丢失身份证失灵，需打通信息壁垒

来自公安部的消息称，公安部已建成失效居民身份证信息系统，并已上线试运行。该信息系统具备数据实时更新和动态维护功能，通过社会各个用证部门和单位联网核查，实现所有丢失的居民身份证即时失效。《新京报》此前曾发表评论文章《让丢失的身份证作废，不能再拖了》，呼吁建立一个真正的身份证失效系统，而今公安部的新规显然呼应了这一诉求。

身份证丢了，或者被偷了，接下来怎么办？以往，因为不能即时注销，导致一些人冒用他人的身份信息以牟取利益。近年来屡屡出现的电信诈骗案，很多都源于身份证被盗用，如利用丢失身份证办银行卡再卖诈骗者、用临时身份证补手机卡截走银行短信验证码以盗取资金等等。

一直以来，公众对于丢失身份证被冒用忧心忡忡，而管理部门也每每只能以"提醒民众增强安全保护意识"了事，这不免让人怀疑，管理部门是不是在转嫁甚至是推卸管理责任？

此次，公安部响应民众关切和舆论关注，建立新系统来实现丢失被盗身份证即时失效，值得肯定。当然，这种进步体现在技术层面，但更大的进步则体现在公共管理理念的变化上，也即，所有管理的旨归只能也必须是服务而非管制，只能是让民众更方便、更安全而非相反。很简单，公民身份信息系统并非只是一张有形的证件卡片，还包括公安掌握的平台信息。身份证丢了，可平台的信息并没有丢。如果银行、工商等其他用证部门和单位也能共享这些信息，则不法分子冒用而被识破的可能显然要大得多。

这就涉及打通部门信息壁垒的问题。可以说，很多冒用他人身份信息的行为，甚至包括诸多信息诈骗，正是钻了这个空子。这种"各管一段"式的公共管理，必然导致"信息盲区"出现，从而为骗子的上下其手留下时间与空间。

可见，此番新系统的运行，同样有必要进一步打破信息壁垒，实现部门间的信息开放与共享。一者，相关管理部门应该向用证部门开放信息，并逐步实现联网运行，信息共享。如果还像以前那样，各自捂着各自的信息，则即时失效只能是一句空话。

再者，这个失效系统覆盖全国、遍及与实名制相关的所有单位和部门，其运行需要所有部门通力合作，绝非公安一家的事情。像工商、银行等部门单位也应主动作为，开放端口，对接系统。

说到底，这个系统仍属于最基础的平台。除此之外，还需要各用证单位要认真核验证件真伪，严防不法分子冒用他人居民身份证。特别是涉及公民利益往来的行为，尤其要加强防范。公安部相关负责人此前曾表示，将要会同有关部门对冒用身份证人员建立黑名单制度。有了这个系统，相信"黑名单制度"也不再空泛。

公民信息安全以及对这种安全的袭扰，本来就存在着某种博弈。这不仅关乎具体的经济利益、社会成本，更关乎民众的合法权利。无论如何，保障公民的合法利益与权利，是政府公共管理的责任所在。

（执笔 胡印斌）

论法

■ 2015年3月5日社论

税收法定：有了法，还得有立法监督

2015年3月4日，在本次全国人大的新闻发布会上，大会发言人傅莹在回答媒体有关"财政部随意调整汽油税"的质疑时，明确表态：税收法定的条件已逐渐成熟，总的目标是要在2020年之前，全面落实税收法定原则。她还说：这次大会要审议的立法法修正案草案当中，明确了全国人大常委会的税收专属立法权，"以后凡是开征新税的，要由全国人大及其常委会制定税收法律"。

全国人大作为中国的最高权力机关，对全面贯彻"税收法定"原则做出了庄严的承诺。

税收法定，而不是"税收条例定""税收规章定"，这并不止是一个技术问题，而是一个涉及国家民主机制的严肃问题，要放在全面推进依法治国、依宪执政的维度下考量。

中国现行18个税种，只有个人所得税、企业所得税、车船税这3种税的征收依据是法律，其他的都是国务院的各种"条例""暂行条例"。正像发言人傅莹所说，这些税收的行政立法是"1985年全国人大给国务院的授权，当时是出于改革和发展的需要"。但实施了30年之后，当初的授权立法初衷与现实已经脱节。

十八届三中全会、四中全会都提到了要落实"税收法定"。当下"税收法定的条件已逐渐成熟"，不能一拖再拖。

而实现"税收法定"的第一着棋，就是修订《立法法》，扎紧立法授权的口袋。此前媒体报道，立法法修正草案明确：税种、纳税人、征税对象、计税依据、税率和税收征收管理等税收基本制度，只能由法律规定，不能由行政部门规定。唯其如此，才能解决所谓"人大立法权虚置"的问题。

但还应该关注到改革的复杂性，通过《立法法》收紧立法权限，实现"税收法定"，也会遭遇立法博弈。15年前已施行的现行《立法法》，就试图收回税收立法权，其中规定"税收的基本制度"只能立法。结果是行政部门钻了法律空子，不把调整税率、计税依据等作为"税收的基本制度"，直接绕开全国人大的立法权限，通过规章、通知等私自调整税收。这也使得15年前《立法法》就明确的"税收法定"原则，被长期架空。

"徒法不足以自行"，修订《立法法》收紧税收立法，只是第一步；在有了法律更明确禁止权限之后，全国人大还应主动出击，依法审查涉税红头文件的合法性，看一看：财政部门有没有越俎代庖，僭越立法权限，用红头文件直接调整税收？

事实上，十八届四中全会不仅明确推进"税收法定"，还提出：完善全国人大及其常委会宪法监督制度，"把所有规范性文件纳入备案审查范围，依法撤销和纠正违宪违法的规范性文件"。

有了"税收法定"的立法，全国人大还得拿出立法监督的勇气，积极审查、纠正行政部门今后可能的"越位"行为，如此才能彻底杜绝"半夜加税"的权力任性。

（执笔：沈彬）

■ 2015年4月14日社论

"叔侄冤案"追责别"只听楼梯响"

浙江叔侄冤案自2013年翻案至今已经过去两年，而对于相关责任人，特别是"神探"聂海芬是否要责任追究，还处于一片混沌中。这些天有报道说，聂海芬目前正在北京接受晋升前的培训，其警衔将由原警督晋升为警监。但也有人称，聂确实在这次警衔晋升培训名单中，但浙江省厅并未直接报送聂，聂也未参加这次培训。

面对互相矛盾的碎片信息，公众不免感到疑惑，对叔侄冤案的追责到底进展如何？

11年前，杭州警方在没有任何直接物证，甚至死者指甲里的DNA物质已经排除是张氏叔侄的情况下，仍然利用袁连芳作为"狱侦耳目"进行诱供，逼他们承认是奸杀案的凶手。2006年，时任杭州市刑侦支队预审大队大队长的聂海芬因为"成功侦办"包括此案在内的众多案件，荣膺全国"三八红旗手"。对此，有聂海芬当年接受媒体采访的视频为证。2013年，此案翻案之后，舆论强烈要求清查冤案责任人。然而，两年多来，此案的追责却一直没有全面的信息披露。去年4月，浙江省政法委曾表示将"全面调查""严肃追责"此案。

而2014年4月10日《新京报》刊发的对浙江省高院院长齐奇采访中，齐奇称：此案中"没有发现是故意制造冤案，都是在组织内部，按照党纪政纪来问责"。从这个表态看，此案追责可能仅限于"党纪政纪问责"。而今年

3月25日广东卫视播出的一档节目称,有杭州市公安局西湖分局人士透露,聂海芬被记大过一次,已不担任大队长;杭州市公安局刑侦支队称,聂海芬仍然在职,只是"很久不来单位了"。再加上现在传出聂海芬将升为警监的信息。此案的追责信息,可谓扑朔迷离,这是一个不正常的现象。

在国家《刑法》既定的刑讯逼供罪、滥用职权罪之外,近年来,从中央到地方反复强调要建立错案追究机制。比如,去年十八届四中全会再次提出,"实行办案质量终身负责制和错案责任倒查问责制";今年2月,《关于全面深化公安改革若干重大问题的框架意见》再提"健全执法过错纠正和责任追究制度,建立冤假错案责任终身追究制"。浙江叔侄冤案,是通过DNA比对锁定了真凶的;是被写入当年"两高"对全国人大所做的工作报告中的;浙江叔侄是在中国首个宪法日被请进最高人民法院,作为中国法治进步的见证人的。事实这么明确,影响这么重大,为何相关的责任追究似乎"只听楼梯响,不见人下来",让公众反复"猜谜"?

要全面推进依法治国,就要彻底了断历史包袱,司法机关就要有壮士断腕的决心,不护犊子、不打马虎眼、不糊弄舆论。本案就是一块能否落实错案终身追究机制的试金石。退一步说,如果浙江有关部门认为当年叔侄冤案的责任人不是聂海芬,那么,也应当向全国民众公示案情和证据,让大家评判衡量。这么一个舆论高度关注的冤案,有关部门该披露就披露,该切割就切割,该追责就追责,如此才不会让这个十多年前的冤案,损害依法治国的公信力。

(执笔 沈彬)

■ 2015年07月21日

呼格案：要为"终身追责"立木取信

呼格吉勒图的冤案虽然在去年年底就得以昭雪，但对司法人员的问责则远未结束。

2015年7月下旬，呼格的父母从当地报纸的任命公示中，惊奇地发现：之前一审判决呼格吉勒图死刑的法官——胡尔查、宫静，在6月26日被呼和浩特市人大常委会任命为市中级人民法院审判委员会委员。而市中院表示：此次任命系工作需要，属正常任命、非升职，"追责还未出结果，任审委会委员并非意味着不追责"。

担任"审判委员会委员"，未必算"升官"，但是在去年1月，也就是在呼格案遭到舆论持续质疑、真凶赵志红已经落网9年的情况下，两位法官却"逆风飞翔"——胡尔查从行政审判庭副庭长，升任执行监督庭庭长；宫静也从副庭长升任了庭长。如今，在呼格案平反之后，两位法官又顺利进入审委会，这和公众期待的"错案终身追责"相差千里。

事实上，明明已是冤案，但对司法官员的问责，却往往难以启动，甚至其中虎头蛇尾、无疾而终的占了大头。这严重损害了平反冤案后好不容易有所恢复的司法公信。比如，轰动一时的浙江叔侄冤案，平反至今已经过去两年，但对于相关责任人，特别是"女神探"聂海芬的责任追究，还在一片混沌中。浙江方面有关负责人，有的表示将"全面调查""严肃追责"；有的又称：此案中"没有发现是故意制造冤案"。甚至，今年上半年还有律师报料称：聂海芬在北京接受晋升前的培训……司法机关为什么不能主动、全面发布冤案的问责进程呢？为什么在冤案发生之后，不尊重受害者和公众的知情权？

去年，十八届四中全会的核心议题就是"依法治国"，明确提出："实行办案质量终身负责制和错案责任倒查问责制"；今年4月，《关于贯彻落实党的十八届四中全会决定进一步深化司法体制和社会体制改革的实施方案》再提终身负责制。甚至，就是当初判决呼格死刑、相关法官又"荣升"的呼和浩特中院，其院长董秉惠也在今年的地方"两会"上，强调："实行办案质量终身负责制和错案责任倒查问责制，确保案件处理经得起法律和历史检验。"

说了那么多"终身负责制"，司法机关追责了多少人？只听楼梯响，却不见人下来，有没有？对呼格案的追责，就是一个立木取信的好机会。

众所周知，呼格案是一起在证据明显不足的情况下、违反法定证据判决死刑的冤案。之前呼格案的原专案组组长、呼和浩特市公安局副局长冯志明，已因涉嫌职务犯罪，被"双开"。但冤案的酿成、司法防线的溃败，并不止于公安一家，如果一审法官当初能本着敬畏法律、敬畏真相的态度，守住底线，冤案也不会发生。当然，法官也可能要倒苦水：当年法治环境差，面临压力不得不判……但呼格吉勒图19年前就无辜枉死了，现在坟头上早已芳草萋萋，面对这个年轻生命的冤死，相关责任司法官员难道不该受到追责吗？

司法改革是一项关系中国未来的系统改革，终身负责制、错案责任倒查问责制又是其中的关键。2300多年前，商鞅用立木取信的办法，一举确立了变法改革的社会公信；同理，目前的呼格案追责，也是一个立木取信的机会。全社会都在看着：这么一起轰动全国、进入"两高"报告的案子，有没有进行全面、严厉的问责？这将考验推进"终身责任制"乃至整个司法改革的决心。

（执笔 沈彬）

■ 2015年8月13日社论

"钉子户不超5%可强征"有违法治原则

据报道，深圳对于城市更新的依赖性在去年已经高达75%，但其城市更新进程长期处于"拆不动、赔不起、玩不转"的困境中。源于此，2015年8月初，正在内部征集意见的深圳《城市更新条例（草案稿150731）》规定，当不愿参与权益转换和签订搬迁安置补偿协议权利人不超过5%时，可以申请区政府强制征收。

深圳欲以地方立法形式来破解城市更新困局，消息甫出，受到广泛关注：一者，这是国内首次将城市更新提至立法高度，若最后通过的法规较科学且具有操作性，其探路价值自不待言；二者，史无前例地提出了拆赔比的概念，首次提出"产权置换按照建筑物使用面积（套内建筑面积）测算，置换比例（即拆赔比）不得低于1：1，但是不得高于1：1.3"。这一概念不可谓不大胆，同时是否符合市场原则，也引起很大争议。

但草案中最受关注的，还是"强制征收"的适用条件设计：在舆论解读中，申请强征的前提就是钉子户不超过5%。同意者超过95%就可申请强征，这无疑在为城市更新项目顺利实施铺平道路。可这种少数人利益被多数人决定的做法，其合法性却值得探讨。

现代政治哲学有个基本共识就是，政府须尊重每个公民的权利，少数人的权利也应受到充分保障。在拆迁问题上，就该保障个体物权，尽管奉行"风能进，雨能进，国王不能进"的法治浪漫主义原则不现实，但即便要启动强征拆迁，也该遵循合法程序。

从过往经验看，拆迁过程中业主们出现利益诉求不一致的现象很常见。根据现有的《国有土地上房屋征收与补偿条例》，土地征用房屋强制拆迁应由有关单位申请法院执行，也即只有司法强制拆迁才算合法，而行政强拆则无法可依，这也是为规避政府集裁判和运动员于一身。

可"钉子户不超5%可申请强征"，显然与此法规以及《物权法》的规定相违，也即与上位法冲突。首先，向政府申请强征，又可能回归行政强拆依赖的老路；其次，强制征收本来就不是法律概念，征收本身就是强制的。尽管说，它赋予业主申请行政复议和提起行政诉讼的救济权利，可上述"突破性"做法内蕴的风险本就巨大，极可能导致少数人的权益轻易被"强拆"。

表面上看，采取"多数决"的方式决定是否强征，可消减阻力，实质上拆迁中100%签约率也很难成行，但它或成为侵犯少数人权益的幌子。确实，在香港，采用的也是该模式，但强征与否也是由法院来裁定，法院会充分听取利益相关人的理由陈述，并通过完全的信息公开、公开辩论和听证来做决定，而非向政府进行申请实施。

不能轻易牺牲少数人的合法权利，是个底线，这不是说鼓励个别"钉子户"狮子大开口，而是说任何强制措施都必须遵循程序正当原则。就城市征迁而言，在既有的法律框架内尽力解决问题，也比退回到强化行政权的老路上靠谱。而在全面依法治国屡被强调的当下，充分保障少数人权益、恪守权力谦抑更应作为常识，深入人心与立法执法思维中。

（执笔 王琳）

■ 2015年8月21日社论

是时候废除嫖宿幼女罪了

2015年8月下旬召开的全国人大常委会会议，将三审刑法修正案（九），有消息称此次审议嫖宿幼女罪有可能被废除。而在之前的两次审议稿中，均未涉及这一罪名。但建议废除嫖宿幼女罪的呼声却越来越强烈，其中的专家人士，就包括全国人大常委会副委员长、全国妇联主席沈跃跃和全国人大内司委主任委员马馼等。

自2008年习水嫖宿幼女案被媒体曝光以来，嫖宿幼女罪存废问题就一直活跃在舆论场上。仅从媒体表达而言，"废除论"占了绝对优势。舆论热议也在立法领域产生了共振。2008年以来，每年全国两会上的焦点议题中，都少不了"嫖宿幼女罪"。中国社科院刘白驹、全国妇联原副主席甄砚、中华女子学院教授孙晓梅等代表、委员，都曾提交相关建议。孙晓梅甚至公开表态："嫖宿幼女罪不废，我就没完。"

还有更多知名人士站在"废除论"一边，有媒体细心梳理并搜集了相关名单。但问题并不在于有多少人支持废除嫖宿幼女罪，而在于有哪些人反对废除这一罪名，且其反对理由能使废除该罪名的立法建言在长达7年时间里原地踏步。

争论的焦点之一，在于"保留论"者认为嫖宿幼女罪的刑责还重于强奸罪，废除了岂非放纵犯罪。其依据在于嫖宿幼女罪的最低刑期是5年，而强奸罪的最低刑期只有3年。持此观点者完全漠视了强奸罪的罚则区分基本刑和加重刑，基本刑在"3年以上10年以下有期徒刑"；对情节严重的，应处加重刑"10年以上有期徒刑、无期徒刑、死刑"。刑法又规定，"奸淫不满14周岁的幼女的，以强奸罪论，从重处罚"。综合看，奸淫幼女的刑罚较之嫖宿幼女，要重得多。

另一个争论焦点在于，"嫖娼毕竟不同于强奸"，区别打击是立法技术的需要。这种专业分析在刑法界得到了不少支持。但"嫖宿幼女罪"的成立，等于确认未满14周岁的幼女也拥有性行为的支配权，同时也相当于将被"嫖宿"的、未满14周岁的幼女视同为妓女。这种将幼女标签化成为反"废除论"者所谓的论据。

鉴于嫖宿幼女罪也是经立法机关修订后确立的法定罪名，如今倡行废除，自然要追溯当年的新设。依全国人大常委会法工委刑法室当年编著的《刑法释义》，设立嫖宿幼女罪是"为了严厉打击嫖宿幼女的行为"，因此行为"极大地损害幼女的身心健康和正常发育"。

但耐人寻味的是，嫖宿幼女罪并未设在"侵犯公民人身权利罪"中，而是被放置在"妨害社会管理秩序罪"中。这种纲目上的逻辑关系清晰地显示，嫖宿幼女罪所保护的法益首先是"社会管理秩序"，而并非幼女的人身权利。一些法律界精英动辄指责民意外行，却无法解释嫖宿幼女罪在立法技术上同样存在无法自圆其说的重大漏洞。

法律是多数人意志的体现，立法工作不排斥专业精英在立法技术上的贡献，但技术是为体现多数民意服务的。在"科学立法、严格执法、公正司法、全民守法"的法治建设"新十六字方针"中，所谓科学立法，既指法律首先要反映多数民意，又指法律的内在逻辑和外在表达都要符合技术规范。

民意与法意的调和，并不是非此即彼的单选题。支持嫖宿幼女罪的法律精英们如果能少一些专业自负，终止司法实践中的标准不一，平息公共舆论场上的众声喧哗，定能借助于这次刑法的修订而实现。

（执笔 王琳）

■ 2015年9月19日

"排除妨害"式强拆损害法治尊严

据《南方都市报》报道,吉林省原副省长谷春立落马,引发人们对他曾主政七年的辽宁省鞍山市大拆大建的集中关注。而在鞍山下辖的县级市海城,一种持续四年多的政府和法院的"合作"拆迁模式仍在进行:在将被拆迁人变成被告后,迅速强拆那些尚未达成协议的住房。它的关键词是"排除妨害,先予执行,强拆"。

2011年,国务院出台的《国有土地上房屋征收与补偿条例》,明确征收国有土地上单位、个人的房屋必须"为了公共利益的需要",也将征收和拆迁进行了分离,如果征收确实符合"公共利益",则由政府做出强征决定,并申请法院进行依法强制执行,政府无权直接实施拆迁行为。

可海城当地却"创造"了一种有别于此的、以民事诉讼代替行政征收的"全新"强拆模式:"以社区、街道或管理区的名义,起诉被拆迁人排除妨害,然后法院下达先予执行裁定书,政府组织强拆。"像当地有社区在今年初被确认征收决定违法,但强拆没有停止。

实际上,排除妨害是一种民事权利,当房屋等物品受到非法、不正当妨害时,权利人有权请求法院消除他人对物权的障碍或侵害,使物权恢复至圆满状态。社区等主体显然没有相关物权,被拆迁人更没有实施非法或者不正当的侵害行为。相关主体以此为由提起诉讼,这是在恶意诉讼,法院本不应予以立案,甚至还须对此严厉打击。

遗憾的是，当地法院不仅立案，还进行了"先予执行"。根据民诉法，"先予执行"一般适应于追索赡养费、抚恤金、劳动报酬等涉原告生计的紧急情况案件，同时，还要求双方法律关系明确，不先予执行将严重影响申请人的生活或者生产经营，申请人还需要提供担保，以备败诉后赔偿对方损失所用。相关案件显然不符合"先予执行"的法定条件。更任性的是，"先予执行"后，当地法院竟迟迟不做出最终判决，这种久拖不决也违反了法定审限要求。

政府和法院"合作"，涉嫌借手中权力相互勾连、编织罪名，强拆民众合法房产，这不应该。对法院而言，正如德沃金说的："法院是法治帝国的首都，而法律则是这个国家的国王"，它理应恪守独立、公正的法治立场，不被行政权力左右。依照法律规定，若政府对国有土地（城市土地一般都是）做出了强拆强征决定，被征收者有权申请行政复议或直接向当地政府所在地上级法院提起行政诉讼，对行政复议不服的还可再提起行政诉讼。可当地法院涉嫌违法强拆的黑幕，谁又能捍卫底线公正？

当涉事法院涉嫌违法，本该对行政权构成制衡的司法权沦为行政权的附庸，这难免损害法治尊严。应看到，早在2004年年底，时任最高法副院长的曹建明就在全国高级法院院长会议上强调："法院不得以任何形式参与拆迁，原则上不允许先予执行。"2011年1月的最高法通知，也强调了"申请先予执行的，原则上不得准许"的要求。海城借"排除妨害"名义的强拆，于法无据，它也理应在依法追责、深刻反思中，作为一种负面教材被记住。

（执笔 林翰）

■ 2015年11月10日社论

在司法个案中保障媒体舆论监督权

2015年11月9日上午，备受关注的世奢会（北京）国际商业管理有限公司（简称"世奢会"）诉《新京报》社侵犯其名誉权案，在北京三中院二审宣判。法院终审判决世奢会败诉。

法院二审做出的终局判决，无疑宣告着，这起聚讼多时的名誉权案件在法律层面得到廓清。此前该案一审时，因匿名消息源问题引发控辩双方激辩，一审判决结果也引发不小争议；如今相关终审判决撤销一审判决，厘清了是非，也打消了很多人对"损害舆论监督权"的担忧。在网上，该判决结果及判决书相关表述也广受认可。

从相关判决书看，它依循的法律纹路、确立的很多原则，都严格遵循了法治精神，对今后类似讼争解决不乏参考价值。比如说，在名誉权诉讼中，对于新闻报道中引用的爆料是否为虚假信息，应正确适用"谁主张、谁举证"的举证责任分配规则进行判断；批评性报道具备事实依据，即便其用语尖锐，也不能否定其写作目的的正当性。这些无疑有助于廓清舆论监督与名誉侵权的边界，也能避免以滥用诋毁名义或在举证责任错位中，影响媒体正常监督。

拿前者来说，判决书中写道：新闻报道侵害名誉权责任属一般过错侵权责任……在行为意义的举证责任方面，报道失实是提出名誉权侵权主张的一方所需举证证明的。也就是说，要起诉新闻报道侵权自身名誉权，必须拿出证据，证明自身有名誉受损的事实、行为人行为违法、违法行为与损害后果间有因果关系、行为人主观上有过错。

在实践中，媒体有对信源进行注意核实的义务，这是新闻操作规范维度的要求。但若因信源引起讼争，原告要起诉媒体援引的单一爆料信息失实，那也需要自己提供能证明其不实的证据。

就后者而言，判决书明确：对自愿进入公众视野，借助媒体宣传在公众中获取知名度以影响社会意见的形成、社会成员的言行并以此获利的社会主体，媒体进行揭露式报道符合公共利益需要。还指出："不可否认，文章整体基调是批评的，部分用语尖锐，但这正是批评性文章的特点，不应因此否定记者写作目的的正当性。"通过对媒体批评监督责任范畴的界定，对"批评性文章"含义的重申，对涉讼文章写作目的正当性判断依据的厘清，这也保障了其合法舆论监督的权利。

舆论监督权，本是媒体权利与尊严的支点，其本质就是公民诉求的媒介表达，只要它遵守了"依法"原则，就应得到法律普遍保护。即便会有"批评性报道"，也无损其权利分量，也应得以充分保障。实质上，媒体在有事实依据的情况下对被监督对象进行调查、批评无涉侵权，包括对可能负有责任的公权机关有"无过错怀疑权"，是国际惯例。而今，该案终审判决捍卫了该原则，也在是非明辨中实现了个案正义。

要看到，无论是从案件整体影响，还是从意义指向看，该案的范本价值都溢出了个案本身，而已成关乎所有媒体能否正常行使监督权的典型案例。对其如何判决，也会影响到社会对知情权监督权兑现的信心，还有对法治的信仰。而该案的最终判决，以法律为准绳，捍卫了社会公正，也为今后此类纠纷处理提供了判例标杆。

说到底，司法公正与正当舆论监督，本质上殊途同归，都是捍卫社会公义。法律保障媒体监督权，其实也是在助推法治本身。

（执笔 佘宗明）

■ 2015年11月24日社论

法治社会不该有"农妇追凶17年"剧情

听起来,这像是电影里的剧情,可其悲怆厚度,又远非虚构的影像语言所能抵达。据《新京报》报道,17年前也即1998年元月,河南农妇李桂英的丈夫被同村5人伤害致死,5人一夜之间销声匿迹。办案民警回复她:"你要有线索我们就去抓。"李桂英就此踏上了追凶路。17年来她寻遍十余个省份,追踪杀害丈夫嫌疑人,5名在逃人员4人已归案。

追凶17年,这让人想起了《失孤》里寻子18年的主人公,二人同样执着,同样在找寻之路上不言弃。到头来,拉扯5个孩子、照料年迈父母和跨省追凶一肩挑的农妇李桂英,终于让5名逃犯中的4名归案。为报"杀夫之仇",17年"疯找",李桂英的所为满是悲壮色彩。

而这种个体悲情,恰恰映衬出有关方面角色担当的缺失。该事件中无法回避的追问是:当地警方去哪了?都知道,杀害他人属于严重的刑事案件,当地警方必须立案侦查并及时追查凶手。且与陌生人间的作案不同,凶手跟受害者均系同村人,公安部门认定谁是嫌疑人并进行追逃,理论上不难。

可这17年来,李桂英却做了大量警方该做的工作。与其坚持坚韧成对照的,则是有关方面在"你要有线索我们就去抓"中呈现的懈怠姿态。刑事案件中,公安机关负有主动搜集线索、追查嫌疑人、将其送往被告席的重要职责,受害人或家属只有配合调查的义务,并无主动搜集线索证据帮助追凶的义务。要求受害人家属提供线索后再开展工作,无疑是逃避自身责任的表现。

在现代法律制度中，同态复仇或快意恩怨式的"私力救济"，早已不值得鼓励，对犯罪嫌疑人的追查和处置均应有司法机关依法实施。尽管说嫌犯四处逃窜，缉凶确需不小成本，可既然嫌犯未被迅速"捉拿归案"，随着时间推移，办案水平和技术在提升，异地协作办案模式在成熟，相关警方理应尽责，而不应留下有案不破、消极作为之虞。

遗憾的是，当年有关部门的涉嫌失职加剧了案件侦破难度。有民警称"经费和警力都不够"，可再怎么不够，如此草率地对待一桩命案也难令人信服。这不是苛求其"命案必破"，而是要求其恪守职责：连没经过破案训练、也没搜查讯问等办案权力的农妇都能追到凶手，专司破案的警方怎能破不了？

据报道，两名凶手被抓时已改名，其中一名还曾于2011年回到案发地派出所办身份证并改了姓名。本是重点监控对象，涉事派出所工作人员何以未将其身份信息与在逃人员信息库进行比对？当地警方网上追逃系统震慑力又何在？就此看，显然有必要对当地有关人员的推诿塞责、怠政失职进行调查、问责。

个案也是检验依法治国成色的"试金石"，虽说该案案发已久，可即便是作为"遗留问题"，也应在有法必依的法治姿态下得以解决。所谓"法律必须被信仰，否则它将形同虚设"，本身也有赖于司法人员的恪尽职守。只有保障民众人身财产安全的司法机关高度负责，在个案中感受到公平正义才会成现实，而非奢望。

一个农妇的悲情，对应的是一个法治不彰的暗角。而法治语境下，绝不该有"农妇追凶17年"式悲情。

（执笔 佘宗明）

■ 2015年12月15日社论

"敏感人物"减刑公示彰显制度刚性

2015年12月14日，北京市高院对罪犯薄谷开来、刘志军减刑案的公示引发广泛关注。公示中分别提到，在死刑缓期两年期间，二人没有故意犯罪，符合减刑条件，故将死刑缓期两年执行的刑罚减为无期徒刑，原判附加刑不变，并标明公示期限是从11月16日起至11月20日止。而据检索，北京市高院官网11月17日就刊发了该公示。

薄谷开来也好，刘志军也罢，都是曾经的风云人物，其减刑也受到各方的高度关注。虽然二人所犯之罪不同，但量刑均为死刑缓期两年执行。而只要在缓刑两年期间没有故意犯罪，就应依照刑法第50条的规定，两年期满以后减为无期徒刑。由此可见，二人由死缓减为无期徒刑，享受的是法律硬性规定的、死缓罪犯均能享受到的红利，而非什么法外开恩。实质上，若死缓罪犯在此期间能够证实确有重大立功表现的，两年期满后甚至还可直接减为二十五年有期徒刑。

尽管从实体上探讨两人减刑的价值不大，但其程序价值意义却不容小觑：就社会影响而言，这两位坊间视野中所谓的"敏感人物"的减刑遵循严格对外公示的规定，或能在彰显相关制度的刚性外，也确立某种可资借鉴的范本。

应看到，减刑、假释案网上公示制度在我国实行时间并不算长。前些年，因为对刑罚变更执行的监督机制漏洞，有权有钱的罪犯"以权赎身""以钱买刑"的乱象频现。像健力宝集团原董事长张海违法减刑案，就是权钱交易后在程序上暗箱操作的结果。虽说2012年最高法出台了减刑假释司法解释，明确了减刑公示制度，但也只是小范围地在罪犯服刑地公示。

针对某些减刑乱象，十八届三中全会决定明确要求，"严格规范减刑、假释、保外就医程序，强化监督制度"。2014年1月，中央政法委出台了意见要求法院以职务犯罪、金融犯罪、涉黑犯罪的减刑、假释、暂予监外执行案件为重点，一律"网上公示、公开开庭、代表旁听、文书公开、违纪重罚"。同年6月1日，最高法《关于减刑、假释案件审理程序的规定》正式实施，要求改听证办理为开庭审理，改监内公示为社会公示。

如果说，将减刑收束到严格规范框架内，是从顶层设计层面对"减刑猫腻"严加约束，那无论是近年对不当减刑案的纠正，还是如今薄谷开来、刘志军减刑公示，都是在司法实践上捍卫着制度威严。

当然，考虑到"敏感人物"减刑案通常更受舆论关注，在减刑公示时或许可在法院官网公示外，也通过公共媒体、官微等渠道对公众进行提醒，避免引来争议。薄谷开来、刘志军减刑公示期限过了，舆论才普遍留意到公示，这种时间差本可以消弭。

说到底，有阳光，才无"暗箱"。而阳光化司法运作要抵达"看得见的正义"，应秉持"法者，平之如水"的精神。而今在薄谷开来和刘志军二人减刑案上，法院对二人的减刑公示和监狱的提请减刑建议书被公示，也是阳光司法应有的动作。

对司法机关而言，落实司法实践对减刑、假释案件办理相关规定，就应保持这种公正态度，将审理重点放到罪犯服刑的表现上，而非其曾经的身份上。哪怕罪犯原来官位再高、财富再多，能不能减刑、假释，都必须提前公示、依法审理，该减刑的减到位，不该减的决不减，这不只是人权司法保障和司法公正的双重要求，更是社会各界的正义期许。

（执笔 许辉）

■ 2016年3月12日社论

慈善法规范个人募捐宜"循序而为"

这两天，在慈善法（草案）提交十二届全国人大四次会议审议之际，舆论也对这部酝酿了十余年的"慈善事业建设的第一部基础性的法律"抱以广泛关注。其中，关于个人募捐的合法性问题，成了被讨论最多的话题。

先是有人大代表称，慈善法不能简单禁止个人募捐；接着又有媒体报道，公民为了救助本人或近亲属在网络上发布求助信息，法律不禁止，而如果是为了救助本人及近亲属以外的他人在网络上发起的个人募捐，那就属于非法募捐，要承担相应的法律责任。

这立马引起轩然大波，被总结为为非亲非故的人募捐违法。目前最新草案文本还未全部公开，从此前已公开的文本和各方权威人士的信息来看，更准确说法应该是，个人不能出于慈善的目的募捐（个人可为个人募捐，但不能为群体募捐）。

按人大秘书处法案组副组长阚珂的解释，个人不是为自己求助，而是给别人筹款筹物的募捐行为，草案引导跟有公开募捐资格的慈善组织合作。中国公益研究院人士表示，如果发起募捐对象不是具体的个人，而是不特定的某群人，属于慈善行为，这时的募捐需要纳入法律管辖范围，如没有与有公募权组织合作即违法。如果立法思路如此，慈善法引导的是慈善募捐活动规避个人化，全盘纳入组织范围之内，无论是专门发起组织还是挂靠在其他组织名下。

而民间的很多担心，其实就在于国内慈善组织仍处在起步阶段，大量慈善活动还是志愿者们自发所为。若按照上述规定，为了活动受法律保护，志愿者团体或个人须注册成为组织，或者找到挂靠方。但注册成立组织后的慈善活动，不同于随性的志愿行为，需付出大量管理成本，让活动常态化、组织走上正轨，没有准备投入职业慈善的志愿人士在时间财力人力上都会面临瓶颈。如果是寻求挂靠，现有的组织数量还不足以满足全部慈善活动需求。

从汶川地震到雅安地震，越来越多的组织化救灾出现了，但依然有许多个人和志愿者团体自发号召募捐，并组织志愿者参与物资发放。如果此时遭遇一场突发灾难，基于个人募捐的法律门槛，将有一大批社会力量被排除在救灾活动中。

当然，从慈善活动的发展趋势看，有组织的活动能更专业地履行使命，并接受公众监督。法律引导社会零散的志愿力量成为更专业的组织，是很好的发展方向。目前慈善活动中的一些乱象，有部分原因就是组织化的慈善活动不足，从而让个人行骗存在空间。这个发展中的矛盾，需要在发展中去解决，其关键就是通过降低慈善组织的注册门槛，便于更多社会公众成立慈善组织，充分服务于社会的需求。

法不可远离现实。慈善法进入两会议程，由全国人民代表大会而非全国人大常委会表决，说明它与《刑事诉讼法》处在相同位阶上，其重要性可想而知，其每个细节也都可能攸关慈善组织、个体乃至中国慈善事业的发展。

就个人募捐而言，引导慈善募捐活动去个人化，是好事，但若突然一刀切地对个人慈善募捐加以禁止，可能会影响社会志愿活动的积极性，引导注册的正向价值被消极情绪抵消。所以最好的法子，就是慈善法执行中按文本提及的方式，引导个人与组织合作，但不必急于宣布个人募捐违法，而应让社会志愿精神稳健有序地成长。

（执笔 姚遥）

■ 2016年3月18日社论

公判讨薪民工消解司法尊严

2016年3月16日，四川省阆中市人民法院公开宣判大会在江南街道办举行。大会对张某、戚某、欧某等8人妨害公务罪进行了集中宣判，依法判处张某等6—8个月有期徒刑，其中两名情节较轻者适用缓刑。根据当地媒体的报道，这次公开宣判大会成效斐然，"不少群众表示自己接受了一堂法治教育"。但在网络舆论场上，却有另一番场景：除了对"因讨薪而获刑"的农民工的普遍同情，还有对公判铺天盖地的质疑。

当然，对讨薪农民工的同情，也不能凌驾在法律之上。这些讨薪者如确有妨害公务的行为，法官依法判决是其正常履职。在只掌握了关于案情的零星信息之下，对法官的判罚保持基本的尊重应该成为共识。

但舆论对公判的批评，是当地法院理应反省并应正确面对的。此事中的公判，严格意义上来说，是种源于古代的"示众式惩罚"。公判源远流长，死而不僵，其社会基础首先来源于当地民众有围观需求（应当承认这样的群众确有不少）。而更重要的来源恐怕还在于当地党政部门主要领导或主管领导有此要求：让公开集中宣判在惩治一小批的同时，警示一大批、教育一大批。法院放着自己的法庭不宣判，非要选择在安保、程序设计等都更为复杂的广场去进行宣判，明显不符合经济理性思维。

当然，法院敢于"示众式"公判，也有其法律基础。这就是刑事诉讼中的一项基础性原则："宣告判决，一律公开进行。"过去公捕公判大会常常套开，批评者以有罪推定批评公捕，把公判也捎带了。这不免让一些法律人不服，因为判决依法的确应该公开，在法庭的"剧场"公开，跟把法庭搬到城市的"广场"上公开，并没有实质区别。

"剧场化司法"与"广场化司法"各有优劣。舒国滢教授曾分析称，"剧场化司法"的真正价值在于它通过"距离的间隔"来以法律的态度和方式处理"法律的问题"。而"广场化司法"则趋向于通过生动形象的、可以自由参与的法律表演，把裁判的结果和实施惩罚的轻重诉诸人们直观、感性的正义观念或道德感情。

但法治语境中的公开宣判与公共舆论场上的"公审公判"，并不能简单等同。在法庭内依法定程序公开审判，就没有人提出过异议。尽管我们在阆中法院的这一公判事件中，并未发现"公捕"，公判大会的组织者也由以往同类事件中的当地党委、政府变成了当事法院，看上去好像已颇具合法性。

但公判大会之不当，并不是因为围观者有多么人山人海，也不是因为现场安保有多严厉，而是因为"公判"以群众大会的方式包装法院的公开宣判程序，在示众被告人形象的同时，也消解了法庭内司法应有的尊严。挑选特定被告人专门拉开来进行大会式公判，又危及平等权。如果说是为了警示世人，为何独独挑了农民工，而不是贪腐官员或经济犯？当一些法院正忙着通过去除庭上被告人囚服和镣铐来彰显司法文明之时，"公判大会"显然是在与刑事司法现代化的脚步背道而驰。

在当下这个时代，司法文明正日益走进司法公正，成为它最重要的权重之一。有尊严的司法用不着通过贬低被告人形象来抬升自己。实现公正，彰显文明，自有属于司法的尊严。

（执笔 沈彬）

■ 2016年5月15日社论

法院领导当庭"传话"也是干预司法

2016年5月中旬,安徽淮南大通区法院公开审理并网络直播"诗人官员"徐沛喜受贿案。庭审中,坐在旁听席的该院某副院长通过法警"传话"给主审法官后,合议庭宣布该案延期审理。辩护人当庭提出异议,现场一度陷入混乱。因该案同步网络直播的缘故,公众也得以目睹这一幕。这引发不小争议。5月13日,涉事法院回应,现场所递内容系司法解释文本,发现庭审可能导致程序违法,遂履行"审判工作管理监督的职责"。

在镜头直播之下,坐在旁听席的涉事法院领导当庭"递书传话",难免引发争议:有人从法庭纪律上评述,认为法院领导作为旁听人员"不得发言、提问",更不得"递物传话"干扰庭审;还有人根据《领导干部干预司法活动、插手具体案件处理的记录、通报和责任追究规定》中规定的"采取中止审理、延长审限、不计入审限等措施拖延结案或者压缩办案时间结案"属于"特别报告事项",来指出其问题。

但网上也有专家称,在涉事副院长不掌握其具体提示内容的情况下,这可视作以较巧妙的方式对合议庭进行业务指导。可说到底,法院副院长有的是法院内部的行政管理职务,而并非案件合议庭成员,插手具体案件的实体问题,不合适。

当地法院称,该副院长是尽审判工作管理监督职责。可就该案看,说这是监督审判工作,有些牵强。毕竟在该案中,其"递书传话"的节点很微妙——那就是辩方的证人就要出庭时。

要看到，该案有些情节很是耐人寻味：在庭审过程中，辩方认为指控事实"依赖口供"，提出让证人出庭作证，但被合议庭以"证人不愿出庭"为由拒绝，辩方称己方有证人愿意出庭，就在合议庭许可、正进行证人身份核实时，副院长"及时提醒"，打断了节奏。

按理说，证人出庭作证本应是诉讼常态，在法庭接受多方质证也能还原真相。但现在刑事案件中证人出庭作证率极低，证人不出庭反成了常态。这跟我国刑诉法没有硬性规定证人必须出庭作证有关。它还规定公诉人和诉讼参与人"对证人证言有异议，且该证人证言对案件定罪量刑有重大影响，人民法院认为证人有必要出庭作证的，证人应当出庭作证"，而法院对"有无必要出庭"有自由裁量权。

该案中，辩方向法院申请了证人出庭，法庭没以"无必要出庭"拒绝，却以"证人不愿出庭"为由答复辩方。结果辩方说证人愿意出庭且已在庭外等候，法庭被逼到了墙角，同意并传证人出庭，这也是纠正之前"在有必要通知证人出庭作证而未通知"的做法。法院领导在这时"递书传话"，也影响了法庭纠错，这很难说是什么"监督"，而是干预司法办案。

现在中央推进司法体制改革，一个重要目标是"让审理者裁判、由裁判者负责"，并出台了领导干部干预司法的问责机制。期待当地检察机关监督此案，而接下来的审理中，有关领导也能放开手脚让合议庭审理案件，而非有意或无意地指手画脚。

（执笔 刘昌松）

■ 2016年5月19日社论

依法执法何惧民众拍摄视频

据报道兰州财经大学学生小鹏拍摄了一段视频：一名男子被几名民警揪住欲带上警车，但男子未上车，遭到执法民警脚踹，执法民警发觉有人拍照后，立即上前制止……之后，就是大学生小鹏和另一名同学被警棍打得鲜血淋漓的臀部照片，传遍了网络，引发社会公愤。

2016年5月17日，甘肃省、兰州市公安督察部门组成联合调查组，确认办案民警对大学生实施了殴打，已对涉事派出所所长停职，对涉事民警先行采取禁闭措施，但并没有提及警察打人是否涉嫌犯罪。

从法医的角度说，臀部的成片棍打伤痕，和普通的挫裂伤、擦伤有着本质不同，大片棍打伤痕，说明在受害者没有反抗的情况下，遭到持续的殴打，不能用"手段粗暴""执法不文明"来掩饰。如果大学生臀部上的伤痕，构成法医意义上的轻伤，应该追究涉案民警的故意伤害罪，如果不构成，则应该追究滥用职权罪，而不能以禁闭的"家法"了事。

更值得一说的是，此事源于大学生用手机拍了当地警察的执法过程。但是，警察在公共场所执法，为什么不让拍，有什么见不得人的？权力不应该运行于阳光之下、运行于公众目光之下吗？

事实上，类似的执法人员对于围观拍摄群众拳脚相加的事件，一再发生。2008年，魏文华因为用手机拍湖北天门市城管的暴力执法，被城管群殴致死，成为最著名的"拍照死事件"。2014年，浙江苍南县灵溪镇城管与商户发生争执，路人黄某刚好路过此地，并用手机进行拍照，城管不许其拍照，结果引发了双方群殴，造成 5 名城管工作人员和 1 名群众受伤。

再比如，今年 1 月，河南媒体到鹤壁市一家食品厂暗访，遭遇对方围攻，但更有意思的是报警后，当地民警却来阻止记者拍照："我代表国家，你们这是侵权。"今年 4 月又发生所谓"哈尔滨派出所长打女记者"事件，冲突的起因还是女记者用手机在摄录采访对话……

老虎屁股摸不得，执法为何拍不得？

其实，镜头也是一种权力，是真相的权力。因为视频作为证据，是最客观的；所包含的信息是最原始、最丰富，也最不方便"加工"的。所以，个别执法人员面对镜头是十分抵触，甚至不惜使用更大的暴力以掩盖镜头所记录的暴力。这次兰州榆中县警察打人，就是一个典型，为掩饰踹出的那一脚，直接违法扣留大学生，对其实施严酷的殴打。

要说明的是，公共场所执法并不是什么国家机密，公众当然有权拍摄，这也符合起码的行政执法公开原则。为什么不少地方的警方不惜花费公帑购买"执法记录仪"，却害怕公众手中小小的手机呢？

镜头是中立的，真相不应该被"垄断"。打铁还需自身硬，执法者不想让自己违法、不文明的动作出现在镜头里，那就要严格依法执法，不枉不纵。正当的执法当然经得起围观、经得起拍照，不惜使用暴力手段，试图让镜头关闭、真相沉默，注定要受到法律的惩罚。

（执笔 沈彬）

■ 2016 年 5 月 20 日社论

成人礼宪法宣誓不妨成为常态

据报道，山西省太原市数百名中学生 2016 年 5 月下旬在操场手捧宪法进行成人礼宣誓，并与家长互换亲情信件，感谢父母养育之恩。虽然近年来成人礼宣誓活动各地经常举办，国家工作人员在就职时公开进行宪法宣誓也已不新鲜，但在我国，手捧宪法进行成人礼宣誓，公开的报道尚不多见。

18 岁对每一个人来说都很特别。度过了 18 岁的生日，不仅仅意味着年长一岁，更代表着一个人开始享有宪法赋予的选举权和被选举权，从而拥有了完整意义上的公民权利，并且履行相应的义务，承担公民责任。

综观此前各地的成人礼宣誓，大都是面向国旗诵读誓词。这种仪式本身也是一种非常好的思想教育方式，可以让青少年在宣誓中体会出一种对自己而言，具有历史意义的角色转变，增强对国家、社会和家庭的责任感。如果在这一仪式中融入宪法要素，则有更加积极的意义。

宪法是我们国家的根本大法，最大限度地凝聚了国人共识，具有最高的法律效力。尊重和遵守、维护宪法，让宪法神圣起来，让宪法走进我们的生活，是每个公民的责任。在迈入成人之际，手持宪法进行宣誓，或者在成人礼仪中融入宪法要素，无疑会让刚刚迈入成人行列的青年学生更加亲近宪法，增加对宪法的敬仰，增强宪法意识，并且通过对宪法的宣誓和学习，而明确将来作为一个成年人、一个中国公民权利、义务和自由的边界。

十八届三中全会《中共中央关于全面推进依法治国若干重大问题的决

定》对依宪治国做出了重要的论述。"宪法是党和人民意志的集中体现，是通过科学民主程序形成的根本法。坚持依法治国首先要坚持依宪治国，坚持依法执政首先要坚持依宪执政。"宪法的重要性对于今后中国的重要性无需赘言，关键是如何让宪法的权威从纸上走进现实。

在此背景之下，每年12月4日定为国家宪法日。习近平总书记曾言，"法治权威能不能树立起来，首先要看宪法有没有权威"，"宪法的根基在于人民发自内心的拥护，宪法的伟力在于人民出自真诚的信仰"。

确立对宪法的权威和信仰，再也没有比成年礼宣誓更好的切口了。如果我们的年轻人在成人之际，就崇仰宪法、亲近宪法、尊重宪法，宪法就会发挥治国安邦总章程的作用。中国社会的未来也就会沿着理性的轨迹前进。

尽管形式只是一种表征，但是，在青年学生的成人礼或是在政府人员就职，宣誓这样的仪式仍然是必不可少的手段。虽然中国社会多元，但是，仪式感仍然是确立社会文明底线和共识必不可少的手段。

对于太原这数百名中学生的成人礼手捧宪法宣誓，我们应该鼓励并支持，并希望更多的地方能够跟进，成为常态。宪法是中国社会的最大公约数之一，唯有我们想方设法树立宪法至上的观念和坚定的法治信仰，方能平稳度过转型期的各种激流险滩。在这样的语境之下，我们也希望，这些中学生不要仅仅把这当成一种仪式，而是要借此理解宪法，并明白其中的深意。

（执笔 朱恒顺）

■ 2016年6月21日社论

"行政违法大全"是份法治"负面清单"

对有的地方政府而言，被指涉行政违法不是小事，被戴上"行政违法大全"的帽子更不体面。而据报道，因对当地两个生活服务市场强拆，河南濮阳市政府被商户告上法庭，结果在三宗诉讼中均被判败诉，被法院确认违法强拆。其在强拆过程中的种种违法行为，被批为"行政违法大全"。但在判决书生效一年多后，当地政府既未上诉，也未落实生效判决书。

违法强拆、"民告官"后政府败诉、败诉后又迟迟未能主动履行法院判决书确定的义务，这几项无论是哪一项都足以引发公众关注，"集于一身"被批为"行政违法大全"后，当地政府更是被推上了舆论风口浪尖。

毋庸置疑，"行政违法大全"不是严肃的法律用语，而是种口语化指斥，不能就此认定涉事政府集齐了所有的行政违法类型。可当地方政府因这样的"指控"而身陷舆论围困时，检视自身作为有无问题，是摆脱舆情困境的不二方式。

就强拆当地两个市场的做法而言，据作为这起行政诉讼异地受理方的鹤壁市中级法院的判决，涉事政府绕开法院的强拆属于违法；强拆后做出的《征收决定》违反了"规划先行，规划民主"的要求；做出的《征收补偿决定》也不合法，既未与被拆迁商户协商，也没让其选择补偿方式，没转送评估报告。这些违法行为，无疑让拆迁中的程序正义多个关节都失守。说其是"行政违法大全"，恐怕并不为过。

而在依法治国,"深入推进依法行政,加快建设法治政府"成为共识的当下,有关方面在强拆过程中被曝出"行政违法大全",显然值得警醒。那种种行政违法行为,不只会给行政相对人带来伤害,更会损害行政机关公信力。从法治角度看,所谓的"行政违法大全",无异于推进法治政府建设的一份负面清单,理应被引以为鉴。

既然涉多重行政违法行为,就该依法追责。去年底,中共中央、国务院印发的《法治政府建设实施纲要(2015—2020年)》明确提出,党政主要负责人要履行推进法治建设第一责任人职责,对不认真履行该职责,本地区本部门一年内发生多起重大违法行政案件、造成严重社会后果的,依法追究主要负责人的责任。

而拆迁过程中的"行政违法大全",也该作为衡量领导干部工作实绩的重要内容,纳入政绩考核指标体系,并依此启动问责程序,该约谈的约谈,该责令整改的责令整改,该通报批评的通报批评,防止同类行政违法行为在同一部门、同一地区再次发生。

现实地说,在法治政府建设过程中,要完全杜绝行政行为违法还有一定难度,但在明知行政行为违法后仍拒不改正的情形,则必须"零容忍"。此案中法院判决涉事政府应当重新做出新的行政行为,但一直未得以执行。按照新行政诉讼法第96条的规定,法院可以根据当事人申请予以强制执行,并"向监察机关或者该行政机关的上一级行政机关提出司法建议"。但走司法程序只是权利救济的最后渠道、法治政府建设的补充,更重要的,是行政机关事前预防、事中审查、事后有错必纠有责必究机制的健全。

对涉事地方政府而言,不能带头不守法,更不可将法院判决当白纸一张。而就法治政府建设来说,也当以"行政违法大全"为戒,遵循"法定职责必须为,法无授权不可为"原则,把行政行为严格收束在法治轨道内。

(执笔 许辉)

■ 2016年6月28日社论

让"民法总则"巩固30年来私权保护成果

据报道,备受关注的"民法总则草案",于2016年6月27日首次提请十二届全国人大常委会第二十一次会议审议。这意味着,中国法治史上的里程碑之作——"民法典"编纂工作正在走向前台。

这次新闻中披露出的诸多变化,无疑将广泛改变国人的生活,如将民事一般诉讼时效拟由2年延长为3年;限制民事行为能力的未成年人年龄从10周岁下调至6周岁。

细枝末节固然重要,但更要从大历史角度看待这部"民法总则草案"乃至整个"民法典"编纂。2014年10月,《中共中央关于全面推进依法治国若干重大问题的决定》明确:中国将编纂民法典。编纂民法典,往往是国家历史上的大事件:风云跌宕的法国大革命,最终凝结为《法国民法典》,确立了契约自由和平等原则,从根本上解决了法国封建势力复辟问题。

新中国历史上,曾有三次编纂民法典的努力,但都因市场经济不发达,立法者对私有产权等基本理念难以达成共识而流产。1986年制定的,也正是这次"民法总则草案"拟取代的《民法通则》,并不是传统意义上的"民法总论"部分。它不仅包括了民法基本原则,还包括侵权、合同法等内容,在当时法律奇缺的情况下,《民法通则》起到了"小民法典"的作用。之后,《合同法》《物权法》和《侵权责任法》等民事法律陆续公布,应该说,目前中国的民法体系已初步完成,成为中国社会经济发展的法律支撑。

但也应看到，这种分散的民事立法的弊端，就是各方之间需衔接、有矛盾的问题，特别是代行"总则"职能的《民法通则》还是30年前制定的，有着明显的问题，一是规定粗疏，二是带有计划经济色彩，其中甚至有"经济合同违反国家指令性计划的无效"等古董条款。

所以，全国人大常委会法工委去年3月就明确了"两步走"的民法典编纂思路，即先编制民法典总则，再整合其他民商法律为民法典。注意，民法典总则是需要"编制"，其他的法律只需要"整合"，这也凸显出此次"民法总则草案"的重要意义。

"民法总则草案"将为整部民法典定下基调，也几乎是民法典改动最大的地方，无疑是改革的攻坚战。怎么彻底去除现行《民法通则》中的计划经济残留？怎么以法的形式"重述"并巩固三十多年来改革开放和市场经济的成果？怎么厘定市场和权力的关系？

"民法总则草案"必然涉及很多利益调整和激烈博弈，这次报道披露"降低限制民事责任年龄"等内容就不乏争议，但"民法总则"更大的争议是在契约自由、私产保护等方面。

比如，近年一些地方政府提出的限购政策，如何与"契约自由"原则相融合？限购、限贷政策，能否构成民法意义上的"不可抗力"？再如，私企与国企之间发生民事纠纷，不少法院往往以国企代表"公共利益"为由，不支持私企提出的恢复原状的诉请，民法最基本的"平等原则"如何在"民法总则草案"中得到重申和巩固？

如果说20世纪80年代的《民法通则》因中国市场经济的不健全，很多民法原则还是纸上谈兵，如今中国市场经济已相当发达，"民法总则"作为未来民法典的灵魂，字字句句都有深刻的现实指引意义。它也理应在保障契约自由、保障合法私有财产等方面有巨大进步，能够巩固30年来改革的成果。

（执笔 沈彬）

■ 2016年7月5日社论

"收购玉米"获罪是个黑色幽默

据新华社报道,内蒙古巴彦淖尔市临河区农民李某,因"无证无照"大量非法收购玉米,涉及金额21万元,被当地法院判决构成"非法经营罪",被判有期徒刑1年,缓刑2年,并处罚金2万元。

此事日前经报道后,引发轩然大波。很多网友大跌眼镜,误以为穿越到1986年那个打击"投机倒把"的年代。也有人认为,应坚持"违法必究",既然《粮食流通管理条例》规定,收购粮食应该取得行政许可,李某没有取得许可就收购粮食,当然是违法的。

但是要追问的是,收购粮食必须取得行政许可,这是否合乎改革本意?通过刑法追究李某这样的"小粮贩",是否固化了粮食系统的行政垄断?就个案来说,李某收购百余吨玉米的行为,即便行政违法,是否应该上升到刑事犯罪的高度?

2004年的"中央一号文件"明确规定,"从2004年开始,国家将全面放开粮食收购和销售市场,实行购销多渠道经营"。但不知道什么原因,当年制定的《粮食流通管理条例》虽然写道"国家鼓励多种所有制市场主体从事粮食经营活动",却仍留了个尾巴:"取得粮食收购资格"后方可从事粮食收购活动。

哪怕在2013年以来经历了若干轮"放权改革",收购包括玉米在内的粮食应取得行政审批,仍没出现大的松动。今年初《粮食流通管理条例》修订后,也仅顺应公司登记制改革的大趋势,将之前的粮食收购"先取得许可证,后办执照",改成了"先办执照,后取得许可证"。

应看到,从上世纪 50 年代开始,粮食的"统购统销"是僵化的计划经济的典型代表,在改革开放后,粮食统购逐渐瓦解。可 2004 年"中央一号文件"明确的"全面放开粮食收购"改革愿景,至今没能实现,这不能不让人怀疑,粮食系统部门利益太根深蒂固。

现实中,"粮贩子"有其存在的合理性。因为中国农业的分散化经营及粮站收购标准比较高(如对粮食的容重、水分的要求很高),一直存在所谓"卖粮难"问题。这就产生很多"粮食经纪人""粮贩子",农民可以在村头直接把粮食卖给他们,虽然价格低点,但不需要反复晾晒、去杂质。这对农民、对粮站都大有裨益。

本质上,"粮贩子"不是什么洪水猛兽,也难冲击、破坏中国的购粮秩序,即便违反行政法规,小规模的无证购粮,在刑法意义上也是"情节显著轻微、危害不大",不应认为是犯罪。就李某无证购粮行为而言,他是把巴彦淖尔市临河区的粮食卖到了杭锦右旗的粮站,赚个价差。追逐这种"价差",就像当年改革初期"杨百万们"一样,其实符合市场逻辑,也是正常的市场行为,却由于不合理的制度承受了"罪化"的代价。

对于这些粮贩子动辄追究"非法经营罪",只是在固化陈旧、低效的粮食垄断经营。而在所谓"粮贩子"其实广泛存在的现实之下,相关执法很难是"一律化追究",应警惕选择性执法,成为粮食部门固化自身利益的手段。

因"无证购粮"获罪,跟时代的进步诉求格格不入,已然是个黑色幽默。粮食系统本身的行政垄断经营,本就该尽快打破了,再用"非法经营罪"去强化这种不合理的行政垄断,更是问题重重,这类做法也应尽早剔除。

(执笔 沈彬)

■ 2016年7月19日社论

"爱国"不是违法犯罪的挡箭牌

2016年7月中旬，河北乐亭、江苏宿迁等地部分人士打着"你吃的是美国肯德基，丢的是老祖宗的脸"的横幅，围堵肯德基餐厅，引发广泛关注。而社交媒体上，多个一群人聚集在麦当劳肯德基店内滋扰顾客、斥消费者不爱国的视频被热传。

表达爱国情感，是一国国民再正常不过的朴素行为。但任何一项活动如果突破了法律底线，都将失去正义的支撑，爱国主义表达也不例外。

这次发生在多地的"抵制"肯德基事件，以及一连串滋扰经营场所及顾客的"闹剧"，虽然荒诞，却并不让人陌生。它与此前一些特殊事件背景下的非理性行为，都偏离了正常的爱国情绪表达范畴。在法理上，这些行为已经触及社会治安和他人权益的底线；就爱国情感表达而言，这些极端之举，非但不能提升国民的爱国认知，反而助长了社会暴戾气氛。

任何爱国主义，都应植根于对本民族同胞的热爱。反观一些非理性爱国主义行为，动辄抵制带有外国标识的物品、行业，甚至不乏毁损行为，首先伤害的还是自己的同胞。早有论者指出，肯德基虽是舶来的，但包括纳税、就业等早已实现"中国化"，所谓抵制，其实是在伤害同胞的就业与消费权利。

打着爱国的横幅走上街头，却以非理性方式行伤害同胞之实，生活于全球化时代，却以是否使用他国产品来作为判别是否爱国的标准——种种矛盾行为的逻辑和思维之误已暴露无遗。理性的现代公民，怀有正常爱国情感的社会，都有必要对此加以警惕与省思。

爱国，从来不是突破社会秩序和法律的借口，爱国情感也从来不应是以树立"假想敌"的方式来完成自我确立。在一些人看来，爱国与"排外"是划等号的，仿佛非如此不足以表达自己的爱国主义立场。但在现代政治文明中，爱国主义价值本身蕴含着丰富的层次性，它包含又不限于公正、包容、自由等诸多内在品质，也内嵌着守法的价值内涵。

在一个法治社会，一个人或群体的爱国情感表达，其底线也是要尊重法律和他人的权利边界。任何逾越这一底线的做法，本质上都只能是"伪爱国"，是对正常爱国情感的亵渎。

爱国情感，首先也应该遵循的是自发的表达。而在动辄"抵制××"、斥责消费国外商品者为"不爱国"的声音中，人们看到的只是一种被极少数人所强行定义和绑架的狭隘"爱国主义"。如此以站队代替对错，以口号代替逻辑，以情感宣泄代替法律理性的做派，不仅令爱国情感被污名化，也有将一个社会推向不讲理的粗鄙境况之虞。

纵容这样一种非理性的表达，即是纵容它对于社会法治共识的割裂。鉴于此，相关部门应基于维护社会秩序和守护法治原则的立场，对违法者依法制裁，就像央视以往评论打砸非国产车时说的，披着"爱国"外衣的公然违法犯罪跟爱国没有关系，要将犯罪从爱国里择出来。

文明和法治的底线，不会被盲目的爱国举动所模糊与绑架，爱国情感释放一旦突破理性的关口，其必定走向"爱国"的反面。这点在过去历史中，不乏血的教训。而今，在全球化时代，一些人继续依靠从抵制国外商品上来寻找爱国快感，将越来越被证明为狭隘，也必将被理性社会逐渐抛弃。

（执笔 任然）

■ 2016年7月22日社论

寻衅无关"爱国",执法当有刚性

7月19日,河南濮阳发生多人聚集、围堵肯德基门店事件,之后濮阳警方对李某星等3名组织者依法行政拘留。

无独有偶,7月19日,河北衡水网民王某在互联网上发表煽动性言论,称"支持民间组织打砸日美汽车,希望用车锁砸死开日美汽车车主","砸不死人这事都不算完",意图聚众滋事,因涉嫌聚众扰乱公共秩序,已被警方依法行政拘留。

两地警方对寻衅闹事者依法做出的处罚,亮出了法律的底线,也在爱国与违法乃至犯罪之间画出明晰的分割线。这也是种警示:任何人都休想打着"爱国"旗号做违法之事,任何人都必须在法律之内行事,那些侵害中国公民正当权利、侵犯在华合法企业正当权利的行为,都应被依法制裁,不能因假"爱国"之名得到豁免。

李某星等3人被行政拘留,不是因为他们所谓的"爱国",而是因为他们违法了。《治安管理处罚法》第23条规定:扰乱企业秩序,致使工作、生产、营业不能正常进行,情节较重的,处5日以上10日以下拘留,可以并处500元以下罚款;聚众实施这一行为的,对首要分子处10日以上15日以下拘留,可以并处1000元以下罚款。那些围堵者既然种下了影响企业正常经营、扰乱社会秩序的"因",就该吞下法律惩戒之"果",咎由自取,怨不得别人。警方对其施以行政拘留,只是履行职责,维护社会治安,保护公民人身安全、企业正当权利。

毋庸置疑，当下社会思潮是多元的，人们可以有多样化表达，但无论这派那系，都得遵循法治精神。而执法标准是刚性的，也平等地一视同仁，但凡违法就要受到惩罚。这应是法治社会语境下的共识，执法部门等亦应守住这条底线。

近几年，在一些特殊事件过后，总有个别违法分子打着"爱国"的旗号，殴打同胞，打砸乃至哄抢在华合法经营的外资企业。最著名的就是2012年西安"9·15"事件中，男子蔡洋以"爱国"名义打砸他人的日系车，还用环型锁将车主打成瘫痪，最终自己被判刑10年。

从爱国本义上讲，这绝不是什么"爱国"行为，而是给爱国抹黑；从法治层面看，这是典型的违法犯罪行为。对这类恶劣行为，司法机关不能姑息迁就、投鼠忌器。全面推进依法治国，就是要让法律成为衡量一切是非对错的根本性标准。有的人躲在"爱国"的旗号背后滋事打砸，其所作所为就该被置于法律视角，而非泛政治化思维下审视。

都说"爱国"不是为非作歹的护身符，本质上，违法犯罪跟爱国无关，不可能有违背法治原则的爱国行动。警察执法、判断是非的唯一标准，也该是法律。依法治国、违法必究，这是普适性法则，不该对伪"爱国"行为网开一面。

而若是对"爱国"之名下的违法行径不及时果断亮剑，乃至轻纵，极可能形成"破窗效应"，中国社会法治进程和稳定预期也会受到挑战。有网上流出的视频显示，某地警察依法驱散肯德基店前的寻衅者时，有人指责其是"反动警察"，还对其推搡。违法了还冒用"爱国"之名，这只会让爱国精神和法治蒙羞。

依法行事，是法治社会的第一要义，那些打着爱国旗号的行为，必须接受法治视角的打量，而不能妄图以光鲜名义模糊法律层面的对错。而今，濮阳、衡水等地警方依法惩治违法者，树立了刚性的执法标准，也向公众普及了"'爱国'和违法之间判然有别"的道理，这也该成为今后类似执法行动的范本。

（执笔 沈彬）

■ 2016年8月14日社论

新消法"不保护职业打假"宜慎之又慎

2016年8月中旬，国家工商总局发布了《消费者权益保护法实施条例（征求意见稿）》，其中提到"金融消费者以外的自然人、法人和其他组织以营利为目的而购买、使用商品或者接受服务的行为不适用本条例"。这被很多人解读为，"职业打假人"将不再受"新消法"保护。一石激起千层浪，这引发巨大争议。

1994年施行的《消费者权益保护法》明确"退一赔一"原则，标志着中国消费者权益保护运动正式拉开序幕。之后，以王海为代表的知假买假的职业打假人，对不少无良商家也形成了不小的震慑。但这二十余年来，中国的职业打假之路走得并不通畅。有些地方消协、法院等对"消法"做了机械解释，把打假"人为敏感化"，有法院还把这些人"识别"出来，想尽办法令维权案"撤诉"。

这种妨碍职业打假人适用惩罚性赔偿的做法，使得"消法"对无良商家的惩罚权并未发挥出应有的效率。民法权威王利明教授就认为："消法"的惩罚性赔偿，可以刺激和鼓励广大消费者与不法销售者作斗争；即使是"知假买假"，也是消费者自发性主张权利的行为，他认为此种行为对社会没有什么损害，相反，社会会从中受益。

2014年，最高院对知假买假等话题就亮出了鲜明的司法态度，其发布的《关于审理食品药品纠纷案件适用法律若干问题的规定》明确：因食品、药品质量问题发生纠纷，购买者向生产者、销售者主张权利，生产者、销售者以购买者明知有问题而仍然购买为由进行抗辩的，人民法院不予支持。这明确支持了食品药品领域的"知假买假"行为。

本质上，惩罚性赔偿责任只要是遇到假货情形，都该适用，而不能将职业打假者从维权者中一律择出来。如果是单位"知假买假"，可受合同法保护；但对于自然人的消费者身份，很难以是否营利为依据予以否定。而"以营利为目的"的判断标准会否客观，也必然留下争议。

目前拟出台的"消费者权益保护法实施条例"，仍是行政法规，因为知假买假牵涉利益广泛，矛盾错综复杂，而有关执法部门由于行政资源有限，或许难以介入。但无论如何，不能借立行政规章的机会，将矛盾推出门外。

要知道，现行"消法"规定的"退一赔三"的惩罚性赔偿制度，相对于法治成熟社会动辄上百万的惩罚性赔偿，"火力"原本就不够。对普通消费者来说，3倍赔偿远不足以弥补维权所引发的时间精力成本，幸亏有那么一些职业打假人能发挥打假的"规模效益"，才对制假售假等行为形成了较有力的震慑，对商家一端在消费纠纷中的强势地位形成了某种对冲。

"见蛇不打三分罪"，职业打假者哪怕有自身的利益诉求，也是在依法行使权利，乃至为民除害。即便要打击，也只能是针对搞掉包、碰瓷式的恶意打假。基于此，将职业打假者排除在消法保护范围之外，宜慎之又慎。

（执笔 沈彬）

■ 2016年8月30日社论

检察院拒绝"创文"执勤，符合法治精神

徐州市创建全国文明城市指挥部8月下旬发文，要求全市一百多家单位（包括市检察院）在创建全国文明城市期间上街执勤。8月28日傍晚，徐州市检察院公开声明称，不组织任何检察机关人员协助执勤。这得到了徐州市委支持。最新消息是，徐州市委宣传部长回应称系志愿者活动，非强制性。

很多城市在"创卫""创文"时，都曾发过类似的"机关单位总动员"式的通知，甚至将各个地段分工包干给各系统。之前济宁就被曝出，所有公务员都得为了"创卫"扫大街，部分单位搞三班倒。尽管此举饱受诟病，可即便是"非强制性"，也很少有职能部门明确表示拒绝者，公众惯见的是为"配合"而不惜影响正常职责的"先进典型"。毕竟在现实语境下，这很容易被冠上"没有大局观"的名头。

而像徐州市检察院这样明确表示拒绝的，从媒体披露的情况看，堪称头一遭。以司法领域为例，此前有媒体就报道，某市在"创卫"期间，该市各机关局委几乎以2/3的精力用于"创卫"，有律师还经历了这样一幕：在法庭上，本该有三名法官出庭审理案件，结果只有一名法官出庭，法官说，另两位法官为了"创卫"上街捡烟头去了。这听似段子却很真实的情景，尽显一些城市"创卫"过程中过度动员的荒谬。

应该看到，检察院拒绝"创卫"摊派，也并非出格的行为。就在上个月底，中办、国办印发了《保护司法人员依法履行法定职责规定》，明确任何

单位或者个人不得要求法官、检察官从事超出法定职责范围的事务，对这类要求法院、检察院也有权拒绝。不在党政组成系统之列、只是作为地方性协调组织存在的地方创卫（文）指挥部，显然也无权要求司法部门干协助执勤的事。

就此看，徐州市检察院的"拒绝声明"，无异于以身说法的"普法"动作。作为检察院，其司法职能有其独立性，向来自行政部门强制性的任务摊派说不，是其权利，也彰显了法治精神。

涉事检察院拒绝"创文"名义下的执勤摊派，也是种指向纠偏的提醒：客观而言，在不影响本职工作的情况下，动员相关的一些部门工作人员配合、参与，并非不可理解。但这类动员，也要"依法"，要遵守法定程序和现代政治伦理。

现代政治讲究充分的专业分工，即便对"创卫""创文"这样的大工程，也只能是建立在不影响正常社会协作分工之上的"特事特办"。本质上，每个部门做好本职工作，就是最好的配合，不能搞得主次颠倒，更不能让"创卫（文）压倒一切"。这种配合，也得遵循"非必要不可为"的原则，若仅仅是为了"迎检"特意制造一种特殊状态，那本质还是一种运动。到头来，消耗的资源会牺牲正常的社会运转节奏，也逾越了公职部门之间正常的专业分工和规定程序。

从法治角度和社会分工层面讲，让检察官们因为"创文"上街，都不妥。事实上，"创卫""创文"过程中，行政指令有"一呼百应"乃至要求司法系统干这干那的能量，还有迷恋突击治理，都非现代治理的应有之义。这要的不仅是徐州检察院式的敢于拒绝，更是划定政府动员边界的制度性力量，来确保地方是在依法依程序推进"创文""创卫"工作。

（执笔 任然）

■ 2016年10月11日社论

让"审判环节"成为刑事诉讼指挥棒

2016年10月上旬,最高法、最高检、公安部、国安部、司法部联合印发了《关于推进以审判为中心的刑事诉讼制度改革的意见》(以下简称《意见》),对刑事司法改革向何处去,从宏观上进行了部署。

通观全文可见,《意见》为刑事司法改革所定的基调是:要让法院审判成为整个刑事诉讼的指挥棒。这一基调符合刑事诉讼规律,也契合现代世界各国的通行做法。

"以审判为中心"之所以科学,是因为在控、辩、审的诉讼结构中,法官的地位最中立。公检机关是控诉机关,其追究犯罪的心理迫切,难免出现置法律中许多为保障人权所划定的红线于不顾,为达目的"不择手段";刑事辩护(主要是律师辩护)正是为向控方挑毛病而设,从"相反相成"的角度保证法律的正确实施。

法官不是追诉方,也不是辩护方,居间公正裁判为其天职。控、辩、审是个稳定的三角结构,控方、辩方各处于天平的一端,事实是否清楚,证据是否确实、合法、充分,"是骡子是马都在法庭上遛遛","一切法庭上见"。就像《意见》所说的,法官裁判,"严格按照法律规定的证据裁判要求,没有证据不得认定犯罪事实",控得有理控方胜,辩得有理辩方胜。这才符合现代国际通行的"控辩式诉讼"的制度设计和基本原理机制。

"以审判为中心"的制度设计,倒不是因为法官比警官、检察官聪明,而是由于审判阶段的制度设计，最利于查明案件事实和得出公正的结论。因为公检机关为证明犯罪获得的一切证据，都必须在法庭上出示、接受控辩双方的充分质证，才能作为定案的根据。

证言有问题，法庭可以组织对质；视听资料和电子数据有问题，法庭可以委托鉴定；鉴定意见有问题，法庭也可以委托重新鉴定；勘查笔录有问题，法庭还可以休庭直接勘验；加上绝大多数案件都应依法公开审理，接受旁听人员（包括媒体）的监督等等，"对抗式诉讼"在这个环节才得到充分的体现，是侦检阶段无法比拟的。

"以审判为中心"就是要让法官主持的"审判"成为指挥棒，不为任何人的错误行为背书，即使侦检工作费了再大的劲，过不了法庭审判这一关也是白搭，也会前功尽弃。"以审判为中心"的刑诉机制建立起来后，侦查人员、检察人员可能经常会说，这样做法庭不会支持的，这个证据法庭不会认可的。像高考成了中学教育的指挥棒一样，法庭的"证据裁判"将会成为引导公检人员诉讼行为的指挥棒。届时，人们调侃的"公安机关是做饭的，检察机关是端饭的，法院是吃饭的"现象将会自然消失。

如前所述，《办法》只是宏观部署，只是拉开了"以审判为中心的刑事诉讼制度改革"的序幕，而不是刑事司法改革的终结。期待《办法》预置的完善刑事诉讼制度改革的一系列制度接口，能够得到可操作性的细化，例如"完善讯问制度，防止刑讯逼供，不得强迫任何人证实自己有罪"，就是公检机关的一篇大文章。

（执笔 刘昌松）

■ 2016年10月20日社论

多么希望冯志明被惩是因"呼格案"

2016年10月18日，备受舆论关注的冯志明案在内蒙古呼伦贝尔市中级法院公开宣判。

在官方通报中，冯是呼和浩特市公安局原党委委员、副局长；但在公共舆论场上，他作为"呼格案"专案组组长的身份被更多强调。虽然在冯所获受贿、贪污、巨额财产来源不明、非法持有枪支和弹药等四罪中，无一与"呼格案"有关，但人们仍愿意相信冯的落马和获刑是"善恶终有报"的结果。

这一体现了朴素正义的逻辑背后，照见的是现实与法治的距离：假设不是"呼格案"曝光，冯志明的受贿、贪污等犯罪会不会被掩藏？而反过来，假设冯志明没有受贿、贪污等行为，对"呼格案"的究责是否就无法触及冯分毫？

如果这是一场对警察的考试，也许绝大多数警察都会回答：应该追究。可是在司法实践中，这一答案会否成为所有警察的行动指南？就在冯案宣判的同一天，媒体浓墨重彩披露公安部5个大招规范民警执法，其中就有"考试不过不能办案"。

会做题当然是必须的，但从会做对题，到会按正确答案去执行，还隔着好多个"呼格案"。

如果我们从上至下强调"任何人不得被迫自证其罪"，那么就有必要对由来已久的"坦白从宽，抗拒从严"的办案思路进行反思。

我们其实并不缺正确答案。几天前，最高人民法院、最高人民检察院、公安部、国家安全部、司法部联合印发《关于推进以审判为中心的刑事诉讼制度改革的意见》。《意见》明确：完善讯问制度，防止刑讯逼供，不得强迫任何人证实自己有罪。

而同一时间，《关于深化公安执法规范化建设的意见》出台，包括已多次被重申的"建立多项工作机制，严防刑讯逼供和非法取证"。

这些都是标准答案，我们已然不缺标准答案。问题是，当某些公安司法人员不按标准答案执法、司法时，怎么办？

最近有一篇报道称，"张献忠沉银遭家族式盗掘，文物贩零口供或重罚"。报道援引了一名承办该案的警官对记者的话：虽然是"零口供"，但并不影响证据链的完整性。只要事实清楚，犯罪嫌疑人还试图隐瞒犯罪事实的，也将依法受到法律制裁，或加重处罚。

一面是从上至下强调"任何人不得被迫自证其罪"，就意味着，哪怕嫌疑人"零口供"，也不能因此"加重处罚"，因为证明嫌疑人有罪的责任在控方。看来，由来已久的"坦白从宽，抗拒从严"还在起作用，"任何人不得被迫自证其罪"的理念还没有深入部分基层民警的内心。

保障严格依法的，除了让"标准答案"广为人知之外，关键还在权责相匹配的责任机制。光让一线执法人员知道"标准答案"还不够，还要让他们真切地知道，不按标准答案执行，是要承担法律责任的。

这法律责任，不该是"冯志明案"式的"事发于东，获罪于西"，连带发现的犯罪都应追究，但冤案责任不能神隐于其他犯罪之后。有效追责，才是对司法公正的真正大考。答对了这道题，公安司法人员知晓了标准答案，才有意义。

（执笔 沈彬）

论市

■ 2015年6月27日社论

大涨大跌为何成A股常态

2015年6月26日，上证指数连续跌破四大整数关口，最终失守4200点，跌幅达到7.4%。从年内来看，这一跌幅仅次于1月19日的7.9%。

大跌为后市留下了更大的悬念。实际上，上周沪指以13%的单周跌幅创造了近7年之最，已经令市场惊愕不已，而本周四个交易日中，前两个交易日涨幅均超过2%，后两个交易日却急转直下，尤其是今日的大跌，大有令市场不知今夕何夕的况味。

A股最近两周的大跌，彻底扭转了今年6月上旬之前的亢奋行情，这种令人心跳加速大起大落的过山车行情，值得我们为之反思。

一个健康理性的资本市场，除遭受短期不确定因素外，其绝大多数时期的走势，无论是走强、还是走弱，均理应是相对均衡的，是反映宏观经济、以及微观企业预期表现的。但是，结合A股自去年下半年发动的本轮行情以及过往二十多年的历史来看，我们却遗憾地发现，大涨大跌一直是A股市场的常态，与之相对应的是，在香港股市，股票虽不设涨停板，大盘如此频繁的大涨大跌却非常少见。

A股市场大涨大跌，与A股市场明显的政策市特点直接相关。问题在于，政策的出台是无法准确预料的，政策利好最终能否落实更需要时间检验，在投资决策中过于倚重对政策的揣度，而忽略对上市公司的基本考察，只能是本末倒置。这种违背市场规律的状况，导致了市场的盲目性和投机性，甚至只是市场传言都会导致市场的过度反应。

而具体到近期A股市场的大涨大跌，除了一以贯之"政策市"根源外，在技术层面还有诸多缺陷之处。比如，融资、伞形信托尤其是场外配资的过热，监管部门在本轮牛市的前期相对缺乏监管，这种放纵助推了杠杆入市的市场规模，故而在针对杠杆入市不得不强化监管之时，市场必然会发生大规模的踩踏事件。

还有，A股缺乏有效做空机制，而在国外，做空机制是市场的重要稳定器。在A股市场，融资融券本是互为对冲的市场设计，但是，在具体的操作过程中，一者融券标的股票占比过少，二者在二级市场很难融到券，这实际就弱化了融资融券的对冲功能，而且在融券空间极度缺乏之下，就很难真正实现对股票的价格发现功能。

最后，注册制改革推进过缓。众所周知，推进股票发行的注册制改革，解决由核准制带来的供不应求、定价失灵的问题，这样既可以满足更多企业的直接融资需求，同时也可以有效挤出股市高估值泡沫。

对于当下而言，最近两周A股大幅大跌之后，市场自发的适当去泡沫，对于A股市场中长期的健康发展是有益的。与此同时，我们还期待，监管部门对市场的违规操作行为，要具备常态化监管思维，不能将选择性监管作为股市调控的手段。注册制改革以及技术层面的融券功能设计，更应该尽快推进落地，以真正实现A股市场的价格发现功能。

（执笔 杨国英）

■ 2015年07月03日社论

资本市场需要一场大刀阔斧的改革

2015年7月2日,证监会表示,将组织稽查执法力量对涉嫌市场操纵,特别是跨市场操纵的违法违规线索进行专项核查。自6月15日大盘下跌以来,A股已连续频繁波动,尽管有证监会等连夜发布三道"金牌"对冲A股跌势的利好,但截至昨日收盘沪指仍失守4000点。

与此同时,社会舆论呼吁"国家救市""接盘"的声音,不绝于耳。此时,相关部门和相关决策者该怎么办?各界均在拭目以待。

显然,这关系到是全面推进深化资本市场改革,还是向市场投机行为做出妥协,而重回政府过度干预市场的老路。不能不说,这段时间以来,监管部门重拳出击严查资本市场的投机行为执法,都是应该做的,是职责所在,无论这些执法行为会引起怎样的股市波动,都没有错,都不应为一些股民的损失负责。但是,这些执法来得晚了一些。

如果早在股市上涨之初,监管部门就发现了杠杆化的苗头,就发现了市场操纵的迹象,就出手予以打击,股市会不会还像现在这么疯狂?会不会还有那么多对股市无知的"小白"跟风入市,惨遭套牢?显然,监管滞后也放大了股市泡沫的风险。

因此,在此之时,我们更该问的是,监管部门为何对资本市场的违法行为反应不尽如人意?由此,也不难看出,时隔数年之后,又一轮的股市波动,固然有很多技术性的原因,但是,更深层的原因恰恰是资本市场改革的滞后。

自上一轮股市暴跌之后，我们可以想想，这几年资本市场究竟做了哪些突破性的改革？有关方面有充分的时间厘清相关职能部门监管和市场的定位，强化对资本市场的监管，而将上市发行权力交给市场，但是，这样一个几乎是常识的改革，到现在仍然没有实现。这不但难以强化监管部门的执法力量，而且，因为掌握上市发行的权力，而令市场监管部门与市场利益主体产生交集，也令监管机构内部存在职责与伦理的冲突。

从表面来说，本次股市强烈波动的原因，包括前期股市上涨过快过多、过度融资杠杆、恶意做空套利行为等，但防范股灾，固然需要一些短期的稳定政策，打击投机行为，从根本上来说，还是要深化股市制度及资本市场改革。这需要真正厘清政府和市场的关系，让证券监管和发行职能分开。有一个监管职能强大、执法能力卓越的证券监管部门，才能充分防范股市中的各种风险，也才能及时发现那些涉嫌违法行为的苗头，在其一露头时就掐灭，而不是"星火燎原"之后，再去灭火。这样也才能让政府走出"救市"的循环。

无论是政府、机构、股民，谁都不希望股市大起大落，然而，资本市场如果不来一次大刀阔斧的改革，这样的股市剧烈波动，或许还会再次出现。时间不等人，"股灾"也不等人，真心希望中国股市能够迎来一次壮士断腕式的改革，也希望这种股市暴涨、暴跌是最后一次。

（执笔 于德清）

■ 2015年8月8日社论

李量落马，资本市场需重塑法治

据证监会纪委消息，经查，证监会投资者保护局原局长李量违反廉洁自律规定，收受礼金；利用职务上的便利为他人谋取利益，收受贿赂。知情人士透露，李量的落马并非事出投资者保护局，而是李量当年"叱咤风云"的证监会发行监管部和创业板发行监管部，李量出事或因权力寻租。

无独有偶，就在之前，证监会发行监管部处长李志玲因配偶违规买卖股票被移送司法机关。李量和李志玲的落马并不令人意外，发行和发审，是证监会内部人员容易违法的部门，像李量和李志玲这样的官员，有权决定企业能否上市、能否融资，背后的利益以亿计，所以权力巨大，而不受抑制的权力必然导致腐败。

自去年重启IPO以来，以往股票发行的一些老问题再现，为舆论所诟病，包括三高发行未能抑制、财务造假依然横行、利益输送接踵而来等。显然，管理松懈、权力失控、监管不透明，令各种"蛀虫"的胃口越来越大。虽然未来股市将推行注册制，新股发行审批制有望退出历史舞台，但这并不是说对于股票发行中的许多贪腐"老账"，就可以从此一笔勾销，李量调岗后落马也说明，股票发行领域的反腐没有截止日期。

当然，重塑资本市场的法治，股票发行环节的反腐只是一个方面。中国证券行业曾与中国足球相"媲美"，成为公众眼中最让人无奈的两个行业。监管不透明，权力裁量权过大，行政之手伸得过长，导致权力寻租行为难以杜绝，这俨然已成资本市场的毒瘤。

以股民最为痛恨的股市造假为例，去年南纺股份5年财务造假3.4亿元仅被罚款50万元，新中基在2006年至2011年间累计虚增净利润达2.2亿元，也只被处以40万元罚款。造假带来的利益与所承担的风险严重不对等，导致造假泛滥。而依照法律，对于类似严重造假行为，给予暂停上市，或是退市处罚，丝毫不为过。大量上市公司财务造假总是被从轻处理，背后是监管的失职渎职。

再以内幕交易查处为例，许多在国外成熟市场被认定的内幕交易行为，在国内变成平常不过的事，例如在有些重大政策信息公布之前，股市中往往会出现异动；有些个股重大利好公布之前，股价往往会提前飙升，监管部门大多并未将这些现象纳入内幕交易的查处范畴。一些官员在股市从事违法违纪勾当，往往需要纪委等其他部门出手才能够得以查处，这也从侧面反映出监管的缺位。

目前，中国资本市场正大力推动法治化，资本市场的法治，绝不是完善几条法律和制度那么简单，其核心是对监管部门的权力约束，减少监管部门的权力弹性，提高监管透明度，实现监管权力与责任对等。只有把监管者的手真正管住，才能铲除李量和李志玲们滋生的土壤。

（执笔 毕舸）

2015年9月7日社论

对中国经济调整5年阵痛期多点耐心

据财政部官网消息，在2015年9月4日至5日的G20财长和央行行长会议上，中国财政部部长楼继伟称，我国经济调整阵痛期将持续5年，增速7%可能持续4到5年的时间，他同时坦言，中国经济最大潜力在于改革。

无论从现阶段的实体经济表现看，还是结合自2010年以来的经济走势，楼继伟"（GDP）增速7%可能持续4到5年时间"这一判断，都堪称基于现实的审慎体认。

观察我国GDP增速的走势图，不难发现，自2010年GDP增速维持在"10时代"（10.3%）之后，随即进入明显的下行通道，2011年GDP增速进入"9时代"，2012年至今均处于"7时代"。而与GDP增速下行构成伴生现象的是，我国固定资产投资、外贸出口增速等经济指标回落，及股市、汇率、大宗商品价格等金融市场指标的不稳定。就此看，确实有必要对潜在金融和地方债务风险予以警惕。

但政策刺激模式下的高速增长，终究难以为继。以提质增效为支点，撬动中国经济进入"增速换挡"的新单元，是经济发展规律使然。虑及中国经济整体平稳的基本面，还有经济增长成长性、产业结构持续改善，我们无需对当下经济持悲观态度，也不必以短线视野看待季度性经济波动，而更应针对现有问题对症施治，在"找明病根、再开药方、附以疗程"的思维导向下，对当前我国经济困境进行全面破解。

那当前我国经济的阵痛，究竟痛在哪里？十八届三中全会以来，决策层其实已对此做出系统阐述——当前我国经济处于经济增速换挡期、经济结构调整期和前期刺激政策消化期"三期叠加"阶段。而这又具体表现在，我国人口红利的消逝、要素资源成本的上升、投资刺激空间的收窄、环境承载力的消减及外部市场需求的弱化、全球经济金融市场的震荡等。这也构成了经济阵痛期的基本症结。

一直以来，都存在两种较为单向度的破解思维：一是必须对我国经济动大手术，用泻药；另一是还得依赖刺激政策，用补药。可只要结合我国经济的实情就会看到，这两种思维均经不起推敲。

首先，在不附以货币政策和财政政策适度宽松的情况下，急切地甚至拔苗助长进行全局性的产业转型，如此动大手术，用泻药，极有可能会导致我国经济硬着陆，而这对人口大国中国而言，不仅仅是经济问题，更会产生大规模失业等社会问题。再以单纯用补药，亦即持续依赖此前刺激政策而言，它无异于饮鸩止渴，不仅严重透支了我国经济增长的潜力，更会导致包括地方债高企在内的金融隐患。

破解我国经济困境，须有系统思维。对于我国当下来说，以持续深化改革提升资源配置效率至为关键。实质上，我国经济结构性调整的原动力，也只能来自结构性的深化改革。我国经济未来能否避免进入"中等收入陷阱"，相当程度上，取决于财税、金融、科技、投资、农业经营等体制改革和开放型经济新体制建构速度，能否跑得赢经济下行的速度。

5年阵痛期，"阵"是属性，"痛"是代价，而对当前我国经济面临的结构调整，不妨多一些理性与耐心。毕竟，比中国经济的眼前、局部、"单科"更值得关注的，是其趋势、全局、"总分"。

（执笔 杨国英）

■ 2015年12月28日社论

注册制改革撬动资本市场巨变

全国人大常委会2015年27日审议通过《关于授权国务院在实施股票发行注册制改革中调整适用〈中华人民共和国证券法〉有关规定的决定》。这标志着推进股票发行注册制改革有了明确的法律依据，其将于明年3月1日起施行。

当前正处于众创热潮期，注册制落地在即，无疑是个利好消息：这对提高直接融资比重，激发创新创业活力，促进我国经济转型极具意义。在注册制中，监管部门不对公司质量进行实质性判断，消除了政府对股票质量的隐形担保，有利于培育和形成市场自我约束机制；注册制的核心是市场化，新股发行价格、发行上市节奏等均交由市场来决定，公司上市的便利性、新股供给的潜在无穷性，也会让股票不会被额外赋予壳价值，回归正常定价。

为了避免脆弱的A股市场出现大幅波动，证监会提出"注册制改革不会一步到位、新股发行节奏不会一下子放开、新股发行价格不会一下子放开、不会造成新股大规模扩容"的"四不政策"，这是维护市场稳定之需。

注册制改革确实是个循序渐进的过程。1983年我国台湾地区对《证券交易法》进行重大修改，引进了发行审核注册制，由此股票发行核准制与注册制并行；到2006年再次修订《证券交易法》，股票发行审核制度实行单一的注册制，核准制过渡到注册制整整历经了23年。基于当前A股市场脆弱性，决定A股市场推行注册制改革更不能一步到位。

而考虑到注册制落地,要经历从试点到逐渐完善、从核准注册并行到单一注册制的过程,有关方面可以设置一个过渡期。在过渡期内,政府或可采取控制每年IPO发行总量,但新股具体发行节奏由市场自主决定的做法。政府可规定每年沪深两市IPO融资总额不超过4000亿元,这也是目前新股发行总量很难触及的预控数额,但无需控制企业股票发行注册节奏,且企业获准注册后何时发行也由企业自主决定。

注册制施行,还应伴随着证监系统职能的转变。改革不能代替监管,而可能需要监管方式的联动转换。监管部门工作重心从事前的静态管理,转为事中事后的动态监管,也是大家希望看到的结果。

这种动态监管,既包括对上市公司再融资必要的严控,也包括降低退市门槛并严格执行退市制度。当前对A股市场造成巨大抽血效应的,其实并非IPO,而是上市公司再融资。当前监管部门较注重IPO融资效率的监管,却可能忽视对上市公司再融资使用效率的监管,在再融资低门槛之下,上市公司无论基本面如何垃圾,照样可再融资,这是导致A股市场资源配置效率不高的主要原因,所以必须采取措施,严格控制甚至禁止治理混乱的上市公司从市场圈钱。

还有,基于资本市场容量虽仍有扩大潜力,但毕竟有限,有大量公司上市,就必须有部分公司要退出市场,故证监系统试行动态监管之时,亦可宣布在主板和中小板一律停止借壳上市,而且所有重大重组一律在股市场外进行。

注册制改革是影响中国资本市场走向的大动作,其施行必然会让股市向着"市场化"靠近,但放权不是不监管,要彻底改变目前A股市场爆炒垃圾、劣币驱逐良币等一些不良现象,监管层面夯实必要监管,也是驱动注册制实现"宽进严管"的题中应有之义。

(执笔 熊锦秋)

■ 2016年1月26日社论

成品油提税跟空气治污关联性有多高

成品油消费税或将再调高的风声，在2016年1月下旬引发广泛关注。据媒体报道，接近政府部门的消息人士透露，有关部委正在研究酝酿再次调整国内成品油消费税。根据目前情况，此次调整还将继续提高汽、柴油消费税单位税额。

尽管传闻仍处在"或"的阶段，可其激起的舆情涟漪不小。基于2014年11月和12月、去年1月成品油消费税曾连续上调三次的频次，及去年12月成品油价格暂缓调整的背景，很多人"宁信其有"。而就舆论解读看，若提税消息属实，原因也会沿袭之前的"油价治污"逻辑。

应该说，在我国环境治理形势严峻的当下，通过上调成品油消费税，或许可能相对达到抑制能源消耗、降低碳排放的目的。但接连提高成品油消费税，不仅直接考验着消费者对频繁提税的承受力，还很容易引发广大消费者的质疑：环境治理是否已陷入"提税依赖"？对成品油提税跟环境治理的关联性究竟又有多高？在治污问题上，是否又该动辄将提税作为前置性政策选项？

这些质疑，不无道理：一者，一年半不到的时间内，成品油消费税已上调了三次；二是当前包括消费税、增值税、城建税、教育附加费等在内，成品油价格组成里已经近半是税。这必然会对民众心理预期产生影响。而要缓释这种影响，还须将成品油消费税调整建立在充分论证、厘清重复计税等基础上。

首先，当下环境治理已成为提高成品油消费税的主要理由，那治理空气污染与相关提税二者之间，就该形成科学的动态反馈模型，为成品油消费税升降提供某种稳定性预期，比如消费税什么时候该降、什么情况下该涨，要有明晰依据，不能只是想当然的"关联揣测"。

除此之外，上调成品油消费税对环境好转的反馈效果、成品油消费税具体的使用明细，也应尽快形成必要的考评机制并公之于众。既然官方曾表示，成品油提税后形成的新增收入，将统筹用于治理环境污染、应对气候变化等方面，那这笔收入究竟有多少，用途在哪些细化方面，也需要加以评估和透明公开。

其次，在税费整体已占成品油价格近半之下，有必要尽快厘清成品油税负结构，以避免重复征税导致的成品油税费高企的现象。消费税和增值税是构成当前成品油税费的两个大头，可在实际征收过程中，这两大税种又是明显的重复计税。对此，2013年全国"两会"期间，全国人大代表苑少军就曾提及——如果减少重复计税，亦即计算增值税时先刨除掉消费税，那么成品油价格完全可以降低20%左右。

而实质上，比起提税，让油企提升油品标准、燃油质量更为紧要，后者也是汽车废气中污染源的重要关联因素。像北京目前已全面实施了国5标准，京津冀燃油标准今年一季度末也将统一为国5，今后还将提高，但仍有很多地方执行的是国4乃至国3的排放标准。而洛杉矶等城市制定的则是更高的零排放标准。提高油品质量和排放标准可能也会增加开车族的负担，但和增税相比，这是更直接的治污手段，效果看得见，完全可以量化。

就此而言，有些部门宜尽早拿出量化数据，告诉大家多收了1块钱的税，减少了多少污染物排放。如果不能，增税合理性就存疑。这不是因为大家反对环境保护，而是因为成品油提税能在多大程度上促进空气治污，缺乏有效的关联数据。如果这个数据能尽早明确，恐怕质疑声分贝也会大幅降低。

（执笔 杨国英）

■ 2016年2月4日社论

设立GDP区间目标，为转型留出空间

"我们把今年经济增长目标定在了6.5%—7%。"在2016年2月3日下午国务院新闻办公室举行的新闻发布会上，国家发展改革委主任徐绍史在回答记者关于2015年经济增长情况的最后，提出了2016年的GDP增长目标。

回顾历年的GDP增长目标设定，今年的区间目标十分罕见。但不唯全国GDP，以经济增长区间代替一个预期的数字目标，也成为正在召开的各地两会发布的2016年GDP增长目标的一个重要特征。

各个省份GDP也好、全国GDP也好，设立区间目标很明确释放了一个信号：未来既要保持经济的中高速增长，又要在经济下行压力增大的情况下为改革和转型留出空间。应该说，这样的政策柔性，是更为符合现代政府的经济调控思路的。宏观调控的存在，能够帮助矫正市场失灵和克服市场缺陷，但是，一味的设定死目标，则会容易陷入矫枉过正的误区。

市场经济运行有其固有的规律和周期，在经济上行区间，设定一个并不难完成的目标，对于市场并没有坏处，因为这一目标最后还可能被火热的经济形势超越。但是，在经济下行区间里，过于固定的增长预期就会使得经济增长被迫追赶人为设定，此前的四万亿强刺激政策，可以说正是有这样的心理动因。

因此，目前的区间目标，可以说是以更好的方式破除了以往形成的"唯GDP论"心理阴影。实际上，这样柔性的"区间调控"思路早在李克强总理的讲话中就能略见端倪。早在2013年7月，国务院总理李克强在广西主持召开经济形势座谈会，提出只要经济增长率、就业水平等不滑出"下限"，物价涨幅等不超出"上限"，政府就不刺激干预，而专心调结构、促改革。

可以说，未来一段时间内，宏观调控应该也不太可能会出台大规模的经济刺激政策，区间目标已经为未来的改革留下了必要的阵痛余地。

不过，在GDP增长柔性目标之外，必要的刚性不能被忽略。这里的刚性，正在于保增长的另一端：去产能、去库存、去杠杆。在中性偏紧的大货币环境中，债务的清偿和经济的出清，表现在物理层面上就是过剩产能和库存的消肿。而在这一系列过程中，必然面临相当的阻力和负面效应。过去，产能之所以无法下降，正在于各级政府的重重顾虑——去产能将导致许多工人的失业下岗，进而可能引发社会问题；而关闭产能过剩企业将引发债务违约，可能形成金融风险扩散。因此，在保就业、保稳定、保GDP等多方权衡后，谁都不愿面对这个痛苦抉择。

可我们回顾历史经济周期，相比90年代经历的一轮剧烈产能扩张和"去化"过程，本轮去产能周期拥有更多的有利因素。当前金融体系健康状况相比仍算良好，不良贷款率已升高至1.5%左右，但是相比国际一般水平仍然较低；当前居民部门财富状况和社会保障体系也要远好于90年代末期，目前的经济水平，完全具备直面去产能促转型攻坚战的条件。

因此，一味地拖延逃避不是办法，保增长的柔性也需要解决产能过剩的"铁腕"。在GDP目标的柔性宽松之外，设定明确的去产能、去杠杆目标，可谓刚柔相济。长痛不如短痛，进一步深化改革，是缓解改革阵痛最好的药方。

（执笔 边际）

■ 2016年2月21日

证监会"换帅",股市能否告别政策市

在A股市场从万众沸腾到犹如霜打后,在证监会主席换人消息"飞"了多时后,证监会高层迎来了人事更迭——就在2016年2月20日,刘士余接替肖钢成为中国证监会新一任党委书记、主席。

在市场经历过一轮急风暴雨式轮回,至今风波仍然未平的背景下,证监会的突然换帅,在坊间引发巨大反响和丰富解读。

不可否认,在这一轮大起大落过山车式的行情后,损失惨重的投资者尤其是中小投资者,普遍将怨气撒向股市监管层。其背后,是证监系统履职和百姓财产关联度的日益密切。

客观而论,在肖钢任职证监会主席的三年时间里,其成绩亦有可圈可点之处,包括注册制改革、新三板扩容、发布退市新政、推出沪港通等……这些一度刮起了股市深化改革的新风。单纯以A股点位论,近三年内,上证指数迄今还上涨了26%。肖钢任上,还加大了对违法违规案件的打击,去年一年证监会开出的罚款金额超过了以往二十多年总和,即为例证。

但很多投资者之所以郁结难解,主要缘由在于,A股市场在过去三年间的大起大落,伴随着"加杠杆、去杠杆"的政策轮回,这跟部分投资者的亏损之间有着直接关联。

本质上,这种政策无定性的背后,是A股市场化改革的失序和常态化监管的缺失,这是"肖钢时代"的最大遗憾,也是A股市场走向"刘士余时代"的最大难题。

A股市场到底要不要改革？既往那些改革举措要不要延续？这并无多少讨论的必要，改革是必须持续深化的，好的改革举措如注册制改革、新三板扩容，在"刘士余时代"也须进一步完善落实。对于诸多沉疴待解的A股市场，任何技术层面的改革，均必须是渐进有序的，要切忌"以市场改革为名，行行政调控之实"而人为造出牛市。

有序的市场化改革，必须建立在监管常态化的前提之下，而常态化的市场监管，又必须以构建制度性的投资者利益保护原则为基础。

回顾A股市场二十多年的历史，内幕交易乱象不断，暴涨暴跌成为常态，究其根本原因，不在于相关法律法规的缺失（A股法律法规之多在全球罕见），也不在于对投资者利益保护形式的缺失（有涨跌停板制度、T+0制度及已暂停的熔断机制等），而在于监管部门没有将市场化监管的主动权交给市场、交给投资者。

给予投资者参与市场监管的主动权，核心在于，尽快推动集体诉讼制度和举证倒置法则，如此，不仅可从根本上维护投资者的利益，还可大幅降低证监会对涉嫌违法违规行为进行取证的信息获取成本，一个真正的投资市而非投机市的A股新时代，也才有可能到来。

而任何由监管部门单向主导的股市监管，难免跟股市"扩展秩序"脱节，A股市场的内幕交易乱象仍会层出，因为仅依靠间隙性的市场"打黑"，部分机构投资者和上市公司大股东基于案发暴露概率，仍会抑制不住浑水摸鱼谋取暴利的心理冲动。

给予投资者参与市场化监管的主动权，给予投资者切切实实的利益保护，这样才能真正实现A股市场的常态化监管，以此为前提，也才能真正为A股市场改革的有序推进铺路——这才是A股市场乱象经久难解的根本原因，也是留给新任证监会主席的最大挑战。

（执笔 杨国英）

■ 2016年2月28日社论

地方搞房市行政维稳，不如尊重市场

2015年年底召开的中央经济工作会议，明确提出房地产去库存，并鼓励降房价。但据报道，有开发商道出"开发商想降房价但自己说了不算数"的窘境——"房价能升、能稳，但不能降"，因为有时会遭到地方政府反对；四川某副市长则表示："在县市级的地方，房地产仍然是当之无愧的支柱产业，这就是为什么中央进行调控，他们很难积极配合的根源所在。"

就在这两天，国家统计局公布了1月份70个大中城市住房价格变动情况，显示相当一部分城市房价出现上涨势头。如果说，基于产业结构变迁所带来的人口流入，一线城市房价上涨可以理解，那些三、四线城市乃至县城里的楼盘空置和不降价并存的景象，显然难言正常。而今这则报道，呈现出了这诡谲景象，也让此前某些人对一些地方政府可能阻挠降价的判断，得到了印证。

但要看到，中央要求"取消过时的限制性措施"和央行降息等去库存的政策初衷，在很多地方没法落到实处，除了地方政府因土地财政依赖暗中抵触外，更为深层次的原因在于，地方政府（土地储备中心、地方债务平台）与商业银行之间、开发商与商业银行之间剪不断理还乱的债务纠葛。

此前，基于投资拉动的经济增长惯性，各级地方政府土地储备中心和地方债务平台旗下尚未开发的国有土地，很大一部分已抵押给了商业银行，而若房价出现大跌并引发土地估值的跟跌，必然会引起地方财政的连锁反应，商业银行对此也难以承受。故而,一些地方与其承受降房价导致的债务连锁反应,不如拖延。至于开发商与商业银行间的债务纠葛,亦与此同理。

这无疑是种负向循环的反馈机制:地方政府若不顺应市场规律,那去库存就是句空谈,而若房地产去库存持续无法解决,那不仅地方难有资源和精力引导地方实体经济转型和升级,商业银行的信贷资源也无法得到有效释放。更严重的是,若房价降价出清库存的动力机制被扭曲,烂尾楼和"鬼城"数年后必会大量出现,商业银行所涉土地抵押和房地产抵押的贷款也会持续堆砌,最终不可避免地引发房价结构性崩塌和系统性金融风险。

这就是"长痛"和"短痛"的权衡。当前部分地方房地产库存"去之不掉"、房价的"降之难降",说到底病在地方政府、根在商业银行。要对此已呈病态的乱象进行破解,行政层面严禁地方政府暗中抵触房地产降价,建立必要的问责机制很重要。

更重要的,则在于强化商业银行的市场化意识,对地方政府的国有土地抵押贷款和开发商房地产抵押贷款,不仅应立马收紧,而且对既存地方债务更不能展期、展期再展期,作为债权人对抵押物(土地和房产)该处置的就处置,该列入坏账准备的就列入,不能存在"国资主导的商业银行对国资地方债务平台"即可宽容的心态。而要达到该目的,政策层面还需强化《新预算法》的执行,根据地方债务状况,严格限制非民生保障类财政支出。

任何行政式的房价维稳均没有意义,对一些地方政府而言,必须看到,遵循市场规律让房价理性回调,远远好过持续胶着最终导致房价的结构性崩塌。

(执笔 不哑石)

■ 2016年3月13日社论

不必以人民币回调低估中国经济

2016年3月12日，十二届全国人大四次会议新闻中心举行了"一行三会"记者会，几大掌门人就"金融改革与发展"等问题答中外记者问。会上央行行长周小川称"中国不靠货币政策刺激来实现经济增长目标"、证监会主席刘士余表态注册制不冒进和"中证金"退出为时尚早等，都备受关注。

而就社会普遍关注的人民币汇率问题，周小川坦言，"回归正常、回归理性，对市场的分析回归基本面，过一段时间自然就回归了，就会对经济、外汇形势产生比较靠谱的、比较理性的分析"，并建议大家，"没有必要急着买美元"。

尽管作为中国货币政策的中枢机构，央行行长对汇率的表态不宜过于直接，但仔细推敲周小川的"三个回归"，应该说，不仅可以起到相对稳定市场情绪之效，而且也彰显出央行对未来中国经济的信心。

确实，在去年下半年人民币大跌7%，尤其是春节前三个月人民币急跌4%之后，市场曾普遍看衰人民币汇率，民间更一度发生换汇热潮。不少人还据此看衰中国经济。可在春节至今的一个多月里，却不难发现，在外汇储备降度明显收窄的情况下，人民币汇率不但没有延续下跌走势，反而震荡小幅上涨了6‰左右。

因此，复盘去年下半年人民币汇率的大跌，有必要形成一个客观的判准——人民币汇率去年下半年之所以会大跌，固然存在中国经济增速相对放缓、中国进出口总量同比大幅下降的因素，但这些宏观经济数据，充其量仅是去年人民币汇率大跌的次要因素，而不构成主导性的核心因素，更不代表未来中国经济会持续走弱。

客观而言，去年人民币汇率的大跌，其实是人民币汇率持续升值20年的必要回调，发生在去年，存在时间节点上的巧合。自2005年汇改之后的20年里，人民币兑美元从"8.0时代"一路攀升至"6.0时代"，人民币单向升值高达近30%，在这种情况下，人民币汇率呈现阶段性的回调，既是必然的，更是相对必要的。

要知道，在2008年次贷危机以及2010年欧债危机轮番爆发之后，美欧均不同程度上启动了贸易保护和重振制造业的政策，这导致了中国经济外部需求的大幅弱化，美国参议院更是在2011年通过《货币汇率监督改革法案》，试图迫使人民币延续升值走势。结合这一背景，可以说，人民币的急速回调，很有必要，只不过恰好跟经济下行周期时间点重合而已。

其次，去年人民币汇率的大跌，与高盛等国际投行的大规模唱空中国经济确实不无关系，在中国经济增速持续下行之下，国际投行试图借助资本外流的舆论影响，通过唱空中国经济以实现其短期外汇套利的目的。但从中期来看，人民币并不具备持续贬值的基础。中国经济增速在持续5年下行之后，在经济调结构已初显成效之下（最明显的特征是，消费占比的大幅上升），当下已经进入中期震荡筑底阶段，而且即便是6.5%以上的经济增速，这在全球主要经济体中依然是首屈一指的。更何况，在人民币汇率大跌的去年，我国货物贸易顺差仍然高达5781亿美元，相较2014年大涨33%。

正是在中国经济底盘已日趋坚实的背景下，周小川才会发出人民币汇率"三个回归"的自信表态，这种自信不仅是对人民币汇率中期走势的自信，对人民币贬值预期的消除，更是货币决策层在重塑中国经济自信。对中国经济转型调结构，这同样是一剂强心针。

（执笔 杨国英）

■ 2016年4月15日社论

这个时代需要什么样的中国创客

这个世界正被人类自身的好奇心和雄心推向一个史无前例的新纪元。

最近，由于成功实现了海上火箭回收，几乎全世界都在谈论伊隆·马斯克的"伟大事业"，以及现实版"钢铁侠"心中的人类未来。

海上火箭回收余热未消，2016年4月12日，斯蒂芬·霍金、互联网投资家尤里·米尔纳、脸书创始人马克·扎克伯格即展示了更大的雄心。他们将联手建立一个1亿美金的项目，探索宇宙、星际穿越。

一个伟大时代的现实图景展现出瑰丽一角。人们可以不再依赖政府所代表的集体性力量，而仅仅凭借个人能力和资本支持，就有机会去实现过去难以企及，甚至只是在科幻小说中才存在的梦想。偶像并未走入黄昏，新的英雄正在崛起。

我们要说的是，这个时代也同样属于中国。在40年前，中国结束了"文革"的动荡；在30年前，中国刚刚有了市场经济；在20年前，中国开始与互联网拥抱；在10年前，中国已经有了世界知名互联网企业。在今天，中国创客与创投已经是除了美国硅谷之外，世界上最为活跃的群体。

这就是我们所身处的历史世界。今天，当《新京报》"寻找中国创客"第二季正式开始的时候，我们就处在这样一个时空坐标之中。

坐标如此清晰，然而，一旦进入形而下的领域，这个时代需要什么样的中国创客，又常常令人感到困惑。

正如很多人所感叹的：当代中国受过良好教育的年轻人，一起彻夜不休地燃烧生命。只为了在一轮又一轮如何送菜送饭、洗车洗脚、美甲美容、搭讪艳遇、借高利贷、连接窗帘和电冰箱的挑战赛中，搏出更好的名次。然后，击鼓传花，快递给下一棒……

这确实是这一波创业热潮中的一种现实，但这并不能代表中国创客的全部，也不是中国创客的未来。

这个时代所需要的中国创客，我们认为，首要条件还是应该满足这个时代的需求。

技术改变世界，技术改变未来，这个时代和任何一个时代一样，都对科技创新和技术突破存在无限的渴求。如今，以"黑科技"、人工智能等为代表的新一轮创新革命已经汹涌而至。

上一轮互联网革命仍未完成对这个世界的改造，人们的生活方式、交易模式等等依旧存在巨大的改进空间；VR等各类新技术涌现，也将创造新的需求，重塑传统商业形态，带来新的市场机遇。

中国目前拥有世界最多的互联网用户和移动互联网用户，拥有足够大的用户市场和消费市场，这个市场需要优秀的应用和服务来满足。

作为创客，能抓住这些需求，都有可能走向成功。但成功并不等于"伟大"。我们清晰地知道，当整个世界都在谈论乔布斯、马斯克的时候，大家谈论的不只是他们商业的成功，还有他们的情怀。

创业大街的咖啡由热转凉，或者由凉转热，都是正常现象。无论是北京还是深圳，抑或硅谷，创业的泡沫与浮躁都是不可避免的存在。大浪淘沙，适者生存，对此我们不必担心。

另外，所谓的资本寒冬也是伪问题。好的企业总会在那里，能够成就世界级伟大公司的中国创客会涌现，优秀的投资机构、投资人也有足够的眼光与耐心。

在这个时代，已经没有什么可以从根本上阻挡一个人对自由、创新、财富和价值实现的向往。

影响未来的伟大公司一定会在今天的中国创客中产生。我们对此深信不疑，只是需要再多一点时间。

（执笔 于德清）

■ 2016年4月16日社论

GDP"开门红":投资拉动仍有空间

2016年4月15日,我国一季度GDP增速出炉。据国家统计局公布的数据显示,一季度国内生产总值(GDP)同比增长6.7%,增速在6.5%至7%的年度预期目标区间范围内,只比去年四季度的6.8%少了一点。从就业、收入、物价这三大民生指标来看,均处于稳定向好的状态。虽然是2009年以来的最低增速,但因该数字比市场之前在忐忑中做出的预期好出不少,所以也被认为是"开门红"。

毋庸置疑,有些数据仍在挑战我们的主观感受:3月份刚刚公布的CPI中,猪肉价格环比下降1.3%,这和部分人的感受有出入,也与商务部对36个大中城市猪肉价格的监测结果不太一致。

但经济回暖,资本先知。A股从3月1日拉开本轮上涨行情,到4月15日,沪指涨幅已经超过15%,这个15%,相信一大半是经济回暖预期的直接或间接贡献。虽然经济刺激的边际效用正在式微,但基建、房地产投资仍然发挥着经济稳定器的作用,资本对这方面的投入有其效果。实际上,在3月份出口正增长、投资增速稳中有升、3月份PPI好于预期等一系列数据回暖的情况下,GDP的企稳是自然而然且可以预料的事情。

当然,金融市场对经济基本面的反应要么不及,要么过度,要么滞后,要么超前,其失之"理性"的走势,反过来又会影响我们对于经济的认识。"跌是因为跌了,涨是因为涨了",这被称为预期的自我实现,能够部分解释

A股自开年以来的连续大跌,而这种非理性的大跌,使得质疑、看空中国经济的声音被过度放大。因此,在对中国经济的认识上,我们的主观感受和印象并不比一些或许存在争议的经济数据客观。

李克强总理日前就指出,今年我国经济平稳开局,一些主要经济指标都出现向好变化:就业保持平稳,固定资产投资出现反弹,制造业PMI跃上荣枯线,日均发电量、用电量、货运量均出现环比增长,消费、企业效益等指标增速同样超预期。

可以肯定,当下投资对中国经济的重要性仍不言而喻。日、韩早已经迈入发达国家行列,投资拉动依然占到其经济总量的相当一部分。我们常说,投资拉动的模式在中国难以为继,其实这只说对了一半,原因在于,只要优化资源配置,也即适当调整央企、地方政府和民企的角色定位——由央企提供整体规划和资金,地方政府借助地方国资平台给予资源配套和行政支持,民企充分发挥其成本优势和灵活机制,利用三者合作的模式,未来十年新一轮投资拉动仍然是有空间的。而这种由央企主导的经济模式并非臆想,它已经进入实践了。

2016年以来,金融市场的波动放大了很多人对于经济的消极预期,而当下,它又超前反映了经济的回暖。资本总有敏锐的嗅觉,而更多的人只能后知后觉。得看到,二季度经济是传统旺季,今年一季度的钱和去年的项目有望在二季度发酵,这也能给人更多信心。居安需思危,现在我们对GDP"开门红"或许还要保持审慎,但至少可淡定些了。

(执笔 杨国英)

■ 2016年4月20日社论

地方不应在营改增前"留一手"

2016年4月18日，财政部发文表示，部分地方出现了营业税、营业税改征的增值税等收入非正常增长的情况。其中既有经济企稳、房地产业回升等原因，也有搞运动式回溯性清税，甚至弄虚作假收过头税等因素。而4月14日，财政部和国税总局对地方下达《关于认真做好全面推开营改增试点前税收征管工作的通知》，也指出地方存在一些不符合"财经纪律"，回溯性清税或过头税等现象。

五一之后，营改增试点将全面推开。在此节点上，财政部发文提到"营改增前部分地方'非正常'抬高税收基数"问题，不乏现实针对性：要知道，改征增值税后，税收征管工作将从地税转至国税部门，以往营业税这一属于地方财政的大蛋糕，在营改增后面临与中央的重新切割。

数据显示，一季度地方一般公共预算本级收入同比大增10.4%。这种大幅增长，有房价飙升的因素：营改增最后"杀青"的四个行业，就包括最近火热的房地产行业，而一季度我国房地产营业税增长32%，房地产企业所得税增长15.1%。但仍有部分地方政府出现收入"非正常"增长情况，这也并非第一次发生。1994年分税制改革前，部分地方政府将基数做大、提前收税以避免被中央财政收走的现象也很明显。

这次财政部直指某些地方搞"回溯性清税"，正是针对部分地方"多留一笔是一笔"心态——赶在营改增之前，以抬高基数甚至跨月跨季度征收，或调整预征缴办法提前征税。

竭泽而渔,岂不获得,而明年无鱼。无论是抬高基数还是提前追缴,都是竭泽而渔心态。这种做法,可能使得经济主体的税负不仅没因营改增获得减轻,反而对冲营改增带来的减税利好,在落地前夕反而集中加大税收负担。

基于此,财政部明确,财政、税务部门要会同有关部门加大监管力度,对增幅明显异常的地区,在核算2016年央地增值税分配时,对超出合理增幅部分予以扣回,先扣减增值税基数返还,不够的还要扣减转移支付。对收过头税等行为要严肃处理,并依法追责。

还应看到,在当前的分税制前提下,以增值税、关税、消费税等为代表的主要税种,多是中央财政占比较大,地方税种和收入占比偏低。目前来看,地方税种虽名目繁多,但除营业税等极少数外,通常都是税基小、税源分散、征收难度大的税种,这次"营改增"试点范围扩大,更使得地方财力受限;加上目前央地增值税分成比例一直没有明确方案,对已受困于土地财政的地方政府来说,在改革前夕生出做大基数的冲动,原因可以想见。

要避免营改增落地的减税利好变相成为加税负担,需要中央对此类"应对政策"加强督察力度和问责力度,不让政策在执行过程中变形走样。而地方政府也应该摆正心态,减税会提升企业的竞争活力,会在其他方面带来税收的增长,正可谓,失之桑榆,得之东隅。竭泽而渔是恶性循环,税改则可能带来正向性循环。地方政府不要眼光短浅。

而从地方税制改革的推进出发,也尤为关键:一面是全国性的减税压力,一面是很多地方去库存压力增大和债务危机,构建地方主体税种的任务正日益紧迫。地方财政有了可持续性,上层的减税初衷也会少些在基层异化为隐性增税甚至加费的动因,经济转型、给企业个人减负也能更好地实现。无论如何,在改革完备前,地方在营改增前"留一手"都不能被容许。

(执笔 陈白)

■ 2016年5月17日社论

去产能切忌走制造产能过剩的老路

煤炭大省山西去产能目标最终"落子"。2016年5月中旬印发的《山西省煤炭供给侧结构性改革实施意见》，提出到2020年，全省有序退出煤炭过剩产能1亿吨以上。而化解过剩产能，矛盾焦点汇聚于人员安置上。在山西省属七大煤炭企业的2016年规划中，多数提到了人员分流事宜。但具体怎么安置，仍是悬而未解的难题。

眼下煤炭行业去产能步入全面执行期。作为煤炭大省的山西，在去产能目标敲定的情况下，注定会面临某些与去产能伴生的阵痛。对退出煤炭过剩产能逾亿吨的目标设置，无疑颇显决心。

但也要看到，推动该目标实现，要切忌走制造产能过剩的老路——最主要的就是行政主导下的计划模式。得看到，在以往投资拉动内需的模式下，部分地方对煤炭业也采取行政刺激举措，煤炭市场建设要素也不健全，这是造成产能过剩的重要因素。而今，去产能显然要更多地靠市场本位方式，而不能继续搞"计划主导"。这包括两个方面：对"僵尸企业"的市场出清和对人员的安置。

目前煤炭企业多半靠国家贷款维持生存，其中很多已属"僵尸企业"。对这些企业，不能再搞财政补贴为其"续命"，不妨遵从市场化选择，该倒闭的就让其倒闭，而政府则可为企业主动出击，包括兼并重组、转型转产、国际产能合作等创造条件。

再拿去产能的最大痛点即职工下岗而言，此前人社部部长尹蔚民曾称，在煤炭、钢铁两行业供给侧改革职工安置过程中，将有180万职工被分流，其中煤炭行业约130万人。这也多次引发关于"第二次下岗潮"的担忧。事实上，舆论困于"下岗潮"语境中，归根结底是上一轮国企改革的触角还不够深入，当初的下岗潮并没有改变国企员工的用人制度设计。换言之，以煤炭企业为代表的资源类国企，用人制度依然停留在带有计划经济色彩的"铁饭碗"层面，而未真正与市场接轨。

而随着企业层面的市场化改革推进，随着股权分配都在朝向混合所有制的方向努力，人力资本仍保持计划经济时代模式，已显得不合时宜。我们常认为，是国企改革导致了人员需要分流，但反过来看，人力资源制度设计的不合理，包括用人和岗位设置未能与市场化接轨，恰恰也是导致国企负担过重、去产能面临难题的重要原因之一。

有研究表明，人力资本对产业转型升级的作用表现出明显的门槛效应，即随着市场化水平提高，人力资本对产业升级的促进作用会逐渐增强。一切经济问题，其实最终还是要回归到人的问题，在以往的国企改革中，产权层面改革一直被认为是国企改革的重中之重，但可能被忽略的是，人事安排层面的改革同样不可或缺。传统国企的人力资源管理侧重于静态的"档案管理"和"工资核算"，而市场经济的瞬息万变和企业的超常规发展，都要求企业人力资源管理具备前瞻性，要摒弃因人设岗等大量市场决定作用之外的岗位设置方式。

所以在山西等省煤炭去产能时，职工下岗也是倒逼用人制度改革的契机。这不仅涉及基层员工的岗位分配，还涉及高层的职业经理人的市场化方向。当然，人力资本市场化改革背后，需要社会保障制度跟进，如对失业救济、社会保险等方面的完善。

说到底,煤炭等行业去产能,需要在过剩产能退出上多尊重市场,也要敦促人力资源利用机制向市场化的转型,本质上,这也是对产能过剩"教训"的汲取方式。

(执笔 边际)

■ 2016年6月27日社论

万科"权力的游戏"别成了反市场

2016年,发生在万科身上的股权争夺战,堪称一场"权力的游戏"。在万科管理层提出引入深圳地铁资产重组方案后,宝能华润两大股东结盟反对。万科6月26日还发布公告,收到股东钜盛华及前海人寿向公司发出的通知,要求召开临时股东大会罢免王石、郁亮等董事。尽管华润辟谣并未同时提起临时股东大会,但这也使得这场大战越发显得扑朔迷离。

宝万之争追根溯源,其实已近一年。早在2015年,宝能系就已布局入股万科,但自2015年12月底,王石内部讲话高调宣称"不欢迎'宝能系'成为万科第一大股东"后,"宝万之争"正式开打。随后,以王石为代表的管理层,被称为门口野蛮人的宝能,还有面孔和态度均显模糊的央企华润和深圳地铁,均入战局。来自各方力量的机谋角逐,使得这场股权之争注定成为中国企业史册上浓墨重彩的一笔。

这场争夺战能产生溢出企业界的影响,跟万科的地位不无关系。改革开放三十余年,国内像万科这样管理现代甚至可与世界一流媲美的企业不多见。王石作为万科品牌的缔造者,其功绩世人有目共睹。哪怕是他激流勇退,也显现了他希望改变企业依赖个人决断、形成董事会自主运行机制的现代企业之决心,这也是熊彼特所说的理想主义的企业家精神。

但世事走向往往微妙,有许多人认为,正因王石当年的放手,万科今天才会遭遇野蛮人收购。而如今的王石在刚刚过去的大小战役中,已廉颇老矣。特别是他看不起民企的态度，失去了大片人心。

当前宝能棋露杀招，剑指万科全体董事会，加上王石引入深圳地铁威胁华润第一大股东地位导致其倒戈，王石已有些回天乏力。时移势易，物不是人亦非，王石也只能感慨"还能说什么"。

诚然，民企和民间资本往往存在野蛮粗放甚至家族制管理等弊端，但王石寄希望于国资庇护，事实上也是种落后于时代的反市场意识。连李克强总理都三番五次问责民间投资下滑，本来作为市场引领者的王石，却陷入他曾经反对的窠臼。

而宝万之争上演这么多集，供思考处有太多，如职业经理人在企业中的定位，如当前我们如何看待民资和央企。可无论如何，轰轰烈烈的宝万之争应有底线，那就是别以反市场方式，伤害万科作为中国市场化改革进程标本品牌的价值。

对国内企业来说，万科像是一个范本，一个具备真正企业家精神和市场化运营的公司。哪怕有当下这场股权争夺战，它也依然是个积极象征：毕竟，在需要证监会严查内幕交易、暗箱操作才能得以曝光的资本市场中，这样呈现在阳光下的股权交易争夺实在不多。作为投资者，需要这样公开的公司信息变动，即便是万科的小股东，在争夺战中未曾停歇的公告和股东大会，也令他们起码能对公司重大事项有基本的了解。这在A股，已十分少见。

目前各方"乱战"虽乱，却仍在市场手段博弈的范畴内。对市场而言，或许谁获得最后的控股权不重要，其结局已受制于股权与治理结构、资本运作逻辑等，重要的是，对垒各方在公平透明的市场环境下作业，具备百年企业品牌可能性的万科，别在非正当角力中成为股权争夺的牺牲品。

无论最后万科花落谁家，但愿这场漫长的争夺战，能真正成为中国上市公司股权变更信息公开的示范，而不是成为摧毁万科品牌的无谓战争。

（执笔 陈白）

■ 2016年10月8日社论

房产税并非抑制楼市泡沫必杀技

我国楼市的每一轮暴涨,在限购、限价、限贷等行政调控效力不彰之后,有关房产税抑制泡沫的论调均会随后传出——2016年10月6日,IMF亚太部副主任马克斯·罗德劳尔表示,支持中国地方政府近期出台的房地产市场调控政策,预计中国大城市房价涨幅将出现回调。

开征房产税抑制楼市泡沫,这样的论调并无太多的新意。最近十多年,每一轮楼市暴涨也均会迎来是否应开征房产税的热议。

至于罗德劳尔提议开征房产税的两大理由,事实上,则更有值得商榷的必要,在土地出让金制度仍在的情况下,研究开征房产税对地方政府财政收入的利好是否明显存在不公平的嫌疑。而所谓的"有利于更好调控房地产市场"这一核心诉求,从具体实践来讲,也很容易沦为一厢情愿的幻想。

房产税并非抑制楼市泡沫的必杀技。从已试点房产税的上海和重庆两地来说,事实证明房产税对上海楼市暴涨的抑制效果是失败的,房产税试点6年来,上海平均房价依然翻了一倍(年均增速约为16%),而重庆房价虽然6年来年均增速仅为6%—7%,但归根到底却并非是房产税之功,而是极其宽松的土地供给制度,在过去10年间,重庆年均土地成交高达70平方公里,而上海市却不足前者的十分之一。

房产税仅是税制改革的一个截面,其是否应该推出,究竟应该怎样推出,理论上应与土地出让金等现行房地产税费动态平衡,而不宜持续沉迷于行政调控的惯性思维，过度期待房产税对房价的调节作用。比如，日本早于1950年就开征房产税，但其楼市依然迎来了20世纪70年代—80年代中期的持续大幅暴涨，随后也迎来了上世纪90年代中后期不可避免的泡沫破裂，而在这一暴涨暴跌的轮回之间，房产税所谓的抑制和调节功效可以说近似于无。

过于期待房产税对房价的调节作用，其本质上与限购、限价、限贷一样，依然是一种行政性调控思维在作祟。而对于构建一个健康良性的楼市而言，任何行政性的调控其作用均只可能是短暂的，只有遵循市场化逻辑的调控，作用才有可能是长期的。

其实，讨论如何抑制楼市泡沫，我们并不需要过多的长篇大论，而只需要回归于经济学供需平衡的常识。在过去十多年，我国一、二线大城市房价之所以"屡调屡涨"，其根源在于人口流入与土地供给的结构性失衡（人口流入增幅远远大于土地供给增幅），而一、二线大城市人口持续大规模流入的核心动因，又在于其对优质教育、医疗等资源的相对垄断。

故而，在当前楼市调控貌似又一次进入攻坚期之下，我们有必要抛弃掉既往的行政性主导思维，更不能将房产税想象成抑制楼市泡沫的必杀技，而应该运用经济学的常识，正视并有效化解上述结构性失衡的现实。

具体而言，一方面应完善人口流入与土地供给的动态调节，即人口流入过多，土地供给亦有必要相对增加；另一方面则应优化教育、医疗等优质资源的区域性合理配置，只要三、四线城市的教育、医疗等资源配置进一步到位，大城市的房价泡沫必然可以得到适度消减。

（执笔 边际）

环评

■ 2015年4月10日社论

"水电经济"应该为生态让路了

搁置3年、争议不断的重庆发电量最大的水电项目小南海,近来遭到环保部否决。环保部称,过去10年,长江上游珍稀、特有鱼类国家级自然保护区,因金沙江下游一期工程等进行过两次调整,已经使自然保护区功能受到较大影响,未来必须"严守生态红线"。

因为保护鱼类的繁衍而否决一座计划投资320亿元的大型水电站的建设,这在中国水利史上是极为罕见的。但要看到,环保部此举不过是尊重了科学和常识,江河开发宜有度,水电站建设就不该被官员政绩和经济利益所绑架。

近十几年来,许多地方政府将水电站当成发展地方经济的法宝,"跑马圈水"的狂热之势席卷中国大地。在这样的热潮中,生态保护总是处于被忽略位置。以小南海电站为例,此前涉事地方政府为上马这一工程,可谓费尽周折——时任重庆市委书记的薄熙来,把该电站当成功绩大力推动,由于规划的电站位置处于保护区内,有关方面先对保护区进行调整,把部分保护区说成是不值得保护的区域。针对环保组织的异议,当时重庆环保局某领导称,旧的物种灭绝了,一定有新物种再生,这就是"物竞天择",一副不惜一切代价也要上马电站的架势。

如今小南海电站被否,这是重庆之幸,也是生态之幸。不过,眼下还远没到拍手叫好的时候,因为中国大地上不知有多少"小南海"已建成或在建,对生态系统造成重大负面影响。

此前广西渔业部门就曾表示,广西建有好几百座大坝,广西目前已几乎没有自然流态的河流,部分鱼类已经枯竭,某些鱼类的捕捞量不足20世纪90年代的一半。2013年公布的《2013长江上游联合科考报告》也直指水电开发对水生生物带来的灭绝性影响。历史上,金沙江流域共监测到鱼类143种,而那次科考3次鱼类资源采样仅仅发现17种鱼类样本。专家直言,连续成串建坝的方式,对鱼类生存影响很大。

我们是时候对水电经济全面进行反思了。水电作为一种绿色能源固然应当发展,但一定要避免过度开发,我们许多江河开发利用率已大于40%,超过国际公认的合理值,如专家所言,"水电开发进入生态制约阶段",水电站立项必须慎之又慎,选址必须建在对环境破坏最小的地方,避免破坏生物多样性。

生物多样性是一个国家宝贵的资源,这已越来越被世界各国认可。2000年6月5日,时任韩国总统金大中宣布,为保护东江河域的生态系统和20种濒危的生物及首次发现的7种动植物,政府取消江原道的永越水坝工程计划。2011年,为拯救因建坝濒临灭绝的鲑鱼种群,美国启动有史以来最大的大坝拆除项目,华盛顿州内两座百年水力发电水坝被拆掉。

小南海电站被否只是一个开始,接下来,还有哪些在建或已建的大坝可能造成重大生态影响,如何进行补救?水电项目的立项,如何在程序上把好环境生态关?这都是需要破解的命题。为保护鱼类生息和河流生态,我们必要时须拿出"壮士断腕"的勇气。

(执笔 于平)

■ 2015年4月7日社论

驱逐记者是自掘环保的城墙

2015年3月下旬,甘肃武威荣华工贸有限公司因向腾格里沙漠违法排污受到查处,据新华社跟踪报道,留存的污水大部分已运至污水处理厂处理完毕,对底泥的处理将待专家论证后再实施。但另有媒体记者深入荣华公司排污地,发现荣华公司将部分污水和底泥直接掩盖在厚厚的泥沙下。而当地有关部门发现记者后,干脆将记者押解出境。

驱逐记者,是武威市有关部门负责人发出的指令,由当地公安机关具体执行,按照他们的说法是"公事公办",其实是权力任性。他们查验过记者的记者证,记者身份没有造假。其实盖着"中华人民共和国国家新闻出版广电总局"大印的记者证白纸黑字写着:"各级人民政府应为持本证进行采访的新闻工作者提供便利和必要保障。"

但当地有关部门负责人显然无视这些规定,而要警方"把东西删干净,把人送上高速,离开武威"。这不仅没有任何法律和文件依据,实际上还是一种越权滥权行为,非权力任性而何?

保护生态环境,现在是我国的一项基本国策。在今年的全国"两会"上,习近平总书记强调:"要像保护眼睛一样保护生态环境,要像对待生命一样对待生态环境。"3月24日召开的中央政治局会议提出,要在十八大提出的"新型工业化、城镇化、信息化、农业现代化"之外,再加入"绿色化",把"新四化"概念提升为"新五化"。防治环境污染,则是绿色化的一条底线要求。

在环境污染的治理上，媒体及其记者扮演着一种监督者角色。无论是甘肃腾格里沙漠排污事件，还是去年内蒙古的类似事件，事后当地都反思说，是因为"监管上不太到位"，导致"企业出现了偷排漏排的现象"。而事件之能够大白于天下，其中都有媒体记者的功劳。

武威凉州区对媒体记者避之如瘟神，动机实在可疑。据记者调查，荣华工贸排放的污水虽然大部分已被抽走，但留存的污水仍有数个足球场大小。而更令人心惊的是，荣华工贸对部分污染地直接进行了填埋处理，部分污水和底泥已被掩盖在厚厚的泥沙之下。这与此前媒体报道中的"据了解，留存的污水大部分已运至污水处理厂处理完毕，对底泥的处理将待专家论证后再实施"完全不符。如果记者的调查属实的话，意味着武威当地可能在沙漠污染治理上欺骗公众。

腾格里沙漠违法排污事件之后，治污的效果到底如何，令人担心。显然，这样的效果不应由当地官方单方面说了算。将治污过程阳光化，向媒体监督开放，也应是治污的应有之义。

驱逐记者，隐瞒治污实情，这个事必须有个说法，并有人为之负责。如何对待媒体记者的深入采访，检验一个地方政府治理环境污染的诚意。一个地方如果真想像保护眼睛一样保护生态环境，就不该拒绝环境信息的透明与公开。去年，宁夏中卫和内蒙古境内的腾格里沙漠发生排污事件经媒体曝光后，两地都进行了整治，并主动邀请记者回访治污情况。相比武威将记者押解离境，这才是治污整改应有的负责态度。

（执笔 于平）

■ 2015年5月20日社论

环保部两度否决，无碍百亿钢企上马？

2015年5月15日，《汉中日报》刊发《陕钢集团汉钢公司4月份钢产量突破30万吨大关》的报道，但据了解，汉钢公司未经环保部许可就擅自开工。因为该项目离军山省级风景名胜区仅0.4公里，项目卫生防护距离内居民搬迁方案不完善等多种原因，2012年4月环保部就退回了项目的环评报告，去年11月，环保部再次退回了该项目的环境影响报告书。

就是这样一个被环保部一否再否的非法项目，却打着灾后重建项目名义，2009年就开工，总投资达137亿，如今已投产并实现30万吨的生产规模。对此违法项目当地甚至都不加掩饰，不仅公开纵容项目建设，压制受污染戕害的民众维权，还对其不吝褒奖，从项目所在地勉县到省政府，授予该企业的官方荣誉不计其数。

百亿项目擅自投产，无疑是对环保法制的挑衅。今年1月起刚实施不久的新环保法，号称史上"最严环保法"。对照这部法律，陕西这起事件必须受到严厉追究，包括该项目对周边民众和环境造成严重污染，理当被处以天价罚单并停产关闭。按当地居民反映，该企业大量工业废水被排放到汉江中，这可能还涉嫌污染环境罪。

此外，项目未批先建，不仅要罚款，企业负责人还应被处以十日以上行政拘留；地方政府和环保部门对该项目的违法行为进行包庇，造成了严重后果的，依照新环保法，应给予相关官员撤职或开除处分，主要负责人当引咎辞职；其中还可能涉及官员滥用权力、失职渎职等问题，行政处分外，检察机关有必要启动职务犯罪调查。

更为重要的是，新环保法删除了之前环保法中关于未批先建项目可"限期补办"手续的规定，这就意味着，汉钢公司不可能再通过以往常用的"先上车后补票"方式，重新环评后获得合法身份。其未来命运只有两个，要么关闭拆除，要么搬迁他处。这些后果会落在汉钢公司及相关官员头上吗？从陕西方面对该项目的备加呵护看，难。这时就需要环保部出面，进行督察，以展现新环保法的钢牙利齿。

得看到，一直以来，以钢铁为典型的某些项目"先上马再环评"已成潜规则，而一些地方政府在数字出政绩的驱动下，庇护成了常规动作。如果说，以往环保部门处境尴尬，执法缺乏独立性，那这类乱象必须在环保铁腕执法下得以整饬。

环保部新任部长陈吉宁上任后，就多次强调环保执法，提出要把"过松、过软"的状况彻底改变过来，把守法变成新常态。今年3月20日，环保部下发2015年《全国环境监察工作要点》，其中指出环境执法监察要由"以查企业为主"转变为"查督并举、以督政府为主"。

在此情境下，面对陕西有关方面的违规庇护行为，环保部也该挺直腰板"说不"，尽管处理这一重大环保违法事件代价高昂——137亿投资会受影响，环境修复成本更是个天文数字，但也只有对挑衅环保法制的顶风违规行为零容忍，才能维护环保执法威严。本质上，夯实"最严环保法"的"严"字，也需要通过个案执法去传递环保价值。

（执笔 于平）

■ 2015年6月20日社论

"环保警察"执法难，要向法治要对策

2015年6月19日，新华视点刊出《"环保警察"执法难》的报道，曝光了办理环境犯罪案件中环保、公安方面一系列的困难：物证鉴定难，取证难，有环保部官员表示，"有的基层环保、公安部门经费很少，一年经费可能都做不了一个执法鉴定"；环保机关向公安机关移送起诉率低，像去年北京市环保局移交的环境刑事案件只有1起，但仍"由于缺乏证据一直判不了"。这引发舆论关注。

环境犯罪人所共恶，在社会对治污期许抬升的当下，对其依法打击，是实现环保法治的应有之义。而"环保警察"执法难，无疑令打击力度受制。就此看，对报道呈现的执法困境条分缕析，做出针对性改进，很有必要。而从这些困境看，有些难处难在刑事证据的"高门槛"上，有的是现行机制的短板。

得看到，对环境犯罪的刑事追究，直接涉及公民的罪与罚，其证据标准、司法程序远高于普通的环保行政处罚，是法治的必然要求。环保、公安机关当意识到这点，并严格依程序执法、锁定证据，将污染者绳之以法。

如针对移送起诉率低问题的解决之道，不是"削足适履"地突破刑事诉讼的证据标准，来迁就环保部门现有的执法、取证水平，而是要环保部门与公安机关深度协作，不能再对环保案件搞"两步走"——环保、公安各自按行政处罚、刑事诉讼标准来分别取证；发现污染案件时，就要按刑事诉讼的

"高标准"来固定证据、构建证据链。

另一方面，环境犯罪涉及具体污染物、危害结果的认定和相关排放量的计量，需要严格的科学鉴定。但一些基层地方、部门往往缺乏有资质的鉴定机构，且鉴定周期长，影响案件侦办时效；鉴定费用高，不少地方因拿不出这笔钱，不得不让污染者逍遥法外。

对政府系统而言，既然全社会这么重视环保议题，打击污染相应的鉴定、办案费用，政府财政就应有充分保障，要坚决杜绝"出不起鉴定费用，案件只能挂着"的怪现象。可以考虑通过政府购买的方式，来批量购买环保案件所需要的鉴定服务，这对培育发展环保鉴定机构也是个契机。

至于有执法人员抱怨：抓到了污染者，拿不出证据，"关了几天又把人放了，等证据确定后再追逃"，这也有对症之方：依《刑事诉讼法》，刑拘本身就应受严格限制，现实中刑拘被用得过滥，一些地方不分案情、具体情节就"顶格"适用37天的刑拘最长期限。针对污染案件办案周期长的现实，公安机关要适应在不羁押当事人的情况下，如何构建证据链及强化取保候审的后续监管机制。

说到底，从2013年两高公布刑事追究污染案件的司法解释，到今年新环保法实行，中国向污染宣战的决心尽显。但"依法治国"大格局下的打击污染，其证据标准、程序公正不能含糊，行政、司法机关要努力提升办案水平，同时财政投入要跟进，衔接机制要理顺，破解那些执法难题。

（执笔 沈彬）

■ 2015年12月18日社论

"雾霾费"应当收得明明白白

据报道,2015年12月16日,上海发改委、环保局等部门制定了《上海市挥发性有机物排污收费试点实施办法》(简称"办法"),上海开始试点启动挥发性有机物(VOCs)排污收费。排污收费分为三个阶段,每个阶段实施不同的收费标准。自2015年10月1日起(第一阶段)收费标准为10元/千克,自2016年7月1日起(第二阶段)收费标准为15元/千克,自2017年1月1日起(第三阶段)收费标准为20元/千克。

挥发性有机物(VOCs)不仅是形成霾和PM2.5的前提物,事实上它还会造成臭氧污染和形成城市光化学烟雾,研究证明,VOCs和PM2.5一样,是可致癌空气污染物。

但对于VOCs的治理,一度没有引起足够重视。例如,近些年来曾被频繁报道,多地居民向环保部门举报周边企业有"异味"(主要成分为VOCs)污染,但查出异味的源头却困难重重。这些问题暴露出地方环保部门对VOCs污染源排查监控的盲点,以及治理力度的软弱。

直到2010年,对VOCs的控制才正式列入国家防治议程,2013年,大气十条细化了需要控制VOCs的重点行业。而控制VOCs的排放,收费是不可或缺的办法。其实在上海收取"雾霾费"之前,有的城市就已经启动VOCs排放收费工作。高昂的排污成本,有助于倒逼企业的污染治理。

不过,VOCs排放收费,目前还面临许多困难,包括排放量的计量方式难以确定，有些像橡胶等的污染源不确定，怎么产生的并不清楚。也因此，重点物质的监测方法难以制定；VOCs有关的行业标准太少，大量涉及VOCs排放的行业仍然没有覆盖到。

更为重要的是，VOCs排放收费，会不会延续排污费的弊端。现实中，排污费在许多地方实际上成了"养人费"，一些环保部门甚至以污生财，放水养鱼。按法律规定，地方环保部门收取的排污费应当上缴财政，用于环境治理，但实际上，许多收上去的钱被返还到某些地方环保部门，被用于造楼盖房，发工资福利。

因而在排污费使用方面，上海市环保局也表示，排污费使用严格实行"收支两条线"，征收的排污费全部按要求上缴国库，纳入财政一般公共预算管理，重点用于该市环境污染防治相关工作。而接下来如何让民众相信这一点，就要从征收的规范以及账目明细的公开上多下工夫。

另外，地方环保部门对于排污费的收取具有很大自由裁量权，其中蕴藏了不小的寻租空间。有的企业为了少缴排污费，向排污费征收人员行贿。导致在排污费征收过程中，一些排污费征收人员"协商收费"，以及随意减免排污费。有的地方还出于地方经济发展需要，任意削减企业排污费的额度，甚至直接划定"无费区"。

无论是此次上海制定的VOCs排放收费方案，还是其他地方已经执行的收费标准。VOCs排放收费标准都很高，赋予环保部门的自由裁量权都很大，如何规范收费是最为关键的问题。

很长时间以来，一提到收费治污，往往会引起民意的反弹。其实公众并不反对收费，关键在于许多收费的政策制定要有严谨的程序，需要公众的讨论与参与，不能让收上去的钱成为一笔糊涂账。所以"雾霾费"固然应收，但首先要收得明明白白才行。

（执笔 于平）

■ 2016年6月2日社论

像公开PM2.5一样公开土壤污染信息

国务院2016年5月31日发布《土壤污染防治行动计划》，共十条（下称"土十条"）。作为中国治理土壤污染的重要政策性文件，"土十条"获得了极高的关注度，引发各方解读。

确实，"土十条"带来了许多改变。无论是要求推动土壤污染防治法立法工作，还是实施农用地分类管理，以及直面"毒地"问题，要求实施建设用地准入管理，都切中了土壤治污的种种"痛点"，回应了公众的期待。

但是，这些亮点中，有一点却是被许多人所忽视的，那就是"土十条"不仅提出了土壤治污的规范和目标，更重要的是，它把公众知情与监督提上了更重要层面。

"土十条"中，提到"公布""公开"的共有十处。比如要求地方政府定期公布本行政区域土壤环境状况；要求委托第三方对地方土壤污染治理与修复进行评估并向社会公开结果；重点行业企业要向社会公开其产生的污染物名称、排放方式、排放浓度、排放总量等。

在土壤治污中，信息的不透明一直饱受诟病。此前，有律师申请公开全国土壤污染数据信息，却被告知属于国家秘密不予公开；有环保志愿者向全国31省份的环保部门提出信息公开申请，试图揭开全国二噁英污染源地图的全貌，却遭遇重重阻力。

按"土十条"所确立的公开原则，如果由此能改变之前对土壤污染信息的敏感处理,不再把公众挡在土壤污染真相之外,将是个巨大进步。

不过,这样的愿景能真正实现吗?那些被污染的农地会否被一一公布,让公众找到"毒大米"的源头;那些有关毒地的信息,公众能知道多少,包括已修复毒地的真相,未修复毒地的位置;垃圾焚烧厂的信息公告牌上,从此是否会有二恶英排放数据;那些向土壤排出污染物的工厂,到底含有哪些有毒物质,是否能轻易查到。

据悉,截至2015年12月,环境保护部已在全国设置土壤环境质量监测国控点位31367个,今年拟将再增加7000个。那么近4万个监测点监测的土壤污染信息,能否像公开PM2.5数据一样,实行动态的数据公布;政府部门内部所掌握的土壤污染数据库,能否与社会共享。

土壤治污的信息公开,说易行难。在一些官员的思维里,仍然过于担忧信息公开可能带来社会恐慌。但他们却忽视了,土壤污染信息攸关每个公民的生命健康和居住安全。土壤治污固然紧要,但更为紧要的,是在治污的同时不再让公众的健康继续暴露在污染威胁之下,让每个人通过公开的污染信息,规避可能的风险。

土壤治污需要建立在尊重公众知情权的前提之下,公开绝不能是种形式,公众更需要的是有质量的公开。为此,明确土壤污染信息公开的规范和标准,建立对污染信息缓报、瞒报、谎报的问责机制,实在尤为迫切。

(执笔 于平)

■ 2016年10月26日社论

环保部门带头造假是公信力之霾

空气采样器本是实时监测空气质量的，作为国家直管的长安区监测站，不经允许任何人不得入内。但据华商报报道，西安市环保局长安分局主要官员出于自身政绩考量，偷配钥匙并记住密码，用棉纱堵塞采样器，致使数据异常，引起中国环境监测总站注意。警方立案调查后，目前涉案人员已羁押在看守所。

环境监测数据造假，已屡见不鲜，之前被曝光的多为一些企业。但其实，环境监测数据造假，作为环保部门本身，问题不比企业少。

尤其是近几年，环境治污受到空前关注，空气质量排名靠后的，地方官员会被通报、约谈，环境质量是否达标直接与官员乌纱帽挂钩。所以尽管国家在防范环境监测数据造假方面设立了多项关卡——如数据"一点多发"和比对、远程监控、交叉检查，但在政绩压力层层向下传递的机制中，一些官员照样会产生造假冲动。西安市长安区此次的监测造假丑闻，诱因也在于此。

在2015年4月"全国环境监测现场工作会"上，时任环保部副部长吴晓青曾表示，在一些地方，监测站编造、篡改监测数据的情况时有发生，严重损害了政府和环保部门的公信力，对监测系统也造成非常大的伤害。吴晓青说的"一些地方"，具体是哪些地方，又有哪些官员参与造假，公众不得而知。对这类造假，内部处理、只见批评不见点名，似乎是之前的惯例。

但现在，西安的监测造假事件打破了此惯例，这无疑是个积极信号。给采样器戴"口罩"式的环境监测造假，本质上是在监测末梢制造"污染"，它能过滤掉监测点的 PM2.5，却无法滤掉欺上瞒下的公信力之霾。对其处理，就要一视同仁，不该区分企业和环保部门。

事实上，相较于企业违法造假，有些环保部门的造假行为要恶劣得多。一方面，环保部门作为执法者，应是守法表率，如今竟带头造假，这给企业做了极坏示范；另一方面，环保部门数据造假，掩盖污染，是对公众权利的损害。一个环境监测站的造假，就像水源被污染，其影响或许比一百家污染企业造假更坏。

2015年1月1日新《环保法》规定，监测机构应对监测数据的真实性和准确性负责，对篡改、伪造或者指使篡改、伪造监测数据的要予以惩处，追究法律责任。此后，环保部还专门出台了《环境监测数据弄虚作假行为判定及处理办法》。

监测数据的质量问题既然已上升到法律层面，相关的执法就要跟上。对于监测造假行为，要拿出零容忍的态度，无论涉及部门层级有多高、牵涉层面有多广，都应当一查到底，彻底摒弃内部处理思维，让造假利益链条现形，让违法者承担高昂的成本。

具体到西安的造假事件，尽管多名官员被警方带走调查，但这些官员均属于环保部门。整起造假事件是否只是环保部门官员自导自演，有无更高级别官员涉案？根据媒体报道，由于治污减霾排名落后，2016年9月，长安区曾召开专题会研究治污减霾工作，会议中提到"要以此次考核落后作为深刻教训……补齐短板，奋起直追"。这说明，长安区的环保考核压力非常之大，这样的考核压力如何传递到基层环保官员身上，最终演变为一场造假闹剧，值得深究。

（执笔 于平）

■ 2016年11月19日社论

政府替企业缴排污费，侮辱"治污"二字

2016年11月17日，中央环保督察组分别向江西、广西两省份反馈了督察意见。意见中讲到"江西乐平市被指政府多次用财政资金为36家企业代缴排污费超过千万元"，一时间引发舆论聚焦。

都知道，排污费是依据法律法规，直接向排放污染物的单位和个体工商户征收的费用，其目的既在于惩戒，也是为用于治理补偿。它的存在，也能倒逼企业污染减排技术的采用和创新，并筹集环保资金。如果排污费的收取未能严格执行"谁排污，谁缴纳"原则，那也就无以做到责权利对等，也无法由此形成倒逼效应。

这还只是针对合法合规排放者而言，若是非法或超标准排放，还应承担惩戒性赔偿，号称史上最严的新环保法，已在对企业"按日计罚"方面初步立威，法办污染责任人的力度有所加强。

政府作为属地环境保护的主要负责人，本该在减排控污上发挥主体作用，用严格执法让企业为排污付出成本。可乐平市政府却被曝出用财政资金，为36家企业代缴排污费超过千万元，这何其荒诞？

某种程度上，这无异于对"治污"二字的侮辱，它分明是纵容和鼓励排污。你想想，当企业排污的成本都是政府给包了，也就是"企业污染、政府埋单"，这些企业还会尽环保责任？而政府为企业违法排污行为背书时，其治污力度也可想而知，治污乏力之下，再严的环保法，对污染排放对象又有

何震慑意义？

政府埋单的钱来自财政，而按照《排污费征收使用管理条例》规定，排污费要按照收支两条线纳入财政预算、列入环保专项资金进行管理。把纳税人的钱从"左口袋"转到环保专项资金的"右口袋"，这凸显了财政预算执行的粗糙和财政资金使用监管的纰漏，而财政滥用和纵容排污，也是连着"坑"民众。建议审计部门也查查，这笔上千万的资金是以何种支出项目列支。

政府替企业缴排污费，无疑是基于GDP的考量而为"污染者"作伥。而对于那类充当污染企业后盾的地方政府，也该有依法追责。

应看到，中央环保督察组每次巡查地方，没有一次"空手而归"，而大量的环保违法背后，经常有地方政府在背后充当保护伞。政府替企业缴排污费，堪称其极端化呈现。

对于少数地方政府和部门的环保违法，不是没有"硬办法"。新环保法明确规定，对违法审批、包庇环境违法等九种行为，相关地方官员轻者记过降级，重者撤职开除，引咎辞职。但"硬办法"似乎遭遇了"软执行"，新环保法实施两年多来，地方政府包庇环境违法的问题被曝光无数，地方主政官员被依法处理的，并不多。

在此背景下，对于个别环保不作为、乱作为的地方政府，制裁不能止于曝光、约谈，不能止于出了事情整改整改就过关了，而要追责。不但要问责，问了哪些人，追了那些责，也要让外界看清楚。

的确，在治污日益受重视的当下，很多地方治污力度在强化，对于污染企业也交出了一份硕果累累的"执法成绩单"。但中央环保督察披露的问题表明，对于有些包庇环境违法的地方、部门，也要有一份"执法成绩单"，让环保法的"钢牙利齿"不止咬住企业，也能咬动某些部门，督促其敬畏法律、依法履职。

（执笔 于平）

热评

■ 2015年1月2日社论

外滩踩踏事件,"最坏打算"去哪了?

新年初至,充盈的本该是欢庆氛围。可一场不期而至的劫难,让不少人心里罩上阴霾。就在2014年要翻篇的晚上,23点35分,上海外滩发生踩踏事件,已造成36死47伤。目前,上海方面正全力应对伤员抢救和善后处置等工作。

昨天,很多上海市民自发到外滩送上祭奠的鲜花;网上也弥漫着悲痛的情绪。此时此刻,"逝者安息"的默哀,也是最无力的追逝:如果时间可逆,或许惨剧可避免,可说再多"如果"都只能徒增内心苍白。但告慰逝者,不能止于喟叹。对人祸探本溯源,对事故全面调查,才是告慰应有的落点。

对这次踩踏事故,很多人的直观疑问就是:在这起踩踏事件酿成的过程中,政府方面的预警与安防在哪儿?要知道,面对这类大型活动,政府本该在可预期的人流密集地点制定拥挤预案,如新年夜外滩人流可能有多少人,一旦现场人流超过预估容量如何分流等。而前期工作外,现场秩序维护和应急预警,也不该缺位。

而据介绍,有关方面当晚确实也增加了街面观察力量和值班备勤,饶是如此,对此次大型活动系统化的安防应对仍显薄弱:从活动前的风险评估、警力布置、现场维持,到救援力量调度等,都跟不上"防祸患于忽微"之需。@上海发布就披露,截至当天22点40分,上海全路网客流已超过1003万人次,创历史新高,可相应准备并不到位,这也为出事埋下伏笔。

从亲历者的讲述看，现场维持秩序的警察，就显得缺乏必要的手段，有的用喇叭喊话"警察叔叔求求你们了，别再挤了"；有的警察连喇叭也没有，"怎么拦都没有用"。现场与后方间的沟通，某种程度上处于失灵的状态。还有，在人流疏散上，也无周密计划与部署。很多人都将事故归因于观景平台楼梯处有人上有人下挤在一起，形成对冲。而"对冲"明显与人流通道设计不科学有关：合理方式应是上下分道、进出殊途，也就是"单行道"原理；或者采用分割空间的办法，限制人群扎堆。

在人群高度聚集地带的监控预警、现场处置上，没考虑到各种情况、消除某些盲区；事发后缺乏应急预案，只能靠警察人力"强制切入"，以至于局面失控。这凸显的，就是"最坏打算"的缺失。

而这起惨剧，也给公众以提醒：对危险该有起码的预防与感知。像事故现场，明明已拥挤不堪，却还要"快点挤"，这是将自身推向危境。对应的，有关部门也应做好人流密集点提示和发出危险警告。

"亡羊"后最好的补牢是系统化补缺。在香港，也曾发生过兰桂坊踩踏事件，而这也催生出一整套大型活动安全防范体系：港府会对民众给予必要的风险告知和人群疏散培训演练；搞大型活动时，警方会进行人流量评估，执行必要的限流措施，并划定责任田让每片区域都有专人维护，还有医疗人员配备及民安队支援等等。外滩踩踏事件能否也催生机制补缺呢？我们翘首期待。

外滩踩踏事件，暴露出公共安全系统的结构性缺陷：那就是对大型活动风险把控不足，应急体系匮乏，预案执行欠缺。凡此种种，都亟须通过个案性反思去推动补缺。反思的第一步，就是对事故全面而深入的调查和无遗漏的问责，并总结教训、引以为鉴。

（执笔 胡印斌）

■ 2015年1月13日社论

不能再由非消防官员"指挥灭火"

哈尔滨北方南勋陶瓷大市场仓库着火事件,引发广泛关注。"火烧连营"持续20多个小时,造成建筑坍塌,5名消防员牺牲。《新京报》记者近来采访了6个省近20名消防员发现,消防灭火受行政命令干扰的问题较为普遍。

在任何火灾的消防救援中,指挥者的作用至为关键。国外的消防指挥官往往从消防员中选拔,他们不仅要有丰富的火场经验,而且必须在消防专业学校中接受专业培训,方能走上指挥岗位。可是,在我国,一旦发生重大火灾,地方领导官员往往都是"临时消防指挥官",这一点可从哈尔滨当时发布的通稿中得到印证。

从通稿中可看出,缺少专业背景和火场经验的官员们一个个都成了主角,而最为专业的消防部门反倒成了配角,如此情形下的救火决策令人堪忧。现场施救的消防官员稍有不慎,就可能受到干扰,做出失误的判断和举动。

这恐怕就是目前消防员伤亡率居高不下的一个原因所在。一些地方主要领导所处的位置,决定了他们在面对火情时,除了考虑避免民众伤亡之外,还会急切期盼尽快灭火,减少财产损失和社会影响。这样的急功近利之下,消防官兵的生命安全保护很容易遭到忽视。《新京报》调查中就提到两个例子:河南一名消防员称,一次救火中,着火建筑已无法保住,当地官员仍提出,要内攻,要保住财产;一名现役消防战士说,他曾去某工业区救火,装可燃化学原料的长柱形罐体着火，浓烟滚滚。消防员建议，可以从罐体底部凿洞，将罐内的可燃物抽出运走。在场领导却表示该厂是纳税大户，要尽量保住生产物资，要求战士尽快靠近灭火。

这种出于利益考虑，不顾火场危险，将消防员置于巨大险境的做法，无疑极不负责任，属于滥用权力。固然，消防员这一职业需要牺牲精神，但拿消防员生命冒险是穷尽所有手段，万不得已才做出的选择，例如公民生命悬于一线之际。任何火灾中，消防员本身的安全也是救火时要着重考虑的。

根据我国的消防法规，在防火上，首要责任人是地方政府，消防部门是监督；在灭火上，消防部门是负责人，地方政府是支持保障。消防法第45条规定，公安机关消防机构统一组织和指挥火灾现场扑救。这也就是说，火灾现场灭火的责任人，不是其他地方行政机关或行政首长。

现在我们谈消防职业化，职业化不仅是对消防官兵职业保障的问题，从更高层面而言，职业化更需要实现救火流程专业、标准、规范，消防部门独立决策，避免外来不当干扰。现在来看，一些地方主政官员的表现很不合适，非消防官员在灭火现场喧宾夺主，直接指挥灭火，恐怕也是妨碍消防职业化、专业化的因素。

让权力尊重专业、敬畏专业。火场是消防部门专属领域，救火自有其科学规律，一地的主要领导，出于对火情的关心，固然可亲临现场，但此时，他应当是个协助者，为救火提供各种保障。而不是横插一手，把火场当成自己的表演秀场，由外行指导内行。非消防官员干扰救火，这样的现象必须终结。

（执笔 于平）

■ 2015 年 4 月 30 日社论

"干尸男童"事件呼唤中国版安珀警戒

"信阳男童走失死亡"事件仍在发酵。据报道，2015 年 4 月 29 日，民政部已对此事做出回应，将进一步跟踪事件情况，积极指导地方民政部门做好这一事件的善后处理工作；河南省民政厅和信阳市政府已介入调查，信阳市纪委也牵头会同政法等部门成立调查组。

责任需要追究，但更要反思的是，这样的悲剧何以发生。在此，不妨先让我们捋一捋事件发生的经过。

根据报道，涉事的老城派出所在 2014 年 10 月 3 日接到社会报警后，直接将乐乐送入市救助站，而次日，毗邻的五星派出所就接到乐乐家属报案。若两者实现了信息沟通，后续的悲剧或许也能避免。

2010 年"两高"、公安部等联合下发的《关于依法惩治拐卖妇女儿童犯罪的意见》规定，接到儿童失踪报案以及发现流浪、乞讨的儿童可能系被拐卖的，公安机关都应立即以刑事案件立案，要帮助其"及时回归家庭"。2011 年 6 月 1 日起，公安部还出台规定，全国公安机关实行儿童失踪快速查找机制，要求县、市公安机关接到儿童失踪警情后，要多部门、多警种联动合成作战，刑侦部门立案开展侦查要快。试想，要是两个派出所立即刑事立案并采集数据上传系统，老城派出所第一时间通过媒体渠道等寻找家属，五星派出所所在公安局启动快速查找机制，情况又将如何？眼下有必要彻查，五星派出所有无上报县级公安机关并启动应急程序，相关警务人员有无渎职。

此外，根据民政部制定的《城市生活无着的流浪乞讨人员救助管理办法实施细则》，"对因年老、年幼、残疾等原因无法提供个人情况的，救助站应当先提供救助，再查明情况"。当地救助站的确对男孩提供了救助，但从当下信息看，它半年时间内都没采取措施帮助乐乐寻找家人。也就是说，没有尽到"查明情况"的法定责任。

因而，整个事件就是这样的：一个智障男童离开家门走丢了，然后救助这位男童的信息，在我们的行政系统内部也"走丢"了，从派出所到派出所，再从派出所到救助站一次次丢失，最终在他死后，从媒体刊发的认尸公告，抵达了他的父母身边。倘若没有其父母的偶然发现，乐乐的尸体是不是就被火化了，一个男童是否就此"人间蒸发"？

要命的不是一个男童走丢了，而是寻找、救助他的反应机制和信息跟着一路"走丢"。反思这起悲剧，当然要一路追查相关公共机构是否存在渎职，但我们也该反过来思考，该事件为什么不能按照这样一个流程走下去——家人发现男童失踪之后，到派出所报案，然后，信阳当地所有的媒体开始刊发其走失的消息，全城所有的派出所和警员在第一时间都接到了事件信息通报，救助站及其工作人员也做出联动反应。一个城市对此负有责任的所有公共机构全动员了起来，类似乐乐这样的悲剧还会有吗？

类似的机制国外是有的，一种叫"安珀警戒"，专门针对儿童绑架事件。或许我们对此不必照搬，但理当借鉴，建立一个寻找被拐卖、失踪儿童的警报系统，在一遇到这样的事件后，符合条件就立刻启动，不说是全城动员，至少那些公共机构要全部能被动员起来。如此，一个儿童走失后，哪会还能在救助站待上半年，又怎么可能会变成"干尸"呢？

（执笔 于德清）

■ 2015 年 4 月 5 日社论

虐童案警示：应对收养人做心理评估

民政部 4 月 4 日，一组男童受虐的图片在网上风传。据报道，该男童的父母是南京某区人，男童于 6 岁被合法收养，虐待行为自去年被校方发现，最初以为是偶尔情况，没好多说。近日，男童班主任看男童伤情日渐严重，性格也随之大变，出现畏惧人群等心理行为。据悉，警方已对此案展开调查。

在那组图片上，孩子浑身淤青，伤痕遍布，简直惨不忍睹。知情者称，受伤男童曾跟老师说，身上的伤是父母用水管或树枝条抽打的，脚上的伤是被蒸汽烫的，脸上的伤是被钢笔戳的。孩子有过错固然应惩罚，但把这些毒辣的手段都倾泻在孩子柔嫩的身体上，这已脱离正常教育的范畴，必须严厉追究其父母的法律责任。

从男童父母的行为看，以他们的心理状况，显然不适于收养孩子。可是，他们又为何能顺利收养孩子，并办理合法手续？问题就在于，中国的收养法律，对于收养人的审查非常简单，只要没有子女，无特殊疾病，有经济能力，年满 30 周岁，就可收养孩子。我们的收养法律，根本没有考虑到收养人精神、情感状况可能对孩子的不利影响，这其实是个重大法律缺陷。

反观国外，收养孩子不仅要经济条件良好，更要注重收养人的心理健康。在有的发达国家，收养政策的一个最突出特点，就是要求确保被收养儿童心理不被压抑和扭曲。收养人在收养孩子前，必须接受家庭调查，详细调查收养人的各方面情况，包括，他们及其家庭成员的儿童虐待记录，是否滥用药物，是否有性虐待或家庭暴力记录，等等。调查人员还要对养父母及其家庭成员的身体、精神、情感能力进行评估。在法国，收养人需要接受社会心理评估，由心理学医生对收养人进行个人经历、家庭情况、收养动机、收养后的生活的综合评估。如果收养人已经有子女，还要听取他们的意见，然后做出评估报告。

南京这位男童长时间遭受虐待却一度不为人知，就连老师和学校发现也无可奈何，这在许多国家也不可想象。因为这些国家的法律就明确规定，收养孩子获批后，会有儿童保护团体和部门对孩子的生活情况进行长期跟踪，工作人员会定期到收养家庭了解收养孩童的情况，询问孩子的意愿，同时也会通过社区、学校等途径，掌握孩子的真实状况。一旦发现孩子遭到虐待甚至冷遇、委屈，收养就会暂时停止。

南京这位受虐男童的命运需要我们持续关注，但要看到的是，类似收养人虐童问题，能够通过舆论曝光的只是少数，在宽松的收养审查之下，更多被收养孩童的生存境遇令人担忧。孩童与收养人的地位是严重不对等的，而人性又是复杂的，如果被收养孩童的幸福只寄托于收养人的道德自觉，那无异于拿孩子的命运冒险。

因此，我们应当借鉴国外经验，对收养法律与政策进行细化，建立起对收养人的心理评估以及事后跟踪机制。这才是对孩子负责的态度，也才能最大程度避免虐童悲剧重演。

（执笔 于平）

■ 2015年4月8日社论

一次爆燃让多少PX科普打了水漂

民政部4月6日，福建漳州古雷PX项目工厂发生爆燃事故。据新华社报道，此次爆燃事故起因系漏油着火，其中610号火储罐还在现场明火被宣布扑灭后于4月7日16时40分左右复燃。目前已有多人受伤被送医，当地部分居民还划船逃离。

目前信息显示，这是一起安全生产事故，而非环境事故。但红彤彤一片的现场及腾空而起的蘑菇云，仍足以将公众一度浮起的信心打落至冰点。犹记得，2013年7月古雷爆炸事件发生后，当地有官员信誓旦旦保证不再出事，如今两年内的"第二炸"何异于一记响亮耳光？

漳州古雷PX项目本是国内同类项目里的"模范生"，投资上百亿、头绪繁多的它，一度被誉为"古雷奇迹"。在此情境下，爆燃事故对公众的心理冲击之大，岂是"震惊"二字能形容的。

应看到，尽管这些年来PX事件时有发生，但自2007年以来经过专家、地方政府及媒体不遗余力的科普，越来越多的公众逐渐知晓了PX的低毒属性。特别是2014年清华大学化工系学生的词条保卫战，更是使得PX低毒属性深入人心。今年全国两会上，中科院院士秦大河表示，近年来，一些地方在PX项目建设过程中，连续引发多起大规模群体事件，陷入"一闹就停"的尴尬局面，这些现象背后的实质问题是我国公民科学素质有待提高。但反思社会"邻避效应"时，光提高公民科学素养还不够，一些企业的安全生产和地方政府的安全监管，也并不怎么令人放心。

拿漳州古雷 PX 项目来说，基于其地位重要、流程复杂，安全生产本该是其贯穿全程的重中之重。工程本身的安全隐患、操作环节的问题及其他外部风险等等，均有可能失控而酿成事故。专家与地方政府与其纠结于公众的"不理解"，不如反求诸己，多考虑考虑采取什么样的具体措施保障项目安全。像有媒体就报道，去年 5 月环保部官网曾公示一则与古雷石化基地相关的公函，指出古雷石化基地规划环评工作未完成，这也说明涉事项目操作的疏漏。

其实，除了"有毒""无毒"的二分法之外，任何项目都可分为"安全""不安全"两类。有些项目虽然有毒，但安全监管责任到位能够将危险系数控制到最小，或许就是安全的；反之，即便再科学论证其"低毒"甚至"无毒"，但管理不到位动辄就是爆炸爆燃，恐怕难言安全。也就是说，PX 无害与项目是否安全是两码事。

说到底，一次爆燃可让很多次 PX 科普都打水漂，因为公众要的不仅是"PX 低毒"，更是 PX 项目安全。就算其科普再到位，一旦与地方执行力、安全意识、安全规程等因素纠缠在一起，则很容易在讥诮中被轻松抵消。也因此，眼下要重建公众信任，关键在于让 PX 项目运作严守法规、遵守程序，被置于严密安全监管之下，也只有避免了 PX 项目爆燃事故的重演，才能渐次唤回公众对 PX 的信心。

（执笔 西坡）

■ 2015年5月21日社论

不被引产，还得靠中央部委发话？

2015年5月下旬，贵州女教师覃谊的境遇备受关注：她拿到了原籍安徽省的二孩准生证，但因其工作地贵州再婚生育二孩政策不同，她被贵州荔波县教育局和卫计部门责令要么引产要么开除教师公职。而最新消息显示，贵州省卫计委为此专门请示了国家卫生计生委，最终认定荔波县有关部门联合下发的要求覃谊终止妊娠的通知无效。其孩子与饭碗，这才全部保住。

或被引产或被开除，这两难选择不只曾让当事人郁闷，也让民众惊魂难定。幸好随着媒体聚焦和更高级别部门的介入，覃谊不必再"两头为难"，但由此引发的追问仍难止息：民众合法私权何时才不会遭遇这类梗阻？

"再婚夫妇生育二胎"该怎样判定，目前国家的上位法没有具体规定。根据我国《人口与计划生育法》，地方政府可因地制宜自定方案。虑及各地情况差异，在不违背总体原则的前提下保持适度灵活性，无可厚非。可如果地方与地方、地方与国家之间出现"政策打架"情况，那问题就不仅仅是条文的博弈，更会直接影响民众权利的实现。此前有论者认为，覃谊的行为是在"钻政策空子"，这未免偏颇，它说到底是因相关政策有欠周延、各地之间又缺乏必要衔接，比如两地"政策打架"时是该照户籍地政策办，还是择其宽松者而行之？

类似的政策梗阻与执行疏漏有很多，而这也动辄给民众权利落实设障。比如单独二孩政策出台后，尽管国家卫计委明确此前已享受的独生子女父母奖励优惠不再退还，但有些地方仍要求生"二孩"须退回独生子女费；又如国家对一些涉农化企出台了电价、煤价补贴等优惠政策，但个别地方对其选择性失聪。还有2013年9月国务院出台大气污染防治"国十条"，规定自2017年起新生产的低速货车执行国四排放标准；去年10月30日，12部委文件又规定，将实施国三排放标准；去年11月15日，工信部又出台通知，自2016年1月1日起低速货车新产品执行国四排放标准。政策多变，也让部分人摸不着头脑。

而导致政策打架或执行走样的原因，无非是某些部门、地方的利益诉求存在歧义急需磨合，或是政策设计上的疏漏和随意。但无论是哪样，它都会造成公共资源浪费，损害民众的权益。

像这次，覃谊的个体生育权落实，其实完全可靠地方协调，既然政策不一，那就该从具体案例出发尽快搞好沟通协调，妥善处理，何需劳国家部委指示？就算出现争端，它也不该将麻烦转嫁给民众。当然，从当下报道看这种情况仍不多，但随着人口流动频繁，这类情况必将增多，在部委牵头下打通梗阻，也日显迫切。

说到底，政策也好法规也罢，都是为保障公民权利，而不是给民添堵。在依法行政、简政放权的语境下，让政策内含"便民"属性是大势所趋。这就需要，那些政策打架式的梗阻能在行政系统内部理顺；而有了善政，也得不打折扣地落实，避免公民权利实现被卡在半路。

（执笔 胡印斌）

■ 2015年05月27日

鲁山火灾"烧"出民办养老院短板

一场火灾，让河南鲁山养老院——康乐园老年公寓正经受着舆论炙烤：据《新京报》报道，截至2015年5月27日，火灾已造成38人死亡，2人重伤。而"老人们住铁皮房""养老院与加油站仅一墙之隔""事发当晚住院处没有值班人员"等细节的曝光，也为其舆情冲击力不断加码。

大火已扑灭，可它留下的疮疤却难消：在这场无妄之灾面前，那些风烛残年的失能老人，面对着烈火与毒烟，竟无力逃避，这是怎样的痛楚？

说起来，两年前，黑龙江海伦市联合敬老院也曾被一场大火围困，殷鉴在前，悲剧又在鲁山重演，让人更感沉痛。相较之下，鲁山火灾非但伤亡更惨重，部分细节也更具爆炸性：你能想到，涉事养老院的房子全是由廉价易燃的彩钢板做的吗？你能想见，这个隐患重重的养老院，还曾被当做社会保障政绩写进鲁山县2014年政府工作报告吗……

事后当地也表示，该养老院建筑不合规定，养老院建筑应符合《老年人建筑设计规范》，不应采用易燃、易碎、化纤及散发有害有毒气味的装修材料。既然明知它不符合消防规范，它为何还能"证件齐全"运营多年？2013年公安部消防局曾组织过全国集中开展违章彩钢板建筑的专项整治行动。作为养老场所，它又是怎么蒙混过关的？这里面，该养老院负责人范花枝恐怕罪责难逃；而让这危如累卵的养老院经营至今，当地民政、消防、安监部门又该担何责？

鲁山火灾及负责人范花枝的前后境遇，也让人想到了"袁厉害的悲剧"——兰考县"爱心妈妈"袁厉害家中失火，7名儿童惨死，暴露的却是整个县没有一个孤儿院，只能靠袁厉害非法"监护"的尴尬。两个悲剧背后，都是欠发达地区的社会福利欠账。而监管不到位，又为悲剧衍生埋下伏笔。就此看，鲁山火灾事故责任要追究，它投射的基层尤其是落后地区的养老困境也值得重视。

北大教授穆光宗曾直言，中国经营最困难的，就是民营养老机构了。在有些地方，养老院建设资金来源主要是依靠本级福彩公益金及整合其他民政项目资源，而无专项拨款，而这基本上都流向公立养老机构。一方面是那些有财政补贴的公立养老院难进，一方面是我国民营养老机构，特别是那些欠发达地区、县乡级的养老机构，往往没有充实财政支持，其经营捉襟见肘。

民政部公布的数据显示，全国51%的民办养老机构收入只能持平，40%民办养老机构长年处于亏损状态。在此情境下，有些民办养老院不得不通过减少工作人员、降低专业水平，甚至用泡沫房子等方式来降低运营成本。鲁山火灾，就由之而来。

2013年国务院明确提出，在政府"保基本、兜底线"的基础上，推动社会力量成为发展养老服务业的"主角"。多元的养老需求，理应通过市场机制解决，但政府要兜得住"底"，特别是像鲁山这样欠发达地区，政府要拿出真金白银来办养老事业，或者公建公营，或者公助民营。

所以，在此次鲁山火灾后，公众迫切希望，各级地方政府能加强财政投入，帮助民营养老院提升规范化水平，进而补全事件暴露的养老短板，而不是为规避风险将民办养老院关停了事。

（执笔 于平）

■ 2015年06月10日

让"干尸男童"担责70%是二度伤害

据《新京报》报道，2015年6月5日，信阳市政府处理"干尸男童"事件工作组向家属公布了本案的责任划分，死者自身患恶病质承担70%的责任，其父母监护不力承担15%的责任，救助站管理过失承担15%责任，并表示将向其父母赔偿精神抚慰金、死亡赔偿金、丧葬费等共计13万余元。

上述方案甫一公布，就引爆了舆论。没想到，对于影响恶劣的"干尸男童"案，当地政府划定的责任比例竟是这样：男童自担70%责任、救助站责任仅占15%。这跟公众基于自然正义观和感性判断产生的心理预期，差了岂止一大截？

在发生纠纷争讼后，在调查基础上进行责任划分，原本是为了实现权责对应下的公平。我国《侵权责任法》明确，行为人因过错侵害他人民事权益，应当承担侵权责任。在"干尸男童"事件上，涉事救助站、派出所、家长等方面都有过失，承担分内责任也属公平题中之义。

可从眼下的责任划分方案看，男童患病竟要成为其非正常死亡的主要责任，救助站责任极小，这未免混淆了不同层次原因间的逻辑关系，更与现行法律违背。也难怪有些网民讽刺："莫非男童之死，要怪他自己挨了饿、受了伤？"

涉事男童确实死于疾病，但得看到，尽管其直接死因是疾病，可他并非天生患有致命恶疾，他从健硕孩子变成干尸，舆论普遍揣测跟救济不力、救助不当有关。所以在事件责任界定上，不能简单归责于疾病本身，而要挖掘导致孩子身患恶疾并死亡的种种原因，再根据相关原因主体的过错情况来划分责任。

从法律上看，涉事男童生前是只有 13 岁的未成年人，同时还存在智力障碍，在法律上为限制甚至是无民事行为能力人，并非民事责任承担主体，所有责任都须由监护人和相关责任者承担。

"干尸男童"受到人身损害时，若当地责任部门"未尽到管理职责"，理应承担相应责任。事实上，从当地政府公布的调查追责情况来看，男童从生前 90 多斤变成"干尸"，当地多个相关部门非但"未尽到管理职责"，还存在严重失职。如当地公安部门"信息没有互通共享"，救助站"没有发布寻亲公告等""没有及时安排送医"，医院"没有进行必要的病因检查和有效治疗"，等等，为此 18 名公职人员还被处分问责。按理说，每份失职就意味着一份责任，可当下的责任划分却明显与其调查结果矛盾：它既没当地公安机关与医院的身影，其过失权重跟调查结论也是倒挂的。

对此蹊跷的责任划分，当地政府理应对划分依据给出合理解释，可吊诡的是，面对男童家属质疑，有关方面的回应是一句冷冰冰的"如家属不满赔偿可采取法律途径"。家属有异议可提起行政诉讼不假，可当地政府部门不化解矛盾，将其往法院推，也失去了起码的担当。认定"干尸男童"自担 70% 责任，体现的是当地政府部门的不负责任，这不啻为对其亲人的"二度伤害"。

（执笔 林翰）

■ 2015年7月23日社论

王林"权力中毒症"无法靠权力来解

王林已因涉嫌非法拘禁被刑拘，围绕昔日"大师"的种种神秘内幕也渐次浮出水面。媒体曝光的王林被抓前接受采访的内容显示，2013年"王林事件"后，为洗刷清白，将反目的弟子邹勇送进监狱，王已陆续花费3000万。近日几段当事人通话录音的曝光，更使得大师王林"凡人"的一面尽露。

数段录音显示，王林与涉案者黄钰刚和神秘"林主任"的通话，基本上就是围绕"钱"（酬金）何时到位，行动（抓邹勇）何时开始的问题而展开。所谓的帮正名，就是赤裸裸的交易。在此过程中，"大师"王林也未能发挥神通，骗人者终被骗。

事后来看，王林不过是不自觉地一步步走进自己和他人合伙构建的"局"中。为漂白自己、除去"眼中钉"，他"病"急了所以乱投医。而预设一个神秘的"上面的领导"，同样是契合了大师对于某种通天权力的想象。这不过是大师这两年遭遇的一个缩影：此前媒体报道，自"王林事件"后，常有自称是高级官员、将领的人，或毛遂自荐或为其出谋划策，从他这儿卷走巨额钱财。

因利而聚，利尽而散。王林的前后境遇，耐人寻味：此前他能凭着杂耍招数通吃四方，谈笑有权贵，往来多名流，舆论普遍认为很大程度上是因他身上加载了"权力中介"的符号，是因其权钱掮客的身份；自从"出事后"，大师往日那些非富即贵的"座上宾"不见踪影，被神秘色彩笼罩的气场与权势也不再显灵。仅剩的聚拢人气的资本，或就只剩下可供他出手阔绰的钱财。一切都是如此现实，并无所谓大师的神力护佑。

从王林寻求帮助的途径来看，这一点表现得更为明显。无论是寻找高人企图"花钱消灾"，还是和邹勇互相安插眼线，都不过是常见的丛林法则的那一套。只是相较于一般人，王林由于在各种"人脉"圈浸淫已久，从而表现出更大的权力中毒症，坚信收买更大的权力就可摆平一切。

曾几何时，一些官员、企业家、明星簇拥在王林的周围，也被视为是为了寻找安全感。但神秘褪去之后，这个由神秘术士、灰色权力和跨界资源构筑的大师神话中，也没什么安全感可言。一切"安稳"时，各路人马包括王林本人或许沉浸于左右逢源的幻觉中，尽享风光；但一旦大师的泡沫被戳破，神秘外衣背后某些本质的东西就露出原形。这其实是被注定的："权力迷幻"支撑的浮华，终归是泡影一场。

患了重度"权力中毒症"的王林，终究无法靠权力护体；而神秘的权势操作构建不起"安全王国"，靠反法治与地下化生存，也不可能完全安全。一个正常社会中，公民的安全感，只能靠社会能见度的提升、对法治的敬畏和权力的规范运行来保障。这已被现实一再证明，王林神话的破灭，再次印证了这一点，也为社会提供了一个审丑的案例，一个可以解剖"权力中毒症"的"活体样本"。

（执笔 朱昌俊）

2015年8月2日社论

"释正义"何以能拿出"警方笔录"

"释正义"对少林寺方丈释永信的"举报",似乎正在变为单方面的"喂料"和网络狂欢。2015年7月30日,"释正义"又爆出2份不完整的公安办理刑事案件的"询问笔录"和"讯问笔录",其中释永信作为受害人,向郑州警方报警被刘姓女子敲诈。被曝光的笔录内容令人触目。

将当事人隐私曝晒于公众目光之下举报,"释正义"的做法实在不可取。被曝光的警方笔录,还不能证明真伪,却足以引爆舆论。但是,大家不要忘了,关注这次"举报",是因为释永信作为全国人大代表、作为少林寺这个世界文化遗产的实际管理者,有责任接受公众的监督。举报不是为窥淫、扒粪,也不能偏离维护法治、维护佛门尊严的初衷。

首先,目前这些被曝光的所谓"警方笔录",存在严重的合法性问题。

警方办案的笔录,只是对当事人表述的记述,并不代表内容真实客观。而且警方的笔录,也不是法院的判决书,其属于《保守国家秘密法》所规定的"追查刑事犯罪中的秘密事项",是"国家秘密",是不允许外泄的。哪怕律师也只能调阅公安移送检察院的"诉讼卷",是不能调阅原始讯问笔录的。而且此案涉及个人隐私,法院都不能公开审理。

那么,这些侵犯当事人隐私的办案笔录是否为真,如果为真,那是怎么违反保密制度,流传出来的?时至今日,涉事的郑州警方都没有给出回应。当然,如果笔录是伪造的,警方更有义务出面澄清,及时还当事人公道,并追究当事人的诽谤、伪造政府公文的罪责。

其次,本次事件另一个怪现象是:网上"举报"火热,却没看到国家职能部门的实质性调查。

7月30日,中国佛教协会表示:已向"有关部门和地方反映,希望尽早查明真相"。国家宗教局也表示:要求河南省宗教事务部门协调"了解核实情况"。但是,7月31日登封市宗教局表示:"将尽早查明真相。"这么一起具有全国影响力的公共事件,为什么绕了一大圈,又回到登封市宗教局来调查?这是否合适?

一者,释永信是全国人大代表、中国佛教协会副会长;二者,案件还可能涉及郑州警方,登封市宗教局作为一"科级单位"有这个权威和资源查清此事,其调查结论能平息质疑、还原真相吗?另一个问题就是,在少林寺的开发方面,少林寺和当地政府长期龃龉不断,这次由登封市宗教局来调查,公信力必然受质疑。

面对举报涉及的通奸、侵占捐款等违规、违法的问题,有关部门应该分别做出全面调查,以重彰国法公信、重塑佛门尊严。另外,举报人也必须守法,目前公开传播的警方笔录,已经涉嫌泄露国家秘密,郑州警方要彻查笔录真相:有没有警方人士参与其中?公权力倘若失范,其实比那些举报的问题要严重得多。

(执笔 沈彬)

■ 2015年11月23日社论

足协道歉，更要彻底完成管办分离

2015年11月21日晚，也即恒大亚冠夺冠夜，中国足协官网刊发了一篇名为《接受批评与监督 付诸务实努力》的文章。这篇2432字的文章，被认为是足协针对中国国家队糟糕表现的道歉信。

而就在17日晚，中国国家队0比0被中国香港队逼平的那个旺角黑夜，据传中国足协官网曾被义愤填膺的球迷攻陷，首页链接变成了一封多达24个感叹号的血泪控诉书。而最近这4天，外界关于足协的批评如滔滔江水，问责派的声音也是难绝。遗憾的是，中国足协官网对17日晚上那场耻辱之战只字未提，好像压根就没踢过这场比赛，而12比0胜不丹那场毫无价值的"训练赛"反倒高高在上，直到道歉信的刊发。

说起道歉，其实足协一直在说"对不起"，只是很少有人回他们一句"没关系"。中国足球队官微在2013年6月6日晚发了一条"对不起"的微博，两年多来，几乎每次中国国家队比赛后，这条微博都会被网友"挖坟"，迄今已经转发了23万次。电影里有句经典台词说：如果道歉有用，还要警察干吗？而如网民所说：如果道歉有用，中国足球队也就不会屡屡跟世界杯绝缘了。这些年来，他们每次惨败后的痛定思痛，加起来可以绕地球一圈了，但到最后又有多少时候奏效了？

说到底，中国足球最需要的不是道歉，足协也不用为了安抚民意道歉，他们真正需要做的，就是按照市场规律和足球规律办事。说得简单点，只要他们把这些年来喊的口号落实下去，中国足球就大有希望。

比如彻彻底底完成管办分离。今年3月，国办印发了《中国足球改革发展总体方案》，拉开了足球改革的大幕，管办分离是重中之重，足协与体育总局脱离，让"一套班子两块牌子"的模式成为历史。沉疴需要猛药，管办分离并不是做做样子喊喊号子就行的，最起码足协的领导班子就需要来一次自上而下的全面洗牌。

有识之士早就为中国足球之崛起献上过良策万千，其中最没有异议的一条，就是把足球交给懂足球的人。足球要职业化，那就让懂职业化的人进来。足球要市场化，那就把足球交给市场去选择和淘汰。足球要去除行政化，那就早点通过选举制度把足协交给真正懂足球、爱足球的人。

再比如加快规划兴建足球场。足球要发展，离不开球场的兴建。中国足球每次失败后，"足球人口不足"的论断就会甚嚣尘上。试问，一个连免费足球场几乎都不存在的国家，有什么资格要求巨大的足球人口？

去年底公布的统计数据显示，过去十年足球场数量和面积的增长速度不及篮球和排球。前不久，冰岛历史性地杀进了2016年法国欧洲杯决赛圈。国外媒体在探寻冰岛足球崛起之谜时发现，从2002年开始，他们就开始大量修建室外和室内足球场。这一举措，直接促成了冰岛足球水平的腾飞。微博曾发起一个话题：中国足球距离世界杯有多远？或许在我们或者我们的孩子可以免费去足球场上踢球之前，其答案是未知。

组建专业团队、增设硬件设施、夯实青训基础……足协需要做的事情还有很多很多。如果他们肯去做，即便最后没有做好，在他们再说"对不起"的时候，相信也一定会有很多人回应"没关系"。

（执笔 肖十一狼）

■ 2015年12月21日社论

深圳发生滑坡事故令人难以接受

2015年12月20日11时40分，深圳光明新区某工业园区附近发生山体滑坡，致22栋楼房被掩埋，涉及15家公司。深圳市应急办主任杨峰透露，截至23时，深圳山体滑坡事件中失联人员总数已经上升到59名。现场消防人员称，被吞没的也有一部分城中村，情况可能会比较严重。习近平、李克强均就此事做出批示：要全力组织搜救、全力救治受伤人员，尽最大努力减少人员伤亡。

在汹涌而来的滑坡泥海面前，几万平米的厂房和居民房屋如多米诺骨牌般，瞬间接连倒塌。事故破坏力如此之大，让网民隔着"网"都能备受震撼。目前，深圳山体滑坡事故还在进行紧张搜救，祈盼那些失踪者能平安获救，也成为了人们的共同心声。

但揪心不是公众脸上的唯一表情，在舆论场，很多人对这起滑坡事故都倍感诧异。这起事故最令人想不通的地方就是，事故发生地竟是一线城市的深圳。

近年来，泥石流、滑坡等灾害的确时有发生，但事发地多是地质灾害多发地，抑或是对资源过度开采管束乏力的治理能力薄弱地带。而深圳按理说不在此列，其现代化水平在中国城市中位居前列，其治理层次也被普遍认为应跟"善治""现代化"标准对接。正因如此，当地发生泥石流，才让许多人深感意外。

深圳光明新区当地安监部门相关负责人称，事发原因初步断定是临时余泥渣土受纳场违规作业，受纳泥浆漫溢，冲出山体，冲进靠近山体的恒泰裕工业园。而据当地媒体披露，有居民看到"山上堆起来的泥有百米高"；而涉事渣土受纳场原本是个采石场，由于采石场严重破坏环境，当地曾下文关闭这个采石场并进行生态恢复，相关的环评报告显示，该采石场"无序开采、无规划设计、开挖面凌乱、植被破坏、土表裸露、弃土任意堆放等情况"，建议立即进行环境整治。可该来的环境整治没来，采石场却酝酿着一场灾难。

这些情节，也增添了公众的错愕：在深圳这样的特大城市，竟也会出现"山上堆起来的泥有百米高"的危险景象，这何异于现代化肌体上的一块脓包？与大城市治理能力匹配的地质灾害监测预警去哪儿了？就算滑坡是发生在近郊，也不应对逼近的危险失去警觉：都说祸患常积于忽微，或许"忽微"阶段有些风险还难察觉，可当隐患升级为看得见的明患后，还未能及时排除，治理嗅觉未免有些迟钝。

事实上，国家有关部门近年三番五次要求加强地质灾害隐患点的排查和监控。但无论是此前的镇雄滑坡事故还是此次事故，都暴露出一个问题：很多泥石流、滑坡事故都不单纯是"天灾"，都有漠视或助长地质隐患形成的因素。这种漠视和助长发生在深圳，实在不应该。

近年来，深圳在创新、创业方面，引领风气之先，但是，这起滑坡事故，无疑暴露出城市治理的落后一面。深圳遭遇泥渣土"围城"，此前当地媒体就曾聚焦过，但是，这些情况却并没有引起城市管理者的重视。这个事故让我们看到，时下有些城市在经济创新方面领先世界潮流，但在社会治理的一些方面，却仍然停留在"农耕时代"。正是因为这种反差的巨大，所以这次发生在深圳的滑坡事故，很难令公众接受。这也是深圳滑坡事故，应该引起其他城市反思和警惕之处。

（执笔 于平）

■ 2016年1月18日社论

解决医疗纠纷，别让公文压倒真相

2016年1月11日，因妊娠在北医三院住院的中科院女博士杨某在医院死亡。因为三份官方声明的出现，此事迅速在网上发酵。先是死者单位中科院理化所发函，请求医院给出真实、完整的调查结论；紧接着，北医三院回应事件经过，指出死者家属打砸物品，追打医务人员；16日，中国医师协会发布声明力挺院方，质疑中科院理化所发声明的程序合理性。而死者丈夫则发文否认网帖"指控"的聚众闹事和巨额索赔。

高知孕妇不幸去世，还是一尸两命，让人痛惜。这起悲剧，被导向医疗纠纷，个中或许有些"结"待解，遗憾的是，如今此结未解，反而有朝着闹剧衍化的态势：多方公文的掺和，将问题解决路径导向了比嗓门大、比背景深，而非"向真相要是非"。

回溯起来，涉事医患双方起初的矛盾焦点并不复杂：一者，院方对死者死因的医学解释合不合理；二者，此前院方是否存在死者病历信息缺失、不告知家属其死因等情况；三者，当事家属在与院方沟通时有无"打砸物品，追打医务人员"，又是否牵涉请职业医闹……尽管目前双方各执一词，但在有现场监控与警方出警记录的情况下，这不难廓清。

就在真相未明的节点上，两个"国字头"机构以娘家姿态先后发声，让这起医患纠纷变得复杂化：两方有公章加持的公文声明中，都带有明显的护犊底色，这让原本挺寻常的个案纷争超出了简单的真相之争，掺入了更多的

"机构（或协会）撑腰"的成分。原本二者间并无民事法律关系，可因其在各自领域的公信声望，其公文对阵难免被视作跨行业界别的"掰手腕"。在网上，有些网友就将其解读为"国家顶级研究机构和卫生部直属国家一级行业组织隔空对撕"，而相关舆论也在基于身份立场的站队潮中陷入撕裂。

这显然无益于事件的合理解决。对于中科院理化所而言，科研骨干遽然去世，表达痛惜本无可厚非，其公函也跟"以权压人"型的红头文件式公函有本质差别，但不通过工会等组织出面协调帮助员工，而是直接发函，难免给人外力干预的想象；同样的，中国医师协会倾向明显的"力挺"，也给人"立场先行"的质疑。作为"高知"的专业机构或协会，不表现出专业力量，将问题纳入法治轨道中，或促使各方达成更有效的沟通，而是搞站队式表态和官方意志角力，这又岂能不令人叹息？

实质上，国务院2002年颁布的《医疗事故处理条例》中，已明确了几种解决医疗纠纷的方式，如行政处理、医患协商和司法诉讼。拿此事而言，对于院方有无过失，争议双方完全可以请医患纠纷人民调解委员会或相关主管部门介入调查；而对于当事家属有无闹事行为，院方无妨报警维权，若其属实，会受到"医闹入刑"等法规规制。

可而今，这起事件由普通医疗纠纷上升为几个机构至不同职业群体间的站队角力，这说明了传统医疗纠纷处理路径的跑偏。正是这种跑偏，让很多人陷入公平焦虑：觉得遇到医疗纠纷，就得找关系、拼背景，而不是看事实、找真相。某种程度上，那些掺和者都起到了"医闹"作用，把问题拉离法治轨道。

说到底，化解医疗纠纷，法治是正途，"公文助战"只能是歧路。而这起多家或顶级或权威的机构参与的事件，则是个标志性案例，揭示出"背景""势力"等因素对医疗纠纷法治化解决的扭曲，而要规避这种扭曲，还需重申起码的原则：让法律的回到法律，别让公文压倒真相。

（执笔 佘宗明）

■ 2016年1月31日社论

"救援奇迹"和灾难肇因都该被铭记

很多时候,灾难会是悲情与温情两种叙事线条的原点。比如山东平邑"12·25"石膏矿坍塌事故,其最新进展让很多人焦灼的心头为之一暖:据国家安监总局网站披露,2016年1月29日22时48分,4名井下二百多米矿井中的工人,在被困36天之后顺利升井。截至目前,共有15名井下被困矿工获救。

与黑暗、隔绝和濒死风险抗争,在被困井下36天后终获生还、重见天日,这是怎样的"极限生存",又是怎样的向死而生式奇迹?在对4位获救工人以劫后余生的悲壮体验、在年关迫近之际得以和家人聚合的离合境遇表示欣慰的同时,我们也很难克制对他们生的信念和拼死般顽强的敬意。这无关煽情,只源于人性悲悯、生命敬畏被生和死置于绝境处的对碰催醒。

就时间跨度而言,这无疑是场比昔日小伊伊幸存更令人称奇的生命奇迹。而这番奇迹,也是殊死救援写就的:有媒体用"跨越36天的生死营救",描述这场与死神赛跑的大援救。的确,36天已创造了国内矿难救援最长的时间纪录,而随着救援未竟,这纪录还将延续。但这场援救的堪为慰藉之处,不只在于历时之久,在于"不抛弃不放弃"在细节处的无缝呈现:日夜无休的救援,累计调集一流矿山救援设备六百余台(套),最多时近千人参与营救,还是我国首次成功采用地面垂直打孔方式救人。而在井下垮塌频繁、一氧化碳浓度极高和地质条件严苛的情况下,4名工人被救出,是国内大口径钻孔救援成功的首例、世界第三例。

尽管在灾难面前,捧出"救援奇迹"的词眼往往显得轻佻,可在这场灾难面前,基于生命至上的救人责任感谱写的奇迹,担得起"奇迹"二字的分量。而它积累的救援经验,宣扬的"不放弃"救援精神,也值得被铭记和被秉持。本质上,马拉松式的、靡费巨资的救援,彰显的是一个国家对身陷厄境公民的救济责任。

也正因这种奇迹的不易,所以复盘灾难的因果链与教训,更为重要。毕竟,"防为上,救次之",我们希望看到救援奇迹,不等于希望看到灾难复制,而是希望生命本位意识植入社会观念"基因"中,而最好的尊重生命的方式,就是别让人祸发生。而要避免悲剧重蹈,内置前提就是弄清问题、反思缺漏。这也是,国家安监总局日前要督促查明平邑坍塌事故原因、依法严肃追责的原因。

尽管说,"事后诸葛"式追问常带有旁观者视角下的苛刻,对"防患于未然"的严执行,也难免遭遇处在执行终端上的个体的"百密一疏",可亡羊补牢,用已发现的存量问题倒逼补缺,应是起码的治理自觉。在该事故中,一场引发4.0级地震震感的垮塌事故究竟因何而起,跟废弃石膏矿采空区是何关系,有村民反映地下曾震动3个月有无受到重视……这些问号,都需用廓清缘由去拉直。细究起来,它未必可归因于制度阙如,而更多的是执行疏漏,或者说是"忽微"。但蚁穴能溃堤,对于至少显性的风险苗头,监管层面没有可回旋的余地。

说到底,平邑"救援奇迹"和灾难肇因都该被记住。我们对灾难的反思力度,至少要对得起这场作为"矿山救援史上里程碑"的营救的厚重。

(执笔 佘宗明)

■ 2016年5月8日社论

对草原天路收费岂能搞越权定价

风景秀美、被自驾游发烧友称为"中国的66号公路"的草原天路，居然要收费了。据报道，2016年5月1日，张家口张北县政府信息公开平台发布了《张北县物价局关于草原天路风景名胜区门票价格的批复》，确定草原天路风景名胜区开始收取门票，门票价格为50元/人次。

众所周知，中国公路收费是有严格性限制的，二级以下公路是不能收费的。景致宜人的省道张沽线，当然不是收费公路。或许正是基于公路收费受限于等级，当地政府来了个"曲线行驶"，把公路变身为景区来收费。这种"脑筋急转弯"，让不少网民大吃一惊：以后若一车四人开上这次"草原天路"，那就要收费200元，这可能比高速公路收费还高出一大截来。

有网友调侃：为什么不把整个省域都设成风景名胜区来收费呢？"铁老大"该学学张北县，把青藏铁路那真正"天路"的沿线都设成风景名胜区，直接在火车票里加卖一个"门票"……要知道，去年当地有关方面就有意对草原天路收门票80元/人，但争议良多之下，当地搁置了该计划。

关键问题在于，张北县当地对于这条原本免费的公路收费合适吗？

应看到，这次"公路变景区收费"，和之前凤凰古城进城门票之争有着很大区别：凤凰古城的开发权益，毕竟还是通过政府与商业公司合作实现商业化经营的；而草原天路本就是用纳税人的钱修的省道，当地政府直接"拦路收钱"，道理上很难讲得通。

其次，张北县政府有权力决定"风景名胜区"的门票价格吗？这次的收费依据是《张北县物价局关于草原天路风景名胜区门票价格的批复》。而2014年《河北省风景名胜区条例》第35条规定：风景名胜区门票价格由省人民政府价格主管部门会同财政、住房城乡建设等有关部门制定，即只有河北省级物价部门才能有权制定风景区的门票价格，张北县物价局是不能决定的，权限上差着两级，这是否属于"越权定价"？上级物价部门应做出调查。

事实上，这次张北县在草原天路的收费上，做了不少"技术动作"。比如收费听证会选在五一小长假前的最后一个工作日4月29日，选择在5月1日实施收费。"悄悄地进村"，最大限度地避免舆论批评和争议，又正好赶上了五一小黄金周的这波行情。按县物价局成本调查队的核定：草原天路景区门票成本为51.25元/每人次（不含税），之后在含税的情况之下，门票只定50元。张北县冒着舆论质疑，对免费公路按景区收费，就是为了做这么一笔"亏本生意"吗？今后是否还会做进一步"调整"？……这些问号都亟待拉直。

还值得追问的是，草原天路按景区收费了后，景区化服务体现在哪里？厕所、保洁、指示标志、安保等会否跟上景区服务标准？不能按景区收费了，游客却只得到公路的服务。

对作为贫困县的张北县来说，那么多自驾游游客相中了草原天路的美景，想借机发展经济，其实无可厚非。但以涉嫌越权定价的方式来收"买路钱"，吃相有些难看。紧盯着赚"拦路收费"的死钱，不如发展纵深游、提供更贴心的服务，让游客心甘情愿把钱花在当地上下功夫。那种圈地拦路收费的旅游发展思维，也该尽早摒弃。

（执笔 沈彬）

■ 2016年5月24日社论

地方政府何以解"华为跑了"之忧

继李嘉诚后,"别让××跑了"屡成朋友圈热门句式。2016年5月22日起,一篇题为《别让华为跑了》的文章再度刷爆朋友圈,称作为深圳名片的华为公司部分部门外迁东莞,利税外流,并分析认为,在地方政府愈演愈烈的抢商大战中,华为可能会整体外迁,彻底"抛弃"深圳。而华为官方针对该传言,表示华为从未有计划将公司总部搬离深圳。

华为总部不会迁,但华为可能"跑了",却已然引发深圳龙岗区政府的忧心:据报道,龙岗区政府在针对前两月经济分析的报告中反复提到华为,甚至已经提出"服务华为,马上就办"的口号。

为什么一家企业可能跑了,当地政府这么局促不安?原因很简单,像华为这样的实业巨头,是地方财政税收的支柱企业,也会附带着繁茂的周边产业生态圈。龙岗区的报告就显示,龙岗区今年前两月经济看似"开门红",工业消费都增长,财政收入增长速度更是将近50%;但如果剔除华为,其工业产值不仅没有增长,还下降了14%。在土地财政难以为继的当下,对地方政府来说,哪个地方能有华为这样级别的企业,基本政府财政就无忧了。因此,各地政府下血本争抢也就成了必然。

地方之间的竞争,能给予企业更大的主动选择权,哪里的政府能提供更有利于企业的服务和福利,企业自然就会用脚投票。而其关键要素就在于一个城市的经济社会治理环境,其中包括生存发展成本、基础设施、行政效率等。

拿华为争夺战而言，华为不断向东莞等地转移其产业，与企业成本有直接关系。近几年来，深圳的房价大有"上天"之势。在高房价之下，留给实业的空间也越来越小。正如华为 CEO 任正非所说："高成本最终会摧毁你的竞争力"，"工业现代化最主要的，要有土地来换取工业的成长……生活设施太贵了，企业就承载不起，生产成本太高了，工业就发展不起来"。

这道出的，是房地产业对实体工业的"抽血效应"：就在很多地方政府享受着高房价伴生的土地财政红利之时，可能没预料到的是，对实业来说，高房价不仅意味着租金上涨，随后的人力成本等都会因房价上升而提高。可以说，楼市投机越火热，就越会造成对资金的虹吸和对实业的挤出效应。或许劳动密集型产业外迁，对地方产业转型也是种调整的契机，但前提是，不能脱离实体经济支撑——而眼下，很多地方实体产业被抽血后，经济被楼市投机导入了"脱实向虚"的境地。

生存成本是决定企业去留的第一要素，而政府的行政效率和偏好，也决定着企业向心力的归依。对一路艰辛才成长为实业巨头的华为们来说，要的或许未必是因规模之巨而来的无条件政策倾斜，而是更公平的市场竞争环境。对华为们特殊优待，未必能挽住它们，还会置其于难堪之境。

李克强总理说，为政之善，莫过于公正。而要吸引、留住华为这样的优秀企业，靠的也是自由公平竞争环境的供给，还有为实业提供优质工业环境的支撑，也就是降门槛、同规则，通过降低行政壁垒、谋求实业与房地产业的共融平衡、完善公共服务设施，合成善治氛围和孵化出高新实业的大环境。这样，地方政府才能走出"华为们跑了"的忧虑。

（执笔 陈白）

■ 2016年06月06日社论

高考仍是底层社会阶层逆袭不二之门

毛坦厂模式代表的，是种粗暴、原始、功利性极强的教育方式，可它也是底层社会自发演化出来的一种自我拯救。

每年高考前后，大别山深处的毛坦厂中学都是媒体报道焦点。与其说人们关注毛坦厂学子的命运，不如说人们更关注毛坦厂中学折射出的高考形象和阶层形象。

2016年6月5日8点08分，毛坦厂中学送考专用大巴准时从校门出发。今年送考车辆比往年少了不少，但"万人送考"的阵势还在，讨吉利的"规矩"也在。比如头车尾号是666，司机属马，学校广场播放《好日子》《好运来》《旗开得胜》三首歌曲。

人们带着各自的预设立场来看毛坦厂中学，还有其宗教仪式般的送考架势，有人猎奇，有人同情，有人挖苦讽刺。每人的视角主要取决于出身的地方与阶层。但几乎每一个农村出来的大学毕业生，都不会忍心嘲笑毛坦厂中学的种种"奇观"，因为从紧张作息到励志标语等事物，都是他们熟悉的样子。

在全国知名中学的"鄙视链"中，毛坦厂中学大概处在最底端。姑且不去高攀那些大城市以保送、留学为培养目标的名校，即使与同样以高压模式著称的衡水二中相比，毛坦厂中学都明显矮一大截。毛坦厂中学动辄号称百分之八九十的升本率相当一部分是三本，真正考入名校的少之又少。

毛坦厂模式是最能体现中国农村学生性格与命运的地方。在这里，那些学生会采取以时间换分数的低级战术，他们会自觉地为改变家庭命运而读书，而这一切超乎寻常的努力，最终可能只能换回一张三本录取通知书。与他们可能取得的成绩相比，那些誓言显得格外高调，而这才是整个故事中最令人心疼的地方。

有媒体指出，是高校扩招政策成就了毛坦厂中学的盛名。换句话说，当毛坦厂中学里的农村学生终于能够考上大学的时候，"大学生"这个词的含金量正在急剧降低。他们很多人寒窗苦读，但阶层跃升的机会已大不如前。

有一个残忍的问题：毛坦厂中学的学生考上大学之后会怎样？有很大概率，他们在不知名的三本院校毕业之后，发现工作竟然那么难找，起步工资可能还不如那些早早退学打工的小伙伴。为了继续"改变命运"，他们可能会继续刻苦地考研。可是研究生毕业之后又会怎样，谁都不好说。

毛坦厂中学的学生为学校被外界叫作"高考工厂"而感到不平，因为他们认为自己的奋斗值得被尊重。过来人很容易觉得他们"入戏太深"，可是批评的对象不该是他们，因为在他们的处境下，这是唯一的选择。即使希望渺茫，也好过没有希望。这就是正被激烈批判的应试教育之于农村学生的意义。

高考对于他们，仍是向上流动的不二渠道，他们仍须把这"决定"命运的一考考好作为信仰。在网上，"送考的母亲要穿旗袍（旗开得胜），父亲要穿马褂（马到成功），考生早上得吃粽子，叫高中……"那些关乎"考中"的谐音迷信，正是这种信仰的外延。

你可以说，毛坦厂模式代表的，是种粗暴、原始、功利性极强的教育方式，可它也是底层社会自发演化出来的一种自我拯救。它或许经不起新式教育理念的推敲，对农村家庭却有惊人的说服力。当我们思考教育改革、高考改革等宏大话题的时候,必须考虑毛坦厂中学所代表的人群,而不能将他们当成"落后事物"抛弃;也必须直面阶层流动存在淤塞的现实,而不是架空现实地谈"理想"。

(执笔 西坡)

■ 2016年6月23日社论

"毒跑道"治理岂可"不报不动"

"毒跑道"再入公众视野。2016年6月21日晚，央视《经济半小时》栏目曝光了河北沧州、保定很多小作坊企业使用废旧轮胎等工业废料加工成塑胶跑道原料。随后，有追访媒体发现，被曝光的一家企业已是人去楼空。河北盐山县县委书记薛泽通表示，目前正在研究相关监管责任问题。

这大概是今年又一轮关注"毒跑道"的高潮了。此前，从5月20日开始，成都、北京、沈阳等地不约而同地爆发出了校园"毒跑道"事件。新华社持续发力，"5问毒跑道"，直指标准缺失及监管缺位等问题；《人民日报》也刊发海外记者报道，详述日韩英美等国的治理举措，以为借鉴。而就在相关报道引起的关注渐渐消歇时，央视调查再度引燃舆论。

不知道这一轮的舆论热度会持续多久。但从既往的舆情轨迹看，恐怕难逃宿命，"不报不动"，"报一报、动一动"。据新华社报道，早在2003年底，就有专家提出TDI聚氨酯跑道的危害，虽引起了一定重视，但在实践中并没有得到很好解决。到2015年，全国至少15个城市集中爆发"毒跑道"风波，而在当地部门"整改"之后，今年"毒跑道"再度发生。

媒体的疑惑同样是社会公众的不解，在"毒跑道"的问题上，为何每次都是"高度重视"之后，然后一切归于沉寂？这种高度依赖事件爆发、舆论曝光的怪圈何时才能打破？

即如新华社已经指出的，我国有毒有害化学品环境管理立法存在若干空白。无论是适用于室外的现行《环境空气质量标准》还是《室内空气质量标准》，对塑胶跑道的某些疑似毒性成分都没有规定。而具体到行业、产业，则更是千疮百孔，从生产、施工，再到监管，几乎每个环节都有出问题的可能。另一方面，各地政府及教育主管部门又纷纷开列指标，雄心勃勃地推进塑胶跑道的"普及"。

如此，当含糊乃至缺失的标准遭遇经由行政命令催生的爆发式市场机遇，必然泥沙俱下，不出问题也难。这也正是这一问题"复杂"的深层原因所在。

在毒跑道系列事件中，即便各地有所行动，很多时候，仍止步于浅层的"危机应对"。报道引起社会关注了，有些地方不是本着对孩子、对国家负责的态度，深入调查、严肃查处，采取扎实严密的监管，而是观望、等待，有些地方只要仍然没有被镜头聚焦，就几乎毫无行动。

这样的应对，与其说是"治理"，还不如说是"敷衍"。其中，事涉教育、质监、环保等多个部门，贯穿政府、市场等不同层面，固然是问题棘手的原因，但地方政府、相关部门责任与担当的缺失，也是"毒跑道"泛滥的根源。

专家和媒体以及孩子们的身体早已发出预警，并在跨度长达十多年的时间里指出风险所在。接下来，应该是地方政府、监管部门起而行之。

毕竟，"毒跑道"事关下一代的健康，总要有一个了结，也总该有一个了结。不能总是让媒体在那里唱独角戏，再从现在拖到下一个十年。

（执笔 胡印斌）

■ 2016年7月11日社论

"史上最安全"说法为什么不动听

2016年7月上旬，媒体报道了中国工程院院士、中粮集团总工程师岳国君在某论坛上的一段发言，在网上引起许多反弹，有些人甚至对院士冷嘲热讽起来。报道称，岳国君认为，由于政府对食品安全的监管越来越严，当前已是历史上中国食品最安全的阶段。

首先要为岳国君院士鸣几句冤。很多网友没有看到岳国君的发言后面还有一个"但是"。他说，随着社会发展，人们对食品安全的期待也在不断上升，所以食品安全永远"在路上"。试想，如果把新闻标题拟成《院士：食品安全永远"在路上"》，舆论可能是另外一番景象。

网络非议中存在断章取义的因素，不过"史上最安全"的确是岳国君的说法。只是目前并不知道"史上最安全"是他经过严谨研究得出的结论，还是从常识层面做出的直觉判断，同时也不知道他提出这一观点的意图。不少网友认为这是为目前的食品安全状况"洗地"，因而感到不满。不过也有可能，他只是为了打消公众对食品安全的某些非理性恐惧。

媒体和公众不应对专家的言论做民粹化、极端化的解读。但从另外一个角度来讲，专家也应该理解，"史上最安全"的说法为什么不动听。

要理解"当前已是历史上中国食品最安全的阶段"这句话，先要界定"历史"。如果是从神农氏尝百草的传说年代算起，那么这句豪言即使是正确的，也毫无意义。古代也有食品安全问题，比如食物变质腐烂或误食有毒瓜果。但从远古直到20世纪80年代初的绝大多数历史时期，中国人面临的首要问题是能不能吃饱的问题。

只有温饱不成问题之后，谈论食品安全才是有意义的，因此我们通常所说的食品安全仅限于食品工业化生产的时代。脱离这个默认语境去占古人的便宜是很无聊的。

那么在考虑工业化语境的情况下，现在的食品安全是否比上世纪80年代、90年代和21世纪初更好了呢？在看不到论据的情况下，只能说不知道，但也不排除这是很有可能的。近年来人们对食品安全的焦虑感没有降低，反而有上升的迹象，并不一定是食品安全状况真的在恶化，更可能是媒介更发达、消费者权利意识更强的结果。食品监管的强化和市场竞争都会导向更好的食品安全状况。

问题在于，即使我们现在处于"史上最安全"阶段，也没什么值得骄傲的。技术进步、时代发展的内在要求便是我们应该永远处于"史上最好"的阶段，不单是食品安全这一项。进步是自然的，未必是谁的功劳。今天比昨天好，或许只能说明昨天太烂。

真正有意义的比较不是纵向比较，而是横向比较。中国的食品安全跟发达国家相比，处在什么样的位置，才是最需要专家向公众说明的。

公众对食品安全的焦虑中有不理性的成分，但光靠科普和打强心针是没有用的。因为不信任感产生的最重要诱因是真实发生过的食品安全事件，比如三聚氰胺事件。与其用一个聪明的措辞描述不值得骄傲的"历史功绩"，不如承认差距与问题更能让人安心。

（执笔 西坡）

2016年7月26日社论

"老虎"受害者不该再被"冷血"审判

2016年7月23日下午,几名游客自驾进入北京八达岭野生动物园,一女游客中途下车,被身后一老虎拖走,随后同车两人追上去也被老虎攻击。冲下车想救女儿的母亲被老虎袭击致死,其女儿受伤,24日凌晨5点已做完手术,无生命危险。据了解,当事游客签订过相关责任书,其中明确规定自驾入园要锁好车门窗,严禁下车。

这起离奇而惊悚的事件十分吸引眼球,迅速成为社交媒体上风行的谈资。由于一段现场监控视频的流传,导致此事更具有"视觉冲击效果",以致许多人忽略了血腥的一面。

这起事件的实质性问题是游客与动物园的责任划分,这也是网络争议的内容。但争议的双方力量相当不对等。认为园方应负责任的声音极少,且一旦发出便遭众多网友奚落。

压倒性的声音认为,该女子咎由自取,不作不死。网友反而认为目前被责令停业的动物园是冤枉的,甚至是受害方,同情女子及其家属的人少之又少。

客观而言,女子很可能自己承担大部分责任,在野生动物园随意下车是对自己和同车之人生命极大的不负责任。不过涉事动物园的自驾项目很可能会被取消。但不管怎样,女游客母亲丧命、自己受伤,已付出足够惨痛的代价。

同时，没必要急着为动物园卸责。女子丈夫的同事对媒体说，事发时当事人并不知道他们还在园区范围内，以为已经出来了，才下的车。许多网友直接断定这个说法是为了"赖上动物园"。但不管是家属还是园方，都是利益相关方，其说法都必须经过权威机构检验才能成为有效证据。

如果园方果真能用证据证明己方已尽到足够的安全保护和风险提醒义务，那么到时候再捍卫园方的权益不迟。为什么在事实不完全清楚的时候，网友急于认定受害者该负全责，而机构方不仅无责反而是受害者呢？为何网络舆论如此冷血？

这自然不是因为每个在网上拍手称快的人在现实中都"重虎轻人"，而是网络上的某种情感共鸣机制，加上一些特定信息的刺激，造成了以冷血为荣的刻薄话大比拼。

人们在讨论事情时容易先入为主，而难以随时保持清醒客观。他们先从网络传言获知，女子因吵架而下车，所以认定其是"作女"。认知模型形成后，再选择性地添加进各种对女子不利的网络传言，进一步固化认知。比如传言说女子是男方情人，孩子是非婚生，这就暗合了人们对"小三"的痛恨。还有传言说，女子是医闹，意在证明被老虎扑咬是报应。

上述传言都没有被证实，但广泛传播后就会在人们心中形成"坏人有坏报"的强烈印象。在法律之前，舆论先进行了道德审判，已被打上"坏人"标签的人自然难以收获同情。可以说，网友不是在为动物园代言，而是为他们心中的判词代言，他们带着报复性主持正义的心态参与讨论。这种道德审判是不公正的，它让受害者遭受二次伤害，让本该通过法律来明确的责任界定显得多余。

收起那些还没出口的刻薄话，认真想一想，这样一起惨痛的事件是一句"活该"能总结得了的吗？

（执笔 西坡）

■ 2016年8月22日社论

新时代女排离不开专业主义

时隔12年，中国女排在奥运会上再次登顶，她们惊艳的表现征服全世界。教练郎平，女排姑娘，以及团队背后默默努力的英雄，值得我们致敬，她们为世界贡献了精彩的比赛，为国家赢得了荣誉。

女排夺冠，瞬间刷屏，当姑娘们相拥而泣，当国旗升起、国歌奏响，很多观众泪奔，这是其他比赛中国队夺冠时少有的景象，背后包含了丰富的因素，意义非比寻常。

首先，拿到这枚金牌的过程太艰辛，一场12年的漫长跋涉，一代人已成长起来。仅就此届奥运而言，小组赛2胜3负艰难出线，1/4决赛，碰上实力强劲的东道主巴西，差点出局，人们并不看好女排能夺冠。

其次，观看女排，"老少咸宜"。教练郎平是上世纪80年代中国女排创造大满贯的功臣，是"女排精神"的代言人。这届奥运会，郎平执教，且夺得冠军，才堪称功德圆满，"女排精神"满血复活。

目前，球队平均年龄24岁，很多"90后""95后""小鲜肉"，青春靓丽，吸引着年轻观众。而且，很多年轻观众受父辈的情感辐射，对女排有特殊好感。毫不夸张地说，女排是中国人集体记忆的结集点，几代中国人的骄傲，女排的胜利触发了集体沉默的感情总爆发，呈排山倒海之势。

它唤起了人们对过去辉煌的缅怀，唤起了人们对"女排精神"的崇敬，唤起了爱国情感和民族情结，唤起了对一个艰难而又富激情的时代的回忆，唤起了内心里对不屈服的自我肯定，心有千千结，万河归于海，每个人都从女排的胜利中找到自己。

那么多人看重这个结果，在意一场比赛，说到底还是女排承载太多。过去可能是为国争光，以体育为捷径重塑国家形象的重任，现在可能是压抑太久的翻身复盘重塑辉煌，也可能是两者交混。女排很累，郎平很累，我们每一个人都很累，我们又不愿意轻易放下包袱。

如果不是承载太多的东西，2008年，当郎平率领美国女排在北京奥运上战胜中国队时，不会招来那么多人的漫骂，不会因为今日的夺冠而视之为"英雄"。还是郎平对体育和职业有更深的理解："我是一名职业教练，执教美国队只是一份职业，并不是为了击败中国。"

女排同其他奥运项目一样，首先都是竞技体育项目，比拼的是实力、技术、心理、科学。换句话说，就是专业能力的比拼。在高手对决的赛场上，并没有真正意义上的差距，胜负可能只在一瞬之间。而这些都需要通过平时的训练与科学的指导，通过提升自身实力、水准来实现，并非单纯依靠比赛时的"顽强拼搏"等精神就可以实现。

因此，今天再看新时代的"女排精神"，显然已经离不开专业主义。诚如郎平本人所言，不管输赢，女排精神始终都在。赢了才有精神，显然是一种结果论，忽略了在日常的训练中，在每一场比赛中，每个人的汗水与努力。

今天，我们对待"女排精神"，无须让其承载过多体育赛场之外的东西，但也不能忽视它的存在，将它视为虚幻之物，当作胜利之时的鸡汤词语。女排精神，建立在体育健儿日日夜夜的努力与付出之上，构建于体育竞技的专业水平之上。唯有如此，其存在才有确确实实的价值。

（执笔 廖保平）

▨ 2016年11月9日社论

我们该怎么拯救坠井的孩子

初冬时节，北方已然凛冽，但河北保定蠡县却吸引了无数温暖的关切。6岁孩童聪聪于2016年11月6日11时，不幸坠入40余米深的枯井，生命危在旦夕。

消息传出后，当地各方力量一直不间断实施救援，调集了60台挖掘机不停救援，航拍的照片令人感到视觉震撼。热心人士也从四面八方赶来，并送来物资、现金等物品，形成强大的后勤保障，试图联手创造一个生命的奇迹。

正如有舆论所言，这是这些年以来中国少见的针对个人的大规模救援。

不仅仅是现场救援的参与者，很多陌生人都揪心于聪聪的命运，都希望这个如花一般灿烂的孩子，能够平安度过这场劫难。所以，当救援顺利推进时，人们难抑激动；当救援遭遇困难时，人们便紧张无比——公众或明或暗的情绪，就这样汇聚成满满的祈祷与祝福。

为了一个幼小的生命，我们所有的付出，都是值得的。生命的价值和尊严，无法用物质来衡量。而且，这次参加救援的很多人都是自发参加的。

落井男童的父亲在镜头面前下跪，向救援者表示感谢。这一切都非常令人感动。

于所有人而言，悲悯是一种高度，道德是永恒的珍宝，对生命的珍视与尊重，是永不泯灭的宝贵财富。尽管这个世界中，充盈着各种悲剧与苦难。

可是，什么也抵挡不住人们心底的那缕人性的柔软与温情，什么也不能阻挡朴素的善良与温暖。

但是，如果说，这场生死救援彰显了生命的价值，那么，我们也要反思，男童坠井背后又存在怎样的对生命价值的漠视。

这口机井已经废弃多年，却并没有任何遮盖、提醒等措施。由此，年幼的聪聪才会跌入井中。在我们珍视生命！不惜一切代价全力救援的时候，不要忘了这个大地上还有一口口深井在张大嘴巴，在等待吞噬孩子们的生命。

2015年5月22日，西安2岁孩童乐乐就不慎跌入30米深的枯井，事发后，很多人连夜冒雨赶到现场救援，当二十多个小时奋战后乐乐成功升井的那一刻，收获了喝彩与雷鸣般的掌声。

事实上，近年来，无论是农村还是城市，儿童坠井事故频频发生。或者是坠入机井、或者是坠入各种管道井。

而且，也并不是每一个坠井的孩子都有被成功获救的幸运。

2012年8月13日，在北京，3岁男孩明明在京旺建材城门口踢球时，不幸坠入一口深95米、直径42厘米的空调井中。明明最终没有救上来，因打捞难度巨大，孩子只能就地掩埋，长眠井下。

所以，在这次，人们不惜一切代价救援一个坠井男童的时候，我们更需要追问的是，如何让孩子免于坠井的危险。孩子坠入井中，恰恰是因为成人世界责任的缺失。在我们很多基础设施的建筑、维护和后期管理过程当中，没有把孩子考虑进去。一个社会重视生命的价值不在于，危难之际竭力救援，更在于处处着想、细致入微的呵护。

衷心祝愿聪聪平安无事，也希望，各地由此引起重视，排查隐患，让孩子们不要再被隐蔽的井口吞噬。

（执笔 曹旭刚）

专评

1. 聂树斌案

■ 2015年3月19日社论

聂树斌案：有效阅卷只是第一步

延宕十余年的聂树斌案再审，于2015年3月中旬有了新进展。17份尘封的案卷借助律师的阅卷终于透出了些许光亮。律师阅卷，本是基本诉讼权利。但在聂案中，却来之不易。

参与阅卷的聂树斌母亲张焕枝和聂树斌案的申诉代理律师在完成阅卷后感叹称，"阅卷范围之广超出预期"。或许之前的"预期"仍是不太乐观。这种从骨子里传递出的不信任感，在公共舆论中蔓延，也笼罩了被最高法院指定管辖的山东高院。面对争议性案件，山东高院唯一能做的，就是在充分尊重正当程序的基础上，让当事人和围观群众看见司法运送正义的全过程。

实现正义，是法院的责任，而不是法院给当事人的恩赐。保障律师的阅卷权，同样是法院的责任，而非额外开恩。对于聂母和两位申诉代理律师来说，完成阅卷只是走完了查清聂案的第一步。

律师们无需为"超出预期"的阅卷而感恩戴德，却有必要在庭审之前谨言微行。"除136页侦查卷外，个别卷有瑕疵或缺陷，现在还不便做具体说明。"这是律师在字斟句酌后的回应。事实证明，给律师阅卷，包括给律师以充分的时间开展有效的阅卷，天塌不下来。

也有法院人士抱怨律师在阅卷后常常行为不当，比如将阅卷过程中所知悉的案情对外公布，以争取舆论同情，进而影响法官的裁判。这一论调听似有理，实则无力。

聂案的两位代理律师在阅卷后披露，聂树斌案136页侦查卷里，"仅有聂树斌的口供、现场证人提供的证词等，并没有精斑、DNA检验等客观证据"。这样的披露会对法院依法独立行使审判权造成威胁吗？答案是否定的。律师只不过陈述了一个事实，而不是在向公众推销一个司法判断或量刑建议。

而即使是根据聂树斌案发时的法律，光有口供，没有其他证据补强的，也不能定案。控方若是对律师所披露的案件信息不服，大可给出回应进行辩驳。这种舆论交锋，并不鲜见，也未必就是对审判的干扰。在一些事实不清的个案中，舆论热议恰恰成为促进真相浮现的关键因素。

当然，并不是所有关乎案情的信息都可以在庭审前公布。山东高院在给予律师阅卷时也特别提醒，此案涉及个人隐私。依照法律规定，对这类案件，应不公开审理。法律规定连庭审都不公开，若把未进行的不公开庭审搬到公共舆论平台上，实是不妥，也有违法律对个人隐私的保护。

让阳光照进聂树斌案申诉的进程，对于这宗有重大冤案嫌疑的影响性诉讼来说，格外重要。维系正当舆论监督与保障被害人隐私并不是非此即彼的选择。它只是对法院和律师等诉讼各方提出了更高的要求。相信在全民围观之下，聂树斌案的律师有效阅卷还只是个良好的启幕。山东高院有义务也有责任，用司法正义来终结这一争议多年的陈年旧案。

（执笔 王琳）

■ 2015年4月25日社论

聂案听证：用司法公开赢得司法公信

类似听证可能是全国首次，听证者、司法机关的经验未必很足。但要强调的是，对于"聂案是否启动再审"这个司法决定负责的是山东省高法；在任何情况下，都不能把这个责任推给听证代表。

山东省高级人民法院宣布，将于4月28日举行聂树斌案复查工作听证会。听证会代表有：申诉人（聂的亲属）及其代理律师；原办案单位代表；法院委托第三方邀请了15名听证人员参加听证会，其中包括专家学者、人大代表和政协委员以及基层群众代表等。山东省检察院，也将派员参加听证会。

目前，山东高法举行听证会，究竟要起什么作用？

首先，20年前的死刑判决，无论疑点有多么多，从法律上说，它还是一个生效的法律判决。要推翻这个判决，只能通过启动审判监督程序（再审）。而只有原审法院、上级法院才能决定启动审判监督程序。去年年底，最高人民法院已依法指定，由山东省高法来复查此案，决定是否再审；这也跳出了聂案十年没能跳出的河北法院系统。

目前的听证，针对的就是决定是否启动再审的复查程序。

其次，从证明标准上说，听证会上聂家及其律师不是要证明聂无罪，而是证明：之前阅卷中发现的聂应有无罪供述，却并未收入卷宗；聂的签名被伪造；一审卷宗页码被涂改；七年前的法律文书当中竟出现了七年后才开始使用的路名……以及所谓"真凶"王书金的供述，是否构成《刑事诉讼法》所规定的"原审据以定罪量刑的证据不确实、不充分"；如果构成，山东高法就应该依法启动再审程序。

同理，如果原办案单位代表不同意启动再审，也要拿出足以让人信服的理由，否定前述种种疑点。

再次，2012年新《刑事诉讼法》将一些原本是司法机关内部的程序，比如，死刑复核、检察院批准逮捕等程序，进行了阳光化改革，司法机关可以直接讯问被告人、听取辩护人、受害人的意见，就形成了目前的听证会机制。

实施听证之后，原来可能是一个办公室里的几个司法人员内部就能定的事，现在要放在相对公开的听证会上讨论，让利益各方来表达意见、诉求。这使得再审等司法决定更加阳光，成为"看得见的正义"，摆脱了黑箱决策之讥。这也对法官提出了更高的要求，如何让自己的司法决定，经得起公众围观，经得起各利益方的质问。

还值得一说的是，听证程序，目前还是一种处于探索阶段的"创新"。听证会究竟由哪些人来参加，听证者对案件的知情权如何保障，听证者的意见如何影响司法决定等等，《刑事诉讼法》并没有明确的规定。

这决定了法院必须在"试中学"，找到发挥听证公信力、促进司法公正的现实路径。

这次山东高法委托第三方，邀请的听证者中包括人大代表、政协委员、基层群众代表等。但如何避免代表者中有不适当的"偏向性"，一改之前听证的弊病？因为类似的死刑复查听证，在全国很可能还是第一次，听证者、司法机关的经验未必很足。但是，要强调的是，对于"聂案是否启动再审"这个司法决定负责的是山东省高法；在任何情况下，都不能把这个责任推给听证代表。

归根到底，这次听证会，体现的还是一个"司法公开"的程序价值。让各方面的听证者到办案的一线,听一听聂家对 20 年前这起冤案种种疑点的申诉,也听一听原办案机关申辩的理由是否成立。最终决定是否再审的,还是山东省高法。法院要学会用司法公开,赢得司法公信。

(执笔 沈彬)

■ 2015年4月29日社论

聂树斌案听证会上疑点须全面查清

2015年4月28日，山东高法关于聂树斌案复查的听证会从下午开到深夜，一直持续了9个钟头，其官方微博也做了文字直播。在此次听证会上，山东高法晒出了不少引人瞩目的材料，在视频材料中，河北省高院首度承认聂案存在程序等方面瑕疵。

山东高法接受最高法指定复查饱受舆论关注的聂树斌案，创新性地引进了听证机制，让申诉方（聂家）、原办案单位代表在听证会上表达立场、提出疑点、进行反驳。听证会、微博直播，将一个原本只需由司法机关内部做出的是否再审的决定摆在亿万公众面前，巧妙地平衡了公众知情权与司法严肃性，山东高法在探索中国式阳光司法方面，可圈可点。

但这次听证不是庭审，不是要证明聂无罪或王书金才是真凶，而是要证明目前此案的疑点达到了《刑事诉讼法》第242条所规定的启动审判监督（再审）程序的条件，比如，有新的证据证明原判决认定的事实确有错误，可能影响定罪量刑的；违反法律规定的诉讼程序，可能影响公正审判的。

听证会上，几方就聂案的程序、实体证据方面展开了交锋。首先，律师提出聂的死刑时间等存疑。之前，涉事法院通知的是：聂于1995年4月27日被执行枪决，但这次听证会上，视频材料中有一份聂树斌的亲笔诉状，落款时间是5月13日。律师还指出，聂案卷宗中执行死刑的照片显示，聂身穿羽绒服跪在"雪地"上，周围的人也穿的是"冬装"。对此，原办案法院的回应是：刑场照片里的不是雪，是河沙；上诉状上的落款时间只是个笔误。死刑执行是一个国家司法底线中的底线，山东高法有责任彻查该疑点，给公众一个交代。

其次，据以认定聂勒死受害者的花上衣，是本案的关键证据。律师认为：所谓的"失主"梁某没有证明自己曾丢过花上衣，也没有适当辨认物证的程序。原办案的公安机关代表承认：花上衣经过雨水等浸泡，所以清洗了这一关键物证后，才让聂进行辨认。还有，聂被捕的头五天里没有依法收押看守所，而是以明显存在问题的"监视居住"手续被"非法拘禁"在派出所，且目前存入卷宗的"第一份口供"是被抓五天后录的，其中还有"之前为何不认罪"的内容，也成了重要疑点。

另一方面，原办案单位的代表，也通过列举所谓"真凶"王书金与聂的供述差异，提出了反驳，比如案发10年后王书金对死者身高的供述与事实有偏差；未能说出死者身上有吸汗小背心等关键细节。

追溯20年前的这起案件，要本着实事求是的态度，不能用当下的技术手段、办案规范来苛责。但这次复查也应立足于中国20年来的法治进步、无罪推定立场，而不是重复20年前已酿成很多冤案的"两个基本"证据标准、片面强调"不纠缠细枝末节"。

对于这起引发公众十年持续关注的大案，无论是否启动再审，司法机关都有责任全面查清、释明其中疑点。

（执笔 徐明轩）

2015年9月16日社论

聂案复查再延期：真相要对历史负责

继2015年6月11日决定延期3个月的复查期限后，9月16日上午，山东高院对外宣布，聂树斌案因案情复杂，经最高法批准，决定再次延长聂树斌案复查期限3个月，至2015年12月15日。聂树斌母亲张焕枝签收延长复查期限通知书。

这已是聂树斌案复查第二次延期。再度延期的消息甫出，也牵动舆论视线：有人质疑其"久拖不决"，理解者亦不在少数。

人死不能复生，但真相值得追寻。聂树斌案铸案至今已有20年，申诉时间超过10年，至于其家属和公众，追问此案真相的意义已超出个案是非本身，更关乎司法纠错的决心。而原案办理留下的诸多疑点，和调查过程中律师发出的案卷作伪质疑，也累加着舆论追问真相的动力。

从司法实践角度看，山东高院延期也是源于现实考量：刑事诉讼法本没有就申诉复查期限进行规定，但最高法在关于适用刑事诉讼法的司法解释中，做出了"至迟不得超过六个月"的规定。这是根据一般情形及司法效率而制定的，也是为了给法院内部自我加压。如今，聂树斌案的申诉复查已突破了司法解释设定的审查期限，并不意味着司法解释规定的期限就不具有约束力。

放眼全国而言，如聂案般的疑难复杂案件毕竟是个例。对特别疑难复杂的案件在期限上可以批准延长，在刑事诉讼法里体现得很充分，如该法155

条规定：因为特殊原因，在较长时间内不宜交付审判的特别重大复杂的案件，由最高检报请全国人大常委会批准延期审理。这也是基于案件办理的实际需要和人权保障之需。

而今，最高法批准聂案复查再次延期，也与上述意图一脉相承：拿时间换空间，让时间服从案件复查，而非由时间逼着复查走。这本质上也是对司法规律的尊重，犹如取消结案率等考核指标一般。正如有法官所说：不能因为赶时间，而对事实和法律不负责任。若一味地受制于规定的期限匆促做出结论，让真相打了折扣，那是更大的不负责任。这或许也是为什么，复查合议庭没跟着外界质疑声走，而是根据复查需要层层报请延期。

上次复查听证会后有参与人员感慨，聂案的复杂程度远超想象，公众也一再呼吁所涉及的疑点须全面查清。眼下在法庭还没敲槌定论前，舆论声一浪高过一浪。有些人甚至从公开渠道获知的只言片语中，对案件事实进行推断。在此情境下，相关司法机关要保持对案件事实高度负责的司法定力，并以此回应舆论质疑。对于异地复查可能遭遇的掣肘，司法部门也该有充分准备、合理应对。

说起来，聂案从定案到现在，其间伴随着中国法治进程或者说理念、技术等维度的巨大变迁，这也决定了其历史性意义。在此背景下，无瑕疵的真相比几个月的等待更能被接受。相关司法机关要做的，就是严格依法进行复查，以对历史负责、对法律负责的态度，给出公正答案。

（执笔 许辉）

■ 2016年6月9日社论

聂树斌案再审：用证据和程序实现正义

2016年6月8日，最高人民法院宣布，依法提审聂树斌故意杀人、强奸妇女案，按照审判监督程序重新审判。这件轰动一时的案件经过山东省高级人民法院历时一年半的复查，终于有了实质性的进展。

当最高法一副庭长逐字向聂母解释再审决议书后，这位为儿子喊冤多年的七十多岁老人，先是静默了好几秒，而后老泪纵横，哽咽不已。毕竟，过去21年坚持不懈的上诉，在遭遇无数挫折之后，终于换来事情的变化。

或许，现在说聂树斌案将推翻原审判决为时尚早，但聂树斌案从过去长期处于"停滞"、一度拒绝律师查阅案卷，到如今最高法开启再审，却是个明显的推进。

而当我们理性分析媒体报道的内容，至少可以总结出两点启示。

首先，证据是证明犯罪的唯一渠道。山东省高级法院经复查认为，聂树斌案原审判决缺少能够锁定聂树斌作案的客观证据。在被告人作案时间、作案工具、被害人死因等方面存在重大疑问，不能排除他人作案的可能性。原审认定聂树斌犯故意杀人罪、强奸妇女罪的证据不确实、不充分。由此可见，聂树斌案确实存在事实不清、证据不足的问题，所以最高人民法院决定，按照审判监督程序重新审判。

证据是证明案件事实的材料，是刑事诉讼的核心，是证明犯罪的唯一渠道。侦查机关搜集证明犯罪的证据。检察机关对侦查机关搜集的证据进行审查,对被告人提起诉讼。法院对控辩双方提出的证据进行分析判断,做出判决。所有刑事诉讼活动其实都围绕证据的搜集和运用进行。

证明有罪或者无罪,都必须有确凿的证据。人民群众的形象语言很说明问题:"口说无凭,拿证据来!"证据的缺失,证据链的不完整,对于刑事案件是致命的。任何指控、辩护、评论都应该基于事实和证据做出。

其次,程序是证明犯罪的唯一方法。

山东省高级法院这次复查严格按照法律规定的程序进行,依法组成5人合议庭,全面、交叉阅卷,保障申诉代理律师阅卷并充分听取其意见,两次咨询有关法医专家意见,委托鉴定机构对案卷中聂树斌全部签名、手印进行鉴定,6次赴河北等地进行调查核实,并召开复查听证会,全面听取申诉人及其代理律师、原办案单位代表以及听证人员的意见。这些程序确保了案件审查的公正客观。

现代法治制度的一个重要特点就是追求程序正义。刑事诉讼法之所以规定了详细严格的刑事诉讼程序,就是为了最大限度地减少诉讼参与人发生偏差、错误的机会,保证正义的实现,并且以人们看得见的方式加以实现。

所以,严格执行程序,依照程序来证明犯罪或者证明无罪是十分必要的。

人们常说,正义可以迟到,但不可以不到。让人民群众在每一个司法案件中都感受到公平正义,仅有振臂呼喊还不够,需要用证据和程序来实现,这才是法治社会实现正义的正确途径。

(执笔 劳月)

■ 2016年12月2日社论

聂树斌改判无罪，中国司法的一个"结"终于解开

聂树斌被改判无罪。正义已经迟到，但我们还是等到了。

2016年12月2日上午，据新华社消息，聂树斌被改判无罪。

正义已经迟到，但我们还是等到了。

21年前被执行枪决的聂树斌应该想不到，他的案子在21年后，会拖成中国刑事司法领域的一块"活化石"。从另一个视角观察，聂案也是中国司法体制改革进程中无法绕过的一个"结"。

这21年来，培根的一句名言经由公共媒体的反复传播而广为人知：一次不公正的审判，其恶果甚至超过十次犯罪。几乎每一宗错案的平冤，每一次正义的迟到，都会有人把这句名言再度重述。

司法公正是个最不能进行"数目字管理"的领域。对每一宗个案来说，公正没有99%，只有0%或100%。聂树斌案亦是如此，要么聂是真凶，要么他是冤案苦主。这中间，没有模糊地带。

支撑舆论21年对聂案坚持不懈围观的，是另一句法谚："正义从来不会缺席，它只会迟到。"我们只是没有想到，正义在这条路上走了21年。

对聂案来说，这条路走得崎岖而坎坷。

11年前，疑似真凶王书金出现，一时舆论哗然。而就在聂案的平冤曙光初现之时，"自我纠错之难"如一大块乌云，又将这片曙光层层包裹，无声无息。

乌云之下，是社会各界、法律人、媒体等持续的关注和喊话。坚持就是力量。2014年，最高法院指令山东省高院复查聂树斌案。异地复查的技术性处理，终令聂案得以推进。饶是如此，也是用尽了依刑事诉讼法所有可以延长的复查期限。

2016年6月6日，最高法决定依法再审聂树斌案。这是一个重要的时间节点。

依刑诉法的规定，人民法院按照审判监督程序重新审判的案件，应当在做出提审、再审决定之日起3个月以内审结，需要延长期限的，不得超过6个月。再审聂案，也到了该出结果的时刻。

结局并不难猜，半年前，山东高级法院已经给了我们足够的"剧透"，复查结论认为：原审判决缺少能够锁定聂树斌作案的客观证据，在被告人作案时间、作案工具、被害人死因等方面存在重大疑问，不能排除他人作案的可能性，原审认定聂树斌犯故意杀人罪、强奸妇女罪的证据不确实、不充分。

证据不充分，已不能定案；再叠加证据不确实，聂树斌的清白已然浮现。

这些年来，不断在媒体上"霸屏"的聂案，也激励了众多错案的平冤昭雪。仅近两年来，内蒙"呼格案"、福建"念斌案"、海南"陈满案"等，相继翻盘。

舆论仍在期盼着，聂案也能写入平冤纠错的名单之中。在此之前，法律上我们仍不能称聂树斌就是冤案苦主。

11月25日上午，聂树斌故意杀人、强奸妇女案再审合议庭在最高人民法院第二巡回法庭第一法庭听取了申诉人张焕枝及其代理人李树亭律师的意见。这样的消息传递的是离正义最近的足音。

不管舆论如何笃信聂案之冤，这个年代久远的司法之"结"，终归要司法系统自己来解。聂树斌案的标杆意义，已深深嵌入"全面依法治国"的战略布局之中。

聂树斌死的时候是21岁，为他平冤用了21年。生21年，冤21年。两个 21 年，整整两代人的鸿沟。

跨越鸿沟，需要有错必纠的勇气，需要有责必追的果敢。也唯有一个更公正、更文明、更权威的法治社会，才能不辜负每位蒙冤者、每个围观群众以及每一个公民。

（执笔 王琳）

■ 2016年12月3日社论

用司法改革杜绝下一个聂树斌案上演

2016年12月2日,最高人民法院第二巡回法庭在辽宁沈阳对聂树斌案再审公开宣判,宣告撤销原审判决,改判其无罪。对蒙冤21载的聂树斌和家人,这是一个沉冤得雪的日子;对跋涉前行的中国司法改革,则是一个值得铭刻史册的日子。

疑案错案每少一起,法治公平就会多几分。迎对万千民意激荡起的这股时代大潮,注定了聂树斌案的平反与司法改革的进程骤然交错,从此命运休戚相关。

如果不是最高人民法院收回死刑复核权,核准权仍由各地高级人民法院"在握",供述自己是"真凶"的王书金自落网后,即便能在"二审"中扛过"6年"之久,也很可能不会进入复核程序"留命"至今,成为不可或缺的昭雪"活证据"。

如果不是2012年《刑事诉讼法》的修订,以及非法证据排除规则的确立,司法机构所适用的仍是1983年的《关于迅速审判严重危害社会治安的犯罪分子的程序的决定》,以及1996年的《刑事诉讼法》,聂树斌案又如何能"平反有据"?

如果不是最高人民法院"异地复查"手段的常态化运用、最高巡回法庭的"及时设立",仍习惯性地交由案发地法院"属地管辖",案件再审将不可避免地受到地域、人情等复杂因素干扰,能不能如期"反转铁案",恐怕仍是一个未知数。

正是由于近年来持续的司法改革，才为聂案纠正提供了可能，而在未来，防范错案的发生，仍仰赖司法改革在这些领域的继续推进和落实。

聂案昭雪，解析"洗冤"的因素很重要，但反思为何会酿成冤情，总结此案教训，更弥足珍贵，也更为急迫。

首当其冲的教训，便是程序正义不容缺位。在上世纪90年代中期，实体正义"大唱主角"。在警方的侦查审讯中，还没有全程录音录像制度，人们把口供视为"证据之王"，而刑讯逼供也没有被当成"洪水猛兽"。

是以，在聂树斌案中，侦查机关的表现"差强人意"，不仅冒出了聂树斌被抓获之后前5天的讯问笔录缺失等"硬伤"，还存在最高院判词中认定的"不能排除存在指供、诱供的可能"等情况。恰是这些"程序"之失，让正义渐行渐远。

其次，便是诉讼须坚持以审判为中心。在司法实践中，法官审理案件不仅容易受到侦查、起诉机关的"影响"，也容易受到司法机关以外的因素"干扰"，如果不能独立行使审判权，个案正义就难以得到保证。

具体到聂案审理中，基于讯问笔录不够完整、真实，有罪供述的真实性存疑，证人证言缺失等，证据锁链已无法形成，根本做不到"基本事实清楚""基本证据确凿"，但这些要素却被裁判者"视若无睹"，仍做出有罪判决。细思开来，显然还不仅是专业能力不足所致，更与审判少了"独立性"有关。

"往事不可谏，来者犹可追。"聂案的最终反转，并不能彻底洗掉其错案的"底色"。如何才能让错案成为绝响，如何才能不让正义缺席？聂树斌案的"小结"，理应成为一个契机，倒逼司法改革，进一步健全防范冤假错案的长效机制。

从2014年启动司法体制改革试点，不仅要在员额、分类管理等制度改革上使劲，更应在推进以审判为中心的诉讼制度改革、取消不符合司法规律的考核指标、严格落实非法证据排除规则，以及建立非法干预审判活动的记录、通报和责任追究制度等方面，打出一套有力的"组合拳"，一步步堵塞住冤假错案的制度漏洞，不再让聂树斌案的悲剧重演。

这，或许才是平反聂树斌案的最大价值所在。

（执笔 欧阳晨雨）

2. 天津大爆炸

■ 2015年8月14日社论

正视爆炸带来的安全感危机

天津市塘沽滨海开发区特殊化学品堆场发生的大爆炸举国震惊，令人痛惜。事故的原因还在调查中，罹难者的寻找和受伤者的救助正在进行中。关于天津塘沽爆炸的相关讯息，成为民众和舆论关注的焦点。

无论是那些愤怒、追责诘问的，还是感动、抹泪合十祈福的，人们既有着对受害者和罹难者的怜悯与同情，也有着对自身安危的关切。通常，在一次灾难或者灾祸发生后，人们都会情不自禁地进行情境代入：我会遭遇这种厄运吗？

也正是这样的心理机制，这次天津塘沽爆炸事故发生后，人们的恐慌和焦虑相比此前的几次灾难或灾祸事件，显得更为普遍和强烈。几个月前的内河沉船，人们静静地为罹难者悼念、祈福；几年前的汶川大地震，人们也是静静地为罹难者悼念、祈福。

我们可以检索一下最近几个月发生的化工厂相关爆炸新闻：2015年4月6日，福建漳州古雷的PX工厂发生爆炸；2015年4月21日，江苏南京扬子石化厂发生爆炸；2015年5月25日，江西赣州泰普化工厂发生爆炸；2015年7月16日，山东日照石大科技石化公司发生爆炸；2015年8月12日，天津塘沽滨海开发区发生爆炸……

短短四个多月，加上这次的天津塘沽爆炸，已经有了至少5次化工厂爆炸事件。危化品安全事故频发的叠加效应，加剧着公众对城市安全的焦虑。而多年来，各地因为在城区附近兴建化工项目而引发的群体事件在全国各地都有发生。政府和专家们信誓旦旦地承诺和保证所兴建的化工项目绝对安全。可是，如此密集的数月多起化工厂的爆炸事件，让人们为安全感愈加焦虑。

不只是危化品爆炸，还有电梯"吃人"、自来水危机等，都会引起个体的安全焦虑。因为对生活在城市的个体来说，他们很难以隔离机制实现风险规避，而只能是将安全感依托于有序的善治秩序上。当城市安全末梢上的某一环出了问题，也就意味着打破了这种秩序，其失序感很容易传递到每个个体身上。

就这次爆炸而言，消防员义无反顾、舍身履职的身影令人感动；医护人员不眠不休抢救伤者的事迹令人感动；市民踊跃献血守望相助也令人感动。可是，仅仅是感动，仅仅是正能量的弘扬不足以消弭或修补人们被损害的安全感。微博上，有网友就叹息道："点完蜡，合过十，下回还一样。"

从心理学角度，当人们为安全感的丧失而倍感焦虑时，他们将无法平和、坚毅地生活，甚至在睡眠中都会勾勒噩梦。我们努力建设的幸福大厦，不可能在缺乏安全感的地基上来完成。

因此，如何来修补这个社会的安全感，应该是一个比救灾善后更值得深思的工作。

而安全感的修复，需要的不仅仅是一种情绪抚慰，更是一种制度呵护：

这种呵护，可以是将"细节审慎"嵌入城市治理之中，可以是应急预案多"长点心"，但究其本质，就是用密织牢固的安全屏障将公众与危险隔离，让公众跟"自危"情绪尽早解绑。

（执笔 唐映红）

■ 2015年8月16日社论

不能再让隐藏危化品成为"炸弹"

天津港区瑞海国际物流有限公司仓库发生爆炸后，救援人员调查发现，该仓库内共存有七大类数十种危险化学品，且混存情况普遍，在这些物品当中，有的是易燃易爆物体，有的是活泼金属，有的是强氧化剂，还有一些是有毒物质。此前这些储存的危化品经常可闻到一些化学气体的味道，"由于担心危化品爆燃泄漏，物流园区内的许多物流企业曾到相关部门举报，但一直未果"。一位天津港内物流企业负责人说。

瑞海物流仓库隐藏着大量危化品，且这些危化品混存在一起，一旦发生事故，处置起来难度极大。可根据《财经》报道，对于这么具有重大安全风险的隐患，监管部门平日似乎浑然不觉，甚至等到人家举报上门，还不闻不问，这样的监管麻木与怠惰，令人吃惊。到底是什么人把企业举报冷处理，这个细节不能被忽视，必须查个彻底。

天津这起爆炸事件，最让人后怕的在于，危化品竟然是可以隐藏的，有多少人知道，自己的身边有没有这样的"炸弹"。以爆炸发生的瑞海物流为例，不仅附近居民和企业被蒙在鼓里，且由于它是危险化学品的周转仓库，所以危险品种类和数量都不固定，不要说政府部门不了解详情，甚至企业心中也是本糊涂账——相关部门爆炸后对企业的台账信息和相关的管理人员提供的信息进行对比，就发现情况不太统一。可见，这些危化品的监管几乎形同虚设。

有环保部人士对媒体表示，在每个地区危化品存储容量、等级等，主管部门并不掌握，因为这主要依靠企业自行报批，但报批数量、等级是否真实并未做进一步核查。这几年来危化品引发的事故不断，相关部门不断发文要求强化危化品管理，但现在看来，对于危化品的监管，源头上并没有摸清，政府部门没有全面建立一个对危化品的动态监测记录系统，公众对于身边的危化品也缺乏足够的知情权。

这样的问题在危化品储存运输环节尤为严重。业内人士表示，这几年来危化品产量不断增加，危化品仓储却整体呈现出供不应求的局面。中国物流与采购联合会的一份报告显示，危化品仓储供不应求再加之一些仓储设施布局不合理，导致一些非法经营者大肆发展"黑仓库"无照经营。这些仓库设施简陋，管理混乱，规模不大，数量不少，分布在各个角落，给城市安全带来很大隐患。在危化品的运输中，许多运输车辆都属于"挂靠"车辆，驾驶员缺乏安全知识培训，不了解危机处理方法。

危化品事故的频繁发生，不断冲击着公众的安全感，但正如国务院应急专家刘铁民所说，危化品出事，我们不能怨危化品杀伤力太大，而是我们没有管好它。而"管好"危化品其实并不复杂，关键是要让危化品有一笔明白账，不能再让隐藏危化品成为"炸弹"。任何危化品从生产线下来后到使用终端，企业和政府部门都应有全程的监管记录，公众也应清清楚楚知道身边的风险在哪里，如此，自然能将安全隐患降到最低。

（执笔 于平）

■ 2015年8月17日社论

爆炸仓库是怎么通过"安评"的

在连续3场天津港"8·12"特别重大火灾爆炸事故新闻发布会上,"涉事企业天津瑞海国际物流有限公司的安全评价报告到底何时能公开"被记者多次问起。当地官方表示,对安评报告是否公开没有强制性要求,安评报告在不涉及商业秘密、国家秘密时,可以公开。据2015年8月16日《中国青年报》报道,一位资深化工从业人员表示,类似于PX等重大化工项目的安全评估甚至比环评更重要,但无论是行业内还是法律管理上,安评的关注度都还赶不上环评,并且"走形式是安评领域普遍存在的问题"。

天津"8·12"事故发生后,"安评"问题同环评一样受到关注,对此,承接瑞海物流仓库"安评"的中滨海盛公司坚称安全评测没问题,天津安监部门对此也表示认可。不过,爆炸事故的发生,却显示出这个危化品仓库的巨大危害性,那么,瑞海物流仓库是怎么通过"安评"的,中滨海盛公司是否对爆炸事故负有责任?这些问题都需要回答。

"8·12"事故把"安评"推到媒体的聚光灯下,与大家众所周知的环评相比,"安评"主要关注的是一个项目的事故风险,以及对人员人身安全的伤害,而环评主要关注的是对环境人群健康的影响,二者侧重不同。类似危化品仓库的审批,"安评"的重要性绝不在环评之下。

环评问题这些年来争议不断,红顶中介,审查走过场,这些问题其实在"安评"中同样存在,而且由于缺乏舆论的关注,"安评"制度的改革远比环评滞后。就以信息公开为例,环评公开多年前就以法律明确下来,"安评"却仍一直黑箱操作。

现实中,许多时候安评的中介机构均为监管部门指定,此前,央视就曾报道说,重庆42家民营加油站不约而同地把安评交给当地一家中介机构,安监部门辩称,他们只是"推荐",并没下行政命令。但安评的最终审核权在安监部门,企业哪有胆量甩开官方"推荐",另起炉灶?

至于安评走形式,更是业内公开的秘密,很多企业交了几千块钱拿个报告应付了事。上文提到的重庆42家民营加油站,安评只是做了个把小时,中介机构来人转一圈,就出了安评报告,收费3000元。另外,安评不像环评是一次性的,按照规定,每3年应该再做一次安全评价,但业内人士表示,很多时候企业和相关部门都因为中间没有出过事故,就忽略了更新安全评价这一环节,直接继续延期3年。

瑞海物流仓库"安评"到底有着怎样的真相,应调查清楚。除此之外,危化品管理中,如何把好"安评"关,更要在制度上加以改进。其中包括,"安评"和环评一样,实行主动的信息公开;像整顿环评一样,打掉红顶中介机构,斩断背后的利益链;提高安评机构资质条件,明确安评机构若把关不严导致事故,应承担连带责任,等等。总之一句话,应当让"安评"合格与安全合格画上等号。

(执笔 于平)

■ 2015年8月19日社论

安监总局局长被查也关乎公共安全

2015年8月18日下午，中纪委网站发布消息，国家安监总局局长、党组书记杨栋梁涉嫌严重违纪违法，目前正接受组织调查。据了解，他系第6个落马的十八届中央委员。

8月18日，也适逢天津塘沽爆炸死难者的"头七"。

尽管说，杨栋梁涉违纪违法的具体情况尚需权威发布，目前尚无更多的消息指向他究竟因何种情由被查，但其被查是处在"8·12"事故后续调查处理的关键节点上，此举不能不让人把目光盯在杨栋梁的本行上，国家安全生产监管"掌门人"的落马，难免令人展开想象空间。

基于"老虎"查处程序与特大事故调查周期考量，很难断定杨栋梁被查跟"8·12"事故有直接关联。但其落马，本就意味着某种失守，而这种失守，跟危化品爆炸事故内含的责任失守有着相通之处。

杨栋梁是在安监总局局长任上落马的。安监总局作为国家主管安全生产、煤炭矿业安全监察、应急反应的行政机构，属于国家安监系统的顶层设置，有着举足轻重的重要地位。其是否能够有效协调各地各单位的安全生产，落实相关监管责任，不仅仅是一个部门的履职问题，更是守护一个国家经济社会健康发展的关键所在。任何疏忽乃至失职、渎职，都会造成严重后果。

不论杨栋梁是在天津工作期间还是安监总局任上，出现涉嫌严重违纪违法问题,由这样一个人来掌管国家安监总局,公众难免会怀疑,其是否有动力遏制安监领域的一些乱象,又是否为社会的安全尽职尽责。

拿这次爆炸事故而言,安监责任未理顺、安评混乱就受到舆论关注。尽管这些监管责任未必跟杨栋梁有关,但仅此一斑,就可见安全监管方面存在的巨大漏洞。何况,媒体也发现,2012年任职安监总局局长的杨栋梁,曾两次撇清安监在港区危化品经营领域的责任,明确港区危化品仓储经营企业的审批、监管不在安监总局职责范围内。这些跟危化品事故易发之间有何关联,仍待观察,但这似乎也坐实了公众对其"有失职之处"的想象。

杨栋梁被查事先毫无征兆。梳理这两天的媒体报道,杨栋梁甚至还在事发头天晚上参加救援指挥部联席会议,次日即被拿下。这一举动也再次印证了此前中央关于反腐没有特区、反腐没有休止符的严正宣示。不管是什么人,不管位置有多高、隐藏有多深,不管其是否正在救灾一线,一旦违纪违法,等待他们的只能是党纪国法的严惩。如果杨栋梁最终被证实与安监腐败有关,那么,在救灾的紧要关头将其拿下,则可以防止其对救灾和事故调查产生潜在的干扰。这其实也是件好事。

诸多事实已经证明,腐败恰恰是公共安全最危险的敌人。无论杨栋梁涉腐所为何事,但是,将一个涉嫌腐败的"老虎"从关键岗位上拿下,都将有利于整顿安监乱象,维护公共安全。

(执笔 胡印斌)

■ 2015年8月20日 社论

被"关系"搞定的消防怎能防爆炸隐患

天津塘沽爆炸后,涉事的瑞海公司就被推向了舆论风口。2015年8月19日,新华社起底瑞海公司政商关系网:于学伟为实际老板,在瑞海公司筹划过程中,将天津港原公安局长之子董社轩发展为大股东,后者承认靠"关系"通过安监、消防审核。

这些天,被爆炸刺痛的民众,或街头献花,或撰文悼念,为那些逆火而行的消防员痛悼,为在灾难中无辜罹难的百姓致哀。而在114人牺牲、65人失踪的灰色背景下,爆炸的危化品仓库是怎样通过消防鉴定的,备受舆论关注。瑞海公司方面自揭其丑式的剖白,则揭出了个中内幕,也让那些消防官兵的牺牲变得愈显悲怆。

一般而言,获取危化品仓储资格,要通过消防鉴定、规划审批、安评、环评等一系列程序。如果说,安评关注的是一个项目的总体事故风险,那消防鉴定与监管,就更直接地对应着消防员的人身安全。事实上,即便是一般仓库,对消防安全的规范、预防与执行都有着较高要求,更不要说是危化品仓库了。危化品具有易腐蚀、爆炸、助燃等性质,对其消防安全要求往往更高,对于如"粉尘浓度""液化气浓度"、日晒强度、气压力度、化学热源等隐患也需要更精细的技术系统侦测。

但从瑞海公司高层靠"关系"通过安评、消防鉴定的表态,我们可窥知,经营危化品需要的程序与标准限定,或许早已在权钱勾兑中被消解殆尽了。虽然对瑞海公司的消防鉴定，消防部门出具的意见书显示"该工程的消防设计审核合格"，但从董社轩的说法看，这其实只是走过场。

他说："我的关系主要在公安、消防方面，于学伟的关系主要在安监、港口管理局、海关、海事、环保方面……很快消防鉴定就办下来了。"这一句"关系"，就言明了瑞海公司包括安评、消防鉴定等能蒙混过关的潜在因由——在其顺利过关的背后，就是"拉关系""资源置换"的暗流涌动。

如果最后的调查坐实了其消防鉴定、安评等环节就是通过权钱勾兑实现的，那这对那些牺牲与失联的英雄，实在太过残酷。

权钱勾兑、政商资源的交织，架空合法程序、违规通过消防鉴定的时候，也往往是危机四伏、漏洞百出的时候，看似顺风顺水，实则左支右绌。最终，一声爆炸，将这些勾兑曝光，接受法律的考量。

毋庸置疑，那些处在火场前线的消防官兵们在不测的危险中"逆行"，堪称英雄，他们的牺牲令人痛心。但如果堆积这种死亡风险的，是权钱勾兑，消防官兵们则充当着无辜承受者，这更让人难以承受。

李克强总理16日部署"8·12"爆炸事故救援处置工作时说：这起事故涉及的失职渎职和违法违章行为，一定要彻查追责，公布所有调查结果，给死难者家属一个交代，给天津市民一个交代，给全国人民一个交代，给历史一个交代。而昨日天津市委代理书记、市长黄兴国说，对于被控制的瑞海公司负责人，不管他是什么人，不管他有什么关系，都要一查到底，依法依规严肃处理，绝不袒护，绝不姑息。在此也希望，事故中牵涉的安评、消防监管等环节的猫腻也能尽快揭开，依法追责。

（执笔 朱昌俊）

■ 2015年8月28日社论

检方先行，摁下天津爆炸追责按钮

据最高检消息，天津港"8·12"特别重大火灾爆炸事故发生后，检察机关积极介入调查。根据查明的情况，天津市交通运输委员会主任武岱（正厅级）等10人和交通运输部水运局副巡视员王金文（副厅级），分别因涉嫌玩忽职守罪、滥用职权罪，被依法立案侦查并采取刑事强制措施。消息甫出，备受关注。

天津港"8·12"事故震惊全国，事故发生后，除了悲痛哀惜，呼吁问责也成了舆论共同呼声。对此事故，中央高层高度重视，习近平总书记连续多日做出专项批示，更措辞严厉地提到了责任问题，"坚决落实安全出产责任制，切实做到党政同责、一岗双责、失职追责"，李克强总理也强调要"严格追责、严厉问责、严肃查处"。

而如今，检方对11名相关官员立案侦查，意味着追责程序已摁下"启动"按钮。事实上，这次中央对地方安全事故的调查，有别于以往安全监管部门牵头成立调查组，监察、公安等部门参加，再邀请检察机关介入的通常做法，而是由最高检直接派员入津调查。

检察机关对安全事故类渎职犯罪快速启动司法调查、追责，既体现出中央对问责的重视，也可提高事故调查的权威性，显现司法神经的敏感度。基于检察机关的中立地位，由其先行介入调查溯责，能有效避免"先行政后司法"或者说"行政系统内部先调查"中可能出现的包庇行为，以严惩安全生产事故背后的职务犯罪，并起到督促公安机关打击危害安全生产刑事犯罪，加强整体刑事追责组织领导等效果。

依法追责，重在一个"法"字。检方先行的调查问责方式不乏法律依据，刑事诉讼法规定，检察院发现犯罪事实或嫌疑人，当按照管辖范围立案侦查。最高检下发的《关于充分发挥检察职能作用依法保障和促进安全生产的通知》中，也要求对造成重特大安全事故直接负责的主管人员、直接责任人员，符合逮捕、起诉条件的要快捕快诉。

在天津港"8·12"事故背后，不仅有涉事企业的安全责任，还有监管失职责任。或许这些失职有的是因疏忽，有的是基于故意。但只要因过失失职构成玩忽职守罪，因故意越权失职构成滥用职权罪等，立案侦查就在检察机关的职责范围。检方先行介入，也能更早清除这些"法治毒素"。

11名官员迅速被立案侦查，彰显了追责嗅觉的灵敏，也是检方介入的阶段性结果。一方面，随着检方调查面扩大，或许还有更多渎职"虎蝇"落马；另一方面，检方与调查组介入事故调查的分工终究有别，查察部分重在发现职务犯罪问题，事故具体安全责任分成则由调查组说了算。由此可见，这11人被查不是问责终点，一场有力度、全方位的问责已然离弦。这也增添了公众对事故责任彻查、追究的信心。

须指出，本次追责不仅涉及在职官员，还有退休干部，这也表明有些公权渎职行为虽是一时的，但其对公共利益造成的伤害是长远的，随之产生的法律责任更是终身的。

因而，希望此次追责不仅能严惩事故责任人，更能对负有安全责任的权力行使者以儆效尤，让所有罔顾法纪者明白，国法不可不畏，天职不可不循，民利不可不恤。

（执笔 林翰）

■ 2015年10月14日

"天津又爆炸",原因何其相似

天津市北辰区西堤头镇永晟化工有限公司仓库发生爆炸,又是危险品仓库,又是违规储存,又是一块管理上的"飞地",这与前番发生事故的瑞海国际何其相似。

10月12日晚10时许——距离"8·12"天津爆炸刚好两个月,也几乎是晚间相同的时间——天津再次发生爆炸。

当晚,天津市北辰区西堤头镇永晟化工有限公司仓库发生爆炸,一声巨响后,现场火光冲天浓烟滚滚。截至13日凌晨1时30分,火场已扑灭,现场无人员伤亡。当地相关部门次日上午发布消息称,经检测,事故后空气质量符合标准。

似乎是虚惊一场。然而当舆论空间突然传出"天津又爆炸"的消息之时,所有人的震惊与关切都是真实而痛切的。各类社交媒体上,许多人在求证、转发、或祈祷。网络热搜新闻标题又一次出现了"天津爆炸"字样。众多明星也深夜发文表示关注,比如黄晓明第一时间发文写道:"人没事就好,希望不再有更坏的消息。"

人们的震惊,实在是缘于对两个月前天津港特大火灾爆炸事故的心有余悸。或许从结果来看,我们可以因这场爆炸未产生更坏后果而有所安慰:它得到迅速处置,而且没有造成死伤,甚至连空气质量都没受到影响。然而尽管如此,这场爆炸仍然注定要受到关注与追问。

"天津又爆炸"首先是对天津整治的一次检视。"8·12"事故发生第三天，天津市曾紧急部署开展安全生产大检查、大排查、大整治。要求对安全隐患和隐患不整改"零容忍"，对流于形式、走过场"零容忍"，对工作不落实、措施不到位的严肃追究主要责任人和有关人员的责任，发现一起查处一起、问责一起，绝不能再出安全事故。会议过后北辰区检查组对此次爆炸发生地西堤头镇进行拉网式排查的消息，也登上过天津当地媒体。

然而，"绝不能再出安全事故"的豪言却落空了，而口口声声的"零容忍"显然并没有杜绝隐患，更没有杜绝走过场式的检查。媒体报道表明，事发仓库竟是一家无证照储存氨水和酒精的仓库，根据初步调查，企业法人代表非法租用700平米个人仓库，存储易燃化学品酒精3000公斤、乙酸1000公斤、甘油800公斤等。

又是危险品仓库，又是违规储存，又是一块管理上的"飞地"，这与前番发生事故的瑞海国际何其相似。若说企业的违规操作点燃了塘沽前后两次爆炸的引线，那我们已经不难看出那根导火索正是监管失察或渎职。从这个意义上说，尽管时隔两个月，事发地点不同，但此次北辰爆炸仍是"8·12"爆炸事故的一次延续，正像那场连环爆炸中的一环。

天津又爆炸，至少表明依然存在管理漏洞与治理盲点，而我们也不妨看看相关方面将如何对走过场"零容忍"，又如何严肃追责。当然与此同时，"天津又爆炸"更是一次对天津港"8·12"特别重大火灾爆炸事故处理的追问。

两个月过去，"8·12"事件的后续处理进展到了哪里，调查进展报告何时能够公开，政府的监管模式以及治理结构到底有无得到检讨并调整？这都直接关系能否真正实现"血不能白流、代价不能白付"的期待。

无论如何，我们害怕听到更多的爆炸声。

（执笔 斯远）

3. 专车新政

■ 2015年1月8日社论

不合理的出租车专营为何改不了

2015年1月上旬，继上海交通部门之后，北京交通部门也在"专车"是否"黑车"的问题上，表明了自己的立场。组织没有出租车运营资质的车辆参与出租运营全部属于违法，这确实符合现行法规，没有太多异议。

但是，各地的表态终究不是解决问题的思路，也不是化解矛盾的好办法。在出租车专营制度下，出租车司机具有双重身份，他们既是利益受损者同时也是受益者。出租车司机每天都要交份钱的同时，也享受了限制竞争带来的保护。出租车司机反对"专车"于是就有了黑色幽默的一面，"为了让自己喝口汤，宁可让别人大块吃肉"。

在法治社会，恶法也是法。但是，要建设一个良好的法治社会，就不能不考虑，依法打击"专车"等违法行为，究竟是在维护谁的利益，这样是否限制了市场自由和法律所应追求的公平正义？

所以，对于最近"专车"引发的出租车停运等事件，症结即在市场各主体之间的不公平地位，最终的解决之道，不是简单地宣布"专车"非法，而应打破出租车行业的既得利益，改革出租车专营制度，让出租车行业回归市场经济的正确轨道。

值得注意的是，这一次公共舆论的反应非常理性，并没有完全站在的哥这一边。1月6日，《人民日报》刊发文章认为病根不在"专车"分的哥蛋糕，而是出租车领域采取配额制管理，并发出强烈呼吁"是取消出租车公司暴利模式的时候了"。同一天，新华社也就此事发表短评，呼吁"用改革击碎既得利益群体的垄断"。

两大官媒在出租车改革的问题上，同日强烈表态，并不多见。之所以会如此，一是落后的出租车专营制度已经在制造新的问题，诱发、激化新的矛盾，再不改，已经不行。

另外，这也反映出，公共舆论对出租车行业改革的停滞失去了耐心。单说《新京报》创刊11年来，所刊发的相关评论文章，就不下数十篇。十余年来，因为出租车专营制度问题，在各地引发的停运等群体性事件，层出不穷。然而，任由公众、媒体、出租车司机等十余年死磕，出租车专营体制坚如磐石，几乎没有任何改变。

一些地方十年前定下了应该有多少辆出租车，到现在还是有多少辆出租车。一些地方十年前一个出租车牌照几十万，到现在还是几十万。甚至，十年间货币超发若干倍，都不能对其价格产生任何影响。

一个大家都认为不合理的行业体制，为什么就是改不了。这或许才是真正的问题所在。

十八届三中全会提出全面深化改革，十八届四中全会提出全面推进依法治国。由此，公众看到，像公车改革这样一些过去认为改不动的老大难问题，说改就改了；一些行政审批权力，说放也就放了；一些身居高位的贪腐官员，说法办，也就法办了。在这样的背景下，也让公众对出租车行业改革破冰产生期待。通过改革打破出租车行业反市场的暴利垄断，创造良法以维护公平正义，保护创新，正是全面深化改革和全面推进依法治国的需求。

希望，废止出租车专营制度，不要让公众再等待太久。

■ 2015年1月10日社论

肯定专车服务，应有实质政策松绑

2015年1月9日，针对近期被舆论聚焦的"专车"，交通运输部对"专车"软件的积极作用进行肯定，认为当前各类"专车"软件将租赁汽车通过网络平台整合起来，并根据乘客意愿通过第三方劳务公司提供驾驶员服务，是新时期跨越出租汽车与汽车租赁传统界限的创新服务模式，对满足运输市场高品质、多样化、差异性需求具有积极作用。交通部同时表示，禁止私家车接入平台参与经营。

作为国家最高交通主管部门，对于"专车"这一市场创新，能采取宽容、鼓励的态度，无疑难能可贵。交通部此番表态，无疑给各地严查专车行为划定了一个明确界线，让从事"专车"服务的相关企业吃了一颗定心丸。

"专车"是市场的自发产物。"专车"的诞生，一方面是因为许多大中城市的交通资源匮乏，"打车难"成为长期困扰民众的出行难题，"专车"则拓宽了民众出行选择，一定程度上缓解了"打车难"。另一方面，随着民众收入水平的提高，大众化、同质性的出租车服务，已不能满足中高收入民众的需要，他们更需要一种更专属化的，更高服务质量的出行服务，"专车"正是迎合了这样的需求。

提供"专车"的公司，通过租赁正规租赁公司的车辆，雇佣专业的司机，加上网络叫车平台，巧妙地进行资源整合，这样的市场创新，杜绝了"黑车"的种种弊病，给消费者以更规范、安全的服务。"专车"的存在，不仅使消费者受益，也帮了政府部门的忙，这种不仅无害，反而增进公共福祉的新生事物，有什么理由将其扼杀？

得承认，"专车"的存在，让政府监管措手不及，带来一些新的监管难题。但这不是封杀专车的理由，相反，任何政府监管都不该一成不变，而应根据经济社会的发展不断进行灵活的调整。当专车这样的市场创新引领变革潮流之时，作为监管者，不能逆市场规律而行，畏新兴产业如虎。只有监管主动适应并跟上创新的步伐，中国社会蕴涵的巨大创造力才能充分激发出来，经济的效率才能改善，民间的财富才能增长，国家才能不断走向进步。

交通部肯定专车服务，是对各地过于严厉地监管"专车"的纠错。不过，这样的表态，如果仅仅停留在口头层面，仍然不够。当务之急，是对"专车"服务进行实质性的政策松绑，给市场创新以法律和制度的有力保障。

这样的松绑包括两个方面：一是许多地方都出台文件甚至立法规定，租赁车辆不得用于客运服务，这些规定理当尽快取消，以解开捆在"专车"上的政策羁绊。二是"专车"服务公司与汽车租赁公司合作固然解决了车辆来源问题，但国家对汽车租赁公司也实行总量控制和配额管理，这严重制约了"专车"服务业的发展。所以，针对"专车"市场发展需要，权宜之计是通过新增配额，或者允许部分私家车转为租赁车辆牌照，专事客运的办法，拓宽车辆来源。而最终解决之道，则是解除行政管制，放开特许经营，让各类租赁车辆数量由市场调节，平等竞争。

当然，对于"专车"，鼓励市场创新的同时，也要创新监管，对驾驶员、车辆以及运营组织的资质作出规范，如此，既让"专车"更好保障消费者利益，也促进这个行业的有序竞争。

■ 2015 年 4 月 16 日社论

"专车第一案"能否为专车合法性破题

济南滴滴专车司机陈超被认定开黑车罚款 2 万后，因不服起诉客运管理中心。2015 年 4 月 15 日，这起被称为"专车第一案"的案件在济南法院开庭审理，其中被告的行政主体资格和行政权限成为双方争议焦点。

专车是非之争由来已久，上升到诉讼层面的尚此一例，尽管此案是专车处罚行政诉讼之个案，但这极有可能成为专车之争的分水岭，也是互联网＋产业模式迎接挑战的一块试金石。也正因如此，它广受关注。

拿该案来说，庭审现场双方争锋的焦点，是涉事客运管理中心的行政处罚资格，而非私家车作为专车载人的合法性问题。本质上，它并未挑战现有的法律定义框架。而谁是谁非，终究还得看最终判决"盖棺论定"。

有专家分析，私家车从事客运服务不论是巡游揽客还是预约用车性质，均被现有法律明令禁止，在此情境下，期待涉事法院主动表态支持"专车第一案"中的私家车营运行为不现实。但公众心系此案，不只是希望在法律裁决个案上的定讼止争，更是希望它能为专车合法性困境破题，避免它继续游走在灰色生存的状态。

得看到，专车服务是典型的互联网＋创新性产业模式，客户、支付模式、路线选择、平台管理等都源于移动互联网。而其合法性之争则是互联网创新跟既有的监管方式冲撞的产物。尽管说，专车不仅解决了客运市场的刚性需求，还对减缓城市交通压力、利用闲置车辆等方面产生积极意义。但它带给传统出租车行业以巨大冲击，专车兴起还引发的哥们对"份子钱"过高质疑。

处在这新旧模式碰撞的节点，公共管理部门的态度也颇具导向意义。它如果因循不完善的法规，可能会找出一万条反对专车发展的理由；但政府和司法更需要考虑的是，固守现有的法律考量视野会否扼杀创新，错过"互联网+"带给整个中国弯道超车的机会。去年11月23日，交通运输部针对移动互联网预约车问题答记者问时，提出了"以人为本、鼓励创新、趋利避害、规范管理"的十六字方针，将"鼓励创新"放在了重要位置，就颇具意味。

实质上，专车在北美也是一种新事物，著名的Uber公司也曾面临政府禁令、钓鱼执法、出租车行业抵制等情形。它之所以能够在"逆境中"茁壮成长，不在于创办者锲而不舍的精神和雄厚的民众基础，而在于法律、政府等愿意趋从互联网大势。尽管洛杉矶市交通部门也曾对Uber发出"勒令停止通知函"，但其政策壁垒渐次消除，美国联邦贸易委员会（FTC）就对Uber等提供的租车服务表示支持，认为尝试扼杀租车应用，将会阻碍竞争。

因此，不管"专车第一案"判决结果如何，专车合法性问题都该提到法治破题的层面。毕竟，当下正是李克强总理提到的"风口"，政府作为与司法的方向都应顺应这个"风口"，而不是纠缠于那些刻板而过时的法律条文。也唯有法律与时俱进，再碰到类似纠纷时才不会出现专车是非判断上的分野。

（执笔 朱巍）

■ 2015年10月12日社论

专车监管也是深化改革风向标

2015年10月10日，酝酿已久的出租车改革方案终于出炉，且针对出租车和专车各发一文。对于备受关注的专车监管问题，征求意见稿将专车纳入出租车行业管理范畴，并提高了其进入门槛。而关于专车相关规定，也被坊间称作"专车新规"。

交通部征求意见的"专车新规"之所以引起广泛关注，一是在专车诞生后的近两年，已有无数消费者切身体验过专车的便捷服务，"专车新规"的最终定调与消费者利益息息相关；二是在"互联网+"已成为推动经济转型战略性抓手之当下，"专车新规"何去何从，是改革还是倒退，不仅被舆论视为"互联网+"战略深度攻坚的风向标，某种程度上也在考验诸多领域深化改革的决心。

或许，基于"专车新规"定调将系统冲击现有出租车利益格局，全国版的"专车新规"存在适度缓和矛盾的必要，毕竟，从发布征求意见稿到最终确认实施，这期间既可以广泛征求社会意见，也便于地方主管部门提前进行协调应对的准备。

从共享经济角度看，专车这一"互联网+交通"的新模式，已成为不可逆转的新经济潮流。这并非简单的对原有利益格局的洗牌，更是对存量资源的结构性优化和重组，其对移动互联网和大数据的充分运用，更便利于人们的出行，其衔接起众多的存量社会车辆，则更是超低成本地提升了社会运行效率。在此背景下，相关部门在新旧两种力量博弈的拉力中，是仍然以保守的心态维护旧的利益格局，还是顺应乘客利益，拥抱"互联网+"的大潮，也是一个如何全面深化改革的观察切口。

当然，给予专车更具开放性的成长空间，也会给各地新增极具挑战性的新命题：面对陌生的专车和专车司机群体，如何尽快构建新型的治理体系？如何重新协调他们与出租车公司、司机的关系？……面对由专车带来的租约车行业利益矛盾，要找到破题之方，还须从尊重市场规律、相信社会自治、拥抱技术革命等契合深化改革的维度，去循序破解，而非重回惯性监管思维的窠臼。

具体到刚刚颁布的"专车新规"征求意见稿，我们希望未来最终定调的"专车新规"能更具开放性思维。在上海版试点成熟后，对专车资质的认定，可以尝试推出注册制，亦即主管部门设定标准，核准权限下放至专车平台，甚至在专车注册制试点达到预期成效后，原有的出租车牌照审批模式，也可以此类似进行注册制改革。而不可重复此前的出租车牌照审批模式，更不宜将审批权直接下放至县一级，否则围绕专车新型的垄断利益格局又会形成。

而在对专车"收编"的同时，出租车行业经营管理机制深化改革亦需并推。交通部有关人士表示，首先要求各个地方取消经营权有偿使用费。而实质上，义乌、杭州等地在取消出租车准入限制、数量管制、价格管控上已有先行举措，其他地方亦可步子迈得更大。本质上，出租车市场改革与专车规范化脐带相连，也该相辅相成。

"互联网+"是全面深化改革的重要驱动，专车又是"互联网+"的代表性产物，基于此，相关监管应有攻坚克难的决心，为深化改革助力，而非以刻舟求剑态度制造改革"堵点"。

（执笔 杨国英）

2015年11月11日社论

居民出行自由才是专车新政焦点

据报道，交通部历时一个月的专车新政征求意见稿，已于2015年11月9日24时全面结束了面向社会公开征求意见的工作。能激发大众广泛参与的征求意见稿并不多见。此次征求意见能得到热烈反响，一则源自专车新政牵涉到了居民的出行自由权利，一则反映居民参与公共政策选择的觉悟提高了，更多人期望将自身诉求反映到政策制定的博弈过程中。

而在这些意见中，在专车应不应该纳入出租车管理、应不应该登记为"出租客运"以及要不要取得从业资格证等这几个关键问题上。可以看到，支持专车纳入出租车监管并登记为"出租客运"的意见占多数，比如，针对"专车车辆应定义为何性质"这一问题的846条意见中，有440条意见认为专车应该纳入出租车监管。

当前各方的讨论本身就搭载着各自的特定利益，这无可厚非，因为公共政策制定就是寻求各方利益的最大公约数，各种利益诉求陈列式地放置在阳光下讨论，有利于聚焦妥协出一个大家都能接受的最不坏的公共规则。但是几百条占大多数的"意见"，能否代表大多数人的利益，却值得存疑。

要知道，真正的大多数人，应该是日日都有着出行需求的普通居民，他们是市场的大多数。作为普通人，也许并不会专门就此向交通部提出意见，却会在自己的日常行为中"用脚投票"，他们的选择主宰了市场走向。因此，从某种程度上来说，市场规律恰恰代表了大多数人的意见。

当前不论是对专车性质的争议，专车经营权和准入的纷争等，都旨在厘定行政权力的行权边界等问题。这些问题的聚焦点都应归属于如何更好地满足居民出行自由这一核心。

当前各方针对这两份征求意见稿的讨论，并没有完全聚焦如何保障居民出行自由上。就专车是否应该纳入监管，在讨论中实际上换成了专车是否应适用于出租车监管，而众所周知的是现有出租车监管秩序，恰恰亟待改革，因为现有出租车监管和运作模式，并没有很好地解决居民出行自由，专车这一新型经济模式在这个大背景下诞生，也是市场规律的自发反应。若将专车纳入出租车监管体系，那么专车就实际上被同化为出租车，居民出行自由有可能依然得不到有效改善。

因此，将居民出行自由放在博弈聚焦点，才是尊重市场规律的体现。让市场通过自利竞争来决定一地出租车的边际数量，并从制度上消除出租车与专车在竞争服务中出现的矛盾。

要知道，在实践中，网络专车平台已经实现了根据需求进行动态调整的定价机制，也可以根据市场需求灵活调控数量，市场需求在某种程度上代表了大多数人的出行需求。在尊重市场规律的基础上，才能有效保障居民出行自由。

总之，但愿即将出台的专车新政，能真正有效聚焦于为居民的出行自由提供良序，厘清政府与市场的边界。

（执笔 刘晓忠）

■ 2015年11月13日社论

面对"互联网+",警惕"叶公好龙"

当全世界为双十一期间中国消费者巨大的消费能力感叹不已时,呼和浩特的网购者和快递企业却过得相当郁闷。人们从新闻中看到,呼和浩特快递员骑马送快递、用滴滴快车送快递的场景。快递小哥成为"套马的汉子",这事一点都不浪漫,因为这不是快递公司的营销手段,而是在呼和浩特集中整治机动三轮车之后的无奈选择。

禁令之下,呼和浩特的快递一时退到"最后一公里基本靠走"的境地。效率大幅降低,快递员大量离职。在快递公司的吁请之下,呼和浩特市开了一个口子,原则上同意取得经营许可的45家快递公司的4000辆快递专用三轮车上路,但时间仅限于晚7点到早上7点半集中配送。

从"一刀切"禁止电动三轮车上路,到只允许晚上送快递,充分显露出决策者没有网购的经验。大半夜送快递,几个消费者敢开门?

呼和浩特不是最近唯一向快递下手的城市,山东日照市对各种违法车辆进行综合整治,快递送货的三轮车是被查主要对象之一。

在现实中,一些快递三轮车确实存在问题,但就跟不能因为糖尿病的存在便禁止吃糖一样,快递三轮是发展中的产物,因为适合国情才成为行业的标配,即使有问题也应在发展中解决。

事实上,10月23日国务院出台的《关于促进快递业发展的若干意见》曾提出:"各地可结合实际制定快递专用电动三轮车用于城市收投服务的管理办法，解决'最后一公里'通行难问题。"李克强总理表示，要给予快递专用车辆城市通行和作业便利。

从投资驱动到消费驱动，中国经济正在经历历史性的转型。而互联网正在以惊人的速度对我国传统经济结构进行全面的变革。十八届五中全会明确指出："我国发展仍处于可以大有作为的重要战略机遇期"，而一系列新经济形态和经济增长模式正是这一时期的新亮点。从中央政府到社会各界，都把希望的目光投在"互联网+"和电商上。

我们期待中国商业基础设施震惊世界的那一天，近年随着电商的迅猛发展，产业链各个环节的进步都有目共睹。但一个小小的三轮车，却让我们意识到作风粗暴的管理者可以一夜之间让所有进步化为乌有。商家"当天达""次日达"的承诺抵不过一纸行政命令。

这就好比叶公好龙，仰慕龙的壮丽，却被龙的气势所吓倒。现在，有些政府部门一方面欢呼"拥抱互联网+""拥抱新经济"，一方面却在新经济模式悄然降临时，或者惧怕其对现有利益格局的洗牌，或者仍然受陈旧的管制思维影响，自觉或不自觉地设下重重障碍。

又比如专车，从经济角度看，专车这一共享经济模式，已成为一种新经济潮流，不仅便利人们出行，更是对现有资源的结构性优化。而对于职能部门来讲，这恰是一个落实"拥抱新经济"的契机，在尊重市场规律的基础上，用更具开放性的治理思维，给予其更大的成长空间，才符合"互联网+"时代的趋势。

一个新的时代正在来临，政府部门需要做的，是真正理解并接纳新经济模式的奥义，对现有的行政系统进行改革和调试，为其营造一个良好的市场环境。

（执笔 西坡）

■ 2016年3月15日社论

对待网约车不能学"老欧洲"

2016年3月14日,交通运输部部长杨传堂就"深化出租汽车改革与发展"相关问题回答了中外记者提问。专车之争是过去一年民众最关注的热点话题之一,相关部门的政策屡屡引发争议。在全国两会这个场合,交通部长直面尖锐敏感问题,回应民众与行业关切,体现了责任与担当。

记者会上透露出来的信息不少。杨传堂部长表态,对网约车不搞"一禁了之",通过立法途径让专车获得合法身份,相信让很多已经习惯了专车服务的民众以及相关企业,都感到不少宽慰。

可以预见,专车或者网约车在时下的中国不是禁止与否的问题,而是如何取得合法身份,以及如何监管的问题。但是,这也并不意味着,专车行业就此一帆风顺,能否建立符合市场经济的监管体系,也将性命攸关。

因而,说到底,最终出台的政策是什么样子,最关键的还是,我们该用一种什么样的态度对待专车或网约车。

专车出现之后,触动旧的利益格局,在世界范围内引起了广泛的争议,各国政府均面临新的挑战。确实如杨传堂部长所言,从世界范围来看,各国对网约车如何实施监管,一直争议不断,德国、法国、西班牙、日本等许多发达国家对网约车持完全禁止的态度,美国各州也是有禁有放。

外界的情况就是这样,问题在于,我们是该学习借鉴禁止的国家呢,还是应该向有的国家那样为网约车绿灯放行?

其实,仔细观察各国的态度,不难发现,禁止网约车的多是保守的欧洲国家，日本禁止网约车也并不令人意外，因为，日本也是保守型社会。而美国因为各州拥有较大的立法权，并且各州状况不一样，所以会有禁有放，但还是以放为主流。

那么问题来了，保守的"老欧洲"应该成为我们的学习对象吗？

近年来，世界经济低迷，"老欧洲"国家也就只有德国依靠深厚的制造业功力勉力维持局面，其他欧洲国家大多难以让人产生期待。为何如此？答案就是：保守。各个既得利益群体已经划好了势力范围，容不得外来者，也容不得颠覆旧格局的创新者。一旦有新的事件，那些在政治与经济临界点上挣扎的政治家，不得不对旧的利益群体妥协。保守看似能换来暂时的稳定，但扼杀的是社会的创新和活力。

为什么我们应该以更开放的姿态对待网约车？其实，我们看看目前的IT业就明白了。目前，世界10大互联网公司除了美国的就是中国的，既没有老欧洲的，也没有日本的。之所以会如此，很大程度上来自于，中美两国政府和社会的开放。尤其是我们，一直坚持改革开放政策不动摇，所以才能在短短三十多年的时间内，产生出多家世界级的互联网公司。这也决定了，中美两国仍然是世界上最富有活力的经济体。

"老欧洲"的没落是必然的，日本的长期低迷徘徊也是必然的，因为，这些国家都缺乏勇气和能力打破旧的利益格局，只能向福利主义与既得利益妥协。今天，它们向网约车说不，明天就有可能向其他的新经济业态说不。

在网约车问题上，欧洲一些国家树立了一个坏榜样，不值得借鉴，也不值得效仿，更不应成为政策保守性的借口。任何新兴业态都会带来一堆麻烦，但是，中国过去的成功经验从来不是因为有了麻烦就一禁了之，而是以积极开放的心态，顺应时代和市场潮流，研究这些麻烦，解决这些问题。只要我们拿出智慧和勇气，相信出租车行业会有更好的未来，网约车也同样会有光明的前景。

（执笔 于德清）

■ 2016年3月22日社论

废止出租车管理办法，理顺监管职能

据报道，2016年3月21日上午，住建部网站发布《住房城乡建设部 公安部关于废止的决定》，决定自3月16日起废止《城市出租汽车管理办法》（简称《办法》）。这意味着，这项已施行了18年、涉及出租车管理的"顶层"规定已正式废除。

《办法》的废止，既让很多人觉得"没有一点点防备"，又并不令人意外：毕竟，《办法》中的有些具体规定，已远落后于中国社会经济发展，与之对应的我国沿袭已久的传统出租车管理体制，也落下某些亟待革除的病灶。

如《办法》第五条规定，"城市的出租汽车经营权可以实行有偿出让和转让"，就是"份子钱"的来源。另外，《办法》中规定"出租汽车实行扬手招车、预约订车和站点租乘等客运服务方式"，也被认为是禁止网络约车的政策依据。正因如此，其废除被舆论广泛解读为，为正在推动中的城市出租车改革和与之配套的互联网约租车管理方案立法铺路。

更重要的是，依照《办法》规定，城市出租车管理有多个主体，九龙治水。根据该办法第七条规定，"国务院建设行政主管部门负责全国的城市出租汽车管理工作。县级以上地方人民政府城市建设行政主管部门负责本行政区域内出租汽车的管理工作"。这就意味着，在以往的部门分工下，出租车在城市里，算是城市管理的一部分，归住建部管；一旦出了城，才归交通部门管。这种条块分割，动辄造成出租车管理的权属不明晰。

相应的改革，也就成了大势所趋。要看到，在以理顺管理职能为指向的政府大部制改革框架下，交通运输部2008年3月正式挂牌，至此，出租车行业管理职能由住建部移交给交通运输部，出租汽车行业管理"政出多门"局面告终，也是必然态势。

但由于政策过渡、衔接受限于某种行政反应滞后性，直到交通运输部于2014年出台《出租汽车经营服务管理规定》，并于去年1月1日起正式施行时，《办法》仍然存在。这就导致两个部门规章同时存在且都有效，导致规章打架问题，而现实往往又决定了，在政策"竞合"的背景下，更能保护既得利益的规定往往被使用得更多。

所以这次废止决定，从程序上看，是清理打架规章、理顺管理体制的重要步骤，但对中国的出租车行业改革来说，却意味着移除了一个陈旧的、不适应新技术的政策障碍，也为深化出租车管理体制改革带来更多腾挪空间。尽管说《办法》废止，不等于出租车行业打车难、服务差、行业不稳定等痼疾就能立马消除，但这终究能让放开出租车牌照管制少些"规章壁垒"。

事实上，今年全国两会上，交通运输部部长杨传堂就表示：在此次出租车行业的改革中，将改革经营权的管理，实行经营权期限制和无偿使用，构建包括巡游出租汽车和预约出租汽车的多样化服务体系，改革"份子钱"制度，利用互联网技术来构建企业与驾驶员的利益分配。

而《办法》废止，与这一系列的改革愿景也构成了顺承关系。

破旧之后还得立新。《办法》废止，固然理顺了出租车管理所涉的职能主体，但它会否将这种利好的预期，传导到深化出租车改革指导意见和网络约车管理暂行办法两个文件的出台实施上，还有待期许。本质上，改革就是成文法规与政策不断随着形势而变的过程，而废除《办法》是迈出了其中的重要一步。

（执笔 刘远举）

■ 2016年7月29日社论

网约车合法化：让改革与民意共振

2016年7月28日下午3时，随着《关于深化改革推进出租汽车行业健康发展的指导意见》《网络预约出租汽车经营服务管理暂行办法》对外公布，我国出租汽车改革及网约车新政方案终于揭开神秘面纱。方案明确了网约车的合法地位，这意味着我国成为世界上首个正式承认专车合法化的国家。

从2015年10月10日，两个文件公开征求意见到昨天正式公布，在长达近1年的修订时间中，网约车到底以何种监管方式实现其合法化，新规对乘客、网约车、运营平台及传统出租车企业产生哪些影响，备受社会关注。

现在靴子终于落地，网约车获得合法身份，两个文件囊括的改革内容超出很多人的预期，它也被认为呼应了共享经济和工业4.0革命中内含的市场诉求，是面向新经济的改革在城市出行领域的胜利。正因如此，这受到社会高度认可。

比如，征求意见稿中曾指出私家车不能从事网约车运营，但新规明确，私家车只要按照规定和程序，进行一个转换就可从事网约车运营。

又如，网约车平台不要求自有车辆，不搞属地限制，线上服务能力由注册地省级相关部门一次认定，全国有效。这项改革也突破了原先网约车平台必须自购车辆，必须严格属地运营的限定。"自购车辆"等是将网约车往传统出租车管理模式上拉，而今放开这些要求，也更契合共享经济趋势。

新规还对此前意见稿中以监管为名提出的很多削足适履式的要求，做了修改或删除，包括对"安装计价器"规定的删除；而新增的对网约车安装卫星定位和报警装置等的要求，则更多的是着眼于"运营安全相关标准"的规范。

这些举措对网约车行业和民众而言，显然是好事：网约车无非是通过技术革命推进了出租车行业的市场化进程，其出现更极大地改善了人们的出行，将其合法化是大势所趋，也是对市场的敬畏、对民意的顺应。从更长远的视角看，网约车新规还让中国在信息技术革命的移动出行领域，取得了先发优势。

毋庸置疑，这类顺应民意和市场的改革，步子迈大些，不是坏事。或许很多改革牵涉到多方面的利益协调，但只要符合民众利益、时代潮流、市场规律，就无妨突破某些利益藩篱，大胆地改，到头来会获得更多民意支持。

而从改革过程看，网约车新规出台指涉的改革，也体现了"以民间智慧助推改革"的思路。网约车作为互联网＋的创新，是种发轫于民间的市场自发力量，它将相对分散闲置的资源利用，确实解决了传统出租车行业中的许多痼疾，但它并非一开始就获得"准生证"，其监管也在民间试行中不断磨合、矫枉，最终实现了民间智慧与自上而下的改革意愿的互动。

面对市场上衍生的新事物，监管者不是将其一棍子打死，而是允许其有一定时间的灰色地带，让民间去创造去试验去总结，在条件成熟的时候再根据民间尝试出台正式的规范政策，这一路径其实也是在改革程序中嵌入更多对民意、市场的尊重。在这方面，我们其实不乏成功的经验，如当年从小岗村试验到全国范围的家庭联产承包责任制改革，就是成功典范。

允许民间智慧的生长、自我调适，而不是扼杀或禁锢，改革才能与创新共振，切实推动社会进步。网约车的"合法化"，就是用改革呼应坊间的民意和创新，可以肯定，这样的"民之所望，政之所向"的改革越多，就越是社会之幸。

（执笔 刘远举）

■ 2016年7月30日社论

让地方细则承接国家网约车新政善意

　　作为新经济时代城市出行领域规范的基本法，亮点纷呈的《网络预约出租汽车经营服务管理暂行办法》于2016年7月28日出台后，迅速刷屏网络。中国由此成为"世界上首个正式承认专车合法化的国家"，让很多人倍感欣慰。

　　随着合法性在国家层面的被认可，网约车正式告别法律意义上的灰色区间，私家车是否可用作网约车、平台可否走"轻资产"路线等问题，也有了确切答案。而在顶层设计维度上明确了网约车政策的方向，无疑有益于网约车行业的健康发展，也能通过削减出租客运领域新旧业态的政策门槛差距，优化城市出行市场格局。

　　得看到，用参与政策制订的专家说法，此次网约车新政采取了"统分结合、地方事权"的原则。框架性办法由中央统一规范，但网约车行业遵循"属地管理"，在运力调控方面新政也给地方政府留出了巨大裁量空间，以方便地方城市因地制宜。

　　正因网约车管理办法更多的是"勾画轮廓"，操作细则还需各地具体敲定，其实施时间也跟出租车改革意见"即日起生效"不同，而是给地方留了3个月的政策过渡期，从11月1日起开始实施。"普适框架+本地化细则"，无疑给了地方在新政落地过程中"因城施策"、适用某些先进经验的灵活性，也意味着网约车行业要从合法到能真正市场化地生长，还需地方用善政响应中央改革意图，在"量体裁衣"出台具体方案时，削减地方版本的不确定性对新政落实带来的变数空间。

就眼下看，在网约车服务的定价机制上，新政规定"网约车运价实行市场调节价，城市人民政府认为有必要实行政府指导价的除外"；对网约车的车辆资质，新政规定"城市人民政府对网约车发放《网络预约出租汽车运输证》另有规定的，从其规定"，且网约车驾驶员要符合"城市人民政府规定的其他条件"；对于拼车、顺风车的管理，也"按城市人民政府有关规定执行"。还有，地方政府还可对传统出租车和网约车的数量规模调控。也就是说，地方政府对新业态的应对方式，关乎改革善意初衷能否在"下半程"完全兑现。

正源于此，有网约车平台就呼吁，希望各级地方政府在落实中央政策的过程中，鼓励创新，简政放权，为新业态发展创造一个良好环境。在网约车方面的改革被视作深化改革的重要风向标，其也在"民间探索＋顶层确证"中实现了顺应市场民心的突破的情况下，地方城市也理应秉持市场化改革的导向，让网约车合法化的政策利好更好地下沉。

具体而言，在那些市县属地对网约车平台的线下审批过程中，要"接棒"新政文件简化平台申请程序、缩减审核期限的善意，参照其他领域市场准入负面清单制度的经验，减少行政设限。

还有，地方城市政府在运价调整、车辆条件确定时，尽量避免选择例外情形，比如严格对网约车"有必要实行政府指导价"的情况，仅限于恶劣天气下设涨价"天花板"等极端情形；而在数量调控上，多搞市场化调节，避免沿袭以往出租车领域牌照管控的模式。

说到底，网约车合法的靴子落下，已迈出了一大步，而地方城市也应承接网约车监管态度演变中的改革决心、进程，让网约车新政蕴含的改革红利在不打折扣的落实中充分显现。

（执笔 佘宗明）

■ 2016年8月19日社论

兰州网约车改革别走"回头路"

在2016年7月28日交通部发布网约车新规后，兰州成为最先向社会披露网约车管理方案核心内容的城市，但其方案一公布就引发巨大争议：据报道，兰州市城市交通运输管理处（简称"城运处"）制定的管理网约车总体思路是"总量控制+价格管制"，当地拟将运营车辆总量控制在1.5万辆左右，其中留给网约车的数量约3000辆，且要求其车型、价格必须高于出租车。

本来，国家层面网约车改革步伐超出很多人预料，而各地在11月1日的大限前出台的地方管理办法，能否顺承这种步伐，也备受关注。遗憾的是，从兰州城运处制定的管理办法及此前爆出的济南等地对网络车的限制性表态看，一些地方落实时阳奉阴违的倾向值得注意。

比如兰州城运处明确的"总量控制+价格管制"，就有走回头路的意思：本质上，这沿袭的，是已被证明积弊丛生的传统出租车领域的计划性、垄断式管理模式。当然，该方案报送兰州交通委后，还要经过市政府常务会议审定、公开征求意见等环节。

过往经验证明，搞数量和价格管控，易导致人为的行政垄断，造成牌照资源紧张下的寻租；原本可由市场调节的供需和定价，也会被僵化滞后的行政调控之手扭曲，最终带来"打车难""服务差"等乱象重现。果真如此，那网约车就徒有"网约"之名。

网约车新规中,并未要求地方进行总量控制,对于价格,规定"网约车运价实行市场调节价,城市人民政府认为有必要实行政府指导价的除外"。此处的价格指导不等于价格管制,它更多的或许是指对极端天气下平台溢价行为的约束。从承继改革善意的角度看,网约车的发展规模和价格,应取决于市场需求的变化。而强化管控,对地方政府管理有利,对地方既得利益群体有利,却对国家改革和广大民众不利。

一些地方对网约车进行总量控制理由之一是预防和治理拥堵,可网约车最大特点是共享经济,在不增加社会车辆的前提下将闲置资源配置到需要的地方,发掘存量资源的增量价值。

还有些地方之所以对网约车进行总量、价格管制,是为了平衡网约车与传统出租车的竞争关系。但要平衡,也得靠营造充分竞争的市场环境。平衡的关键,也不是削足适履,砍掉网约车模式的特性将其往出租车模式上靠拢,而是用网约车模式创新去盘活传统出租车变革,让双方通过提升效率和服务来争夺市场。

说到底,网约车改革的精髓,在于顺应市场、民心,若逆市场和民意而为,则是对网约车改革的架空,不利于技术和服务创新,也难以满足人们对优质便捷的出行要求。虑及现实阻力,考虑到"有序"推进改革的需要,地方落实网约车改革的步子可以稳步但不能倒退,不能与民争利,更要防止"总量控制+价格管制"可能带来的管理部门扩权和基层寻租。

以"先例"为镜,可以明得失。兰州有关部门作为"领跑者"制定和披露的地方相关规定,受到广泛质疑,就不失为一面镜子,从中不难窥见市场导向与民意风向。而接下来两个多月,各地方版本会陆续面世。但不论地方版本怎么强调"尊重本地实际情况",都不应违背市场化改革精神,都应以顺应社会最广泛诉求、鼓励创新为根本目标,这样才能解开过去存在于出租车等领域的改革屡改改不动的死结,也让网约车管理真正"向前看"。

(执笔 廖保平)

■ 2016年3月31日社论

网约车立法，要明确"前科准入"问题

3月29日，深圳市交通运输委员会联合多部门约谈5家网络约租车平台，通报了网约车平台存在的驾驶员招录把关不严、违法和事故多等五大问题。据官方的通报，经初步排查，深圳市网约车驾驶员中发现有吸毒前科人员1425名、肇事肇祸精神病人1名、重大刑事犯罪前科人员1661名。

逾1600名网约车司机有重大刑事犯罪前科，这在网上引发了热议。司机有犯罪前科，到底能不能开专车，成了讨论的焦点。有人说，这涉嫌前科歧视，有前科者也有法律保障的重新就业和工作权利；也有人说，专车是个快速流动的"密闭空间"，在司机具体驾驶行为难以实时监管的情况下，要保障乘客安全，在前置环节加强对网约车司机的准入把关，将其纳入特种行业进行前科检查或犯罪排斥，无可厚非。

应看到，深圳官方此次对有前科的网约车司机止于"数量通报"，并未要求将其逐出，更未明确提出"有前科不能开专车"的绝对化命题——尽管按深圳市交通运输委官网上公布的该委"2015年建议提案办理结果公开"，深圳去年年底拟提出"专车驾驶员准入机制"，条件之一就是"近3年内无吸毒、刑事犯罪记录"。但其通报将公众导向对该问题的思考，却非坏事，因为网约车领域涉及前科的准入门槛问题，迟早都要面对。

有犯罪前科能否当专车司机，这其实是个技术性议题，很难用"能"或"不能"简单回答。实质上，Uber在美国就会通过身份证验证程序，查看司机过往7年的法院记录；而拿出租车比照，很多地方规定了出租车司机几年之内"无违法犯罪记录证明"，像上海是5年。今年1月上海一名孕妇被正规出租车司机劫杀，凶手在2011年曾因涉赌被行政拘留过，但还是顺利通过的哥门槛，就引发质疑。这也部分支撑了某些资质审查的必要性。

但犯罪不能一概而论，犯罪也有过失犯罪和故意犯罪，有不同类型。有些犯罪如危害公共安全、侵犯财产犯罪、抢劫罪等，有这类前科确实可能增加不稳定的几率，基于出租车（广义上）行业的服务业属性和保障乘客安全之需，适当限制或许可理解；但这不宜扩大范围，在暴力犯罪、交通肇事和对未成年人侵害的犯罪之外，没必要限制。当然其准入门槛到底该怎么设，哪些犯罪类型该被限制，该限制到什么程度，应该经由充分的业界学界讨论。

像这次，深圳的相关通报中，有些说法有待细化：我国法律中只有"犯罪前科"的概念，什么叫"重大刑事犯罪前科"？而其前科统计，有没有回溯的期限？前科人员是多少年内的犯罪记录？

实质上，交通运输部《出租汽车驾驶员从业资格管理规定》规定的出租车司机准入条件之一仅仅是，近3年内无重大以上且负同等以上责任的交通事故。而目前网约车管理的立法尚未出来，若对网约车司机的"前科"做过严限制，其合理性难免引发争论。

还有，对网约车司机身份筛查的责任主体是谁，也有待明确。网约车平台无疑有筛查之责，但该尽到多大责任，主要筛查责任归谁，仍有争议。时下有人就提出，在申请专车司机资格一开始，就该由专车企业与政府对接，企业把申请司机资格的数据向政府开放，由政府部门进行审查。而这，也亟须"顶层设计"式法规加以明确。

如今，网约车立法正在进行中，而深圳通报前科人员数量引发的思考，恰恰也是相关立法该直面的问题。在此也希望，借助网约车立法契机，尽早搞清楚"前科准入"等问题，避免类似问题再引发争议。

（执笔 王琳）

4. 魏则西事件

■ 2016年5月3日社论

"魏则西事件",多少法律责任待澄清

2016年4月底以来,几篇关于"魏则西"的文章引起极大关注。文章的大致内容是:身患滑膜肉瘤的21岁大学生魏则西通过百度搜索到莆田系参与承包的医院,后在该院用不靠谱的"生物免疫疗法"治疗,说是能留住魏则西生命20年,却在其家人花尽了20多万元费用治疗几个月后,遗憾离世。

目前该事件的具体真相还有赖于官方的调查。但令我们感到困惑和无力的是,随着事件被一点点解剖,我们尚未看到谁来为这起悲剧买单,甚至,连明确的、真诚的道歉都没有。

涉事医院若真的发布了所开展的生物免疫疗法是"同美国斯坦福医学院的合作项目",用的是"斯坦福的医学技术"等虚构广告内容,根据《广告法》规定,工商部门最高可处广告费用5—10倍罚款,并可由卫生行政部门吊销诊疗科目或者医疗机构执业许可证。

又比如，国家卫计委的《首批允许临床应用的第三类医疗技术目录》规定，免疫细胞治疗被限定在临床研究范畴，医院可以开展免疫治疗临床研究，但原则上不得收取任何费用。对此，涉事医院是否对魏则西告知了该治疗为临床研究试验项目，满足了患者的知情权？若没有详尽告知并让患者在知情同意书上签字，也是一种医疗侵权，应承担相应的侵权责任。还应明确，医院临床科研试验项目，疗效具有极大的不确定性，患者愿意配合试验也是在为科研做贡献，故医院不得收取任何费用，若涉事医院真的为此收取了二十多万元治疗费用，在法律上即成立了"不当得利"，魏的家人可以依法请求医院返还其不当得到的利益。

如果涉事医院的相关责任被坐实，那么，百度则可能就是责任链的下一环。

百度推广使用付费模式，与莆田系等医疗承包商合作，通过设定关键词等方式，帮助百度用户找到相关医疗机构，进而让医疗机构的广告内容被百度用户看到。这种方式的广告性质至为明显，海淀法院2013年审理相关案件时还曾为此发出司法建议书，认为"百度推广相关结果不仅区别于网名提供的相关解答被排位在优先位置，而且百度推广用户的相关网站内容被突出显示，并含有介绍第三方网站所销售商品或提供服务的介绍内容。以上情形具有上述《广告法》第2条规定的广告的相关性质"，但工商部门一直未有明确定性。

从"魏则西事件"来看，魏则西在百度上搜索第一条即为涉事医院的生物免疫疗法，若百度推广被认定为对本事件当事医院虚假广告推波助澜，则根据《广告法》，工商部门可对其没收广告费用，处广告费用5—10倍罚款，并可由有关部门给予暂停广告发布业务、吊销营业执照、吊销广告发布登记证件的处罚。

而撇开百度推广的广告性质，百度无疑也是网络服务提供者。百度知道涉事医院利用其网络服务侵权后，采取断开链接的方式是正确的，而不是有些网友所称的逃避责任。因为《侵权责任法》规定，网络用户利用网络服务实施侵权行为的，网络服务提供者接到有关侵权通知后未及时采取必要措施的，对损害的扩大部分与该网络用户承担连带责任。

但涉事医院不是百度的一般网络用户，而是其合作单位，百度与其有直接或间接的合同关系，无论是基于公司社会责任，还是合同当事人的主合同义务和附随义务，百度公司都应当对相关合同履行的后果承担更多事前审查而不是事后审查的法律义务，故有人认为"百度审查涉事医院为三甲医院亦足"的观点值得商榷。

现在问题的症结是，相关部门迟迟不对百度推广予以广告定性，即使百度发布了虚假医疗广告，也难以得到广告法的调整和查处，"魏则西"类的悲剧就难以避免再次发生。期待借此事件之机，有关部门对此尽快有个明确的说法。

（执笔 刘昌松）

■ 2016年5月4日社论

解决"莆田系问题"也需靠市场竞争

"魏则西事件"持续发酵。此一事件中,监管失职的问题一目了然,论述已经非常之多;但在另一方面,医疗行业所独有的特征也是造成如此悲剧的重要原因。

问题在于,我们该如何解决莆田系背后所面临的监管难题?显然,莆田系的一些医院要为此付出代价,但是要解决这一问题不是消灭"莆田系"、取消民营医院,告别市场。

医疗是一个信息强烈不对称的领域。在每一桩具体的医疗服务中,医生和患者的信息都是不对称的。医生天然具有信息优势,掌握更多信息,而患者处于一个信息不透明的状态。很多时候只能被动听取医生的意见。

更重要的是,医疗本身是不确定的,特别是一些疑难杂症。而这种不确定性甚至是被监管承认的。如此次魏则西采用的技术,即属于充满不确定性的第三类医疗技术。

所谓三类医疗技术的分类是:第一类医疗技术是指医疗机构在临床应用中能确保其安全性、有效性的技术。第二类医疗技术是指安全性、有效性确切,但涉及一定伦理问题或者风险较高,卫生行政部门应当加以控制管理的医疗技术。第三类医疗技术,即一些新的技术,其临床有效性未能得到充分验证,或者理论上有效,伦理上有些争议。

国家的监管,应该帮助患者面对这种不确定性。

但现实中,人们遇到疑难杂症,不是到省城,就是去北上广的医院,转向各种各样不确定的医疗方法与不靠谱的机构。虽然有些人是直接被骗去的，但很多人往往都有着令人悲哀的原因，要么是没钱；要么是无奈之下的最后一搏。

这使得那些患了疑难杂症的患者，在相对更不确定的医疗技术前沿领域中，处于相当不利的地位。而此时，相关部门的监管，往往缺位或者不够"硬气"。

事实上，除了管理机构的问题以及体制上的深层问题外，医疗科技的发展，正如前面所言，处于高度的不确定性之中。政府也很难做到仔细的、专业的监管。

另外也应该看到，莆田系的业态多集中于医保之外的医疗领域，一些美容项目、癌症项目、辅助生殖或者男性病项目，或者是医保不予报销或者病人不走医保。我们虽然已经在城乡建立了基本的医保体系，但是，不能否认，中国仍然存在庞大的自费医疗市场。医疗的专业性与自费患者的信息不对等，最终为莆田系的众多医院提供了浑水摸鱼的空间。

这一方面需要扩大医疗保障范围，让更加专业的医保机构直接面对医院，缩小自费医疗市场；另一方面，则是鼓励商业医疗保险发展，通过市场提供专业监管服务。这自然也就能够有利于解决医疗价格虚高，以及医疗欺诈等问题。

为了激励这种监管，不妨把监管放在公民医疗费用的对立面，也即商业医疗保险公司模式。与此同时，为了抑制商业公司减少保费支付的动机，也必须把它们放入市场竞争中，即让许多商业医疗保险公司彼此竞争。这个时候，公民所需要做出的选择就变得相对简单——在保险公司多样化的激烈竞争中，选一家适合自己的保险公司即可。

市场不是万能的，市场也不能代替监管，但是，如果能够利用市场的力量进行制衡，最终提高公共福利供给，也值得去尝试。

（执笔 刘远举）

▌2016年5月5日社论

警惕魏则西事件背后的"反市场化"

青年魏则西之死,不仅让互联网巨头百度声誉再次遭受重创,更把民营医院抛上了火山口。许多人干脆认为,"莆田系"长期作恶行骗,证明医疗产业就不该市场化。

一些社会资本在医疗行业兴风作浪,以部分莆田系为代表的民营医院的胡作非为,这确是无可否认的事实。但如此就要否定医疗产业市场化的改革方向,回到公立医院大一统的过去,这无异于把洗澡水和孩子一起倒掉。

实际上,莆田系并非铁板一块,其中有肆无忌惮行骗的,也有逐渐与"游医"决裂的。社会资本进入医疗业,民营医院的出现,这一定程度改变了医疗业长期低效率、低服务水平,民营医院虽有害群之马,但也有很多是规范守法经营。

青年魏则西之死与医疗市场化无关,其反映出的,是医疗监管的巨大盲区。苍蝇不叮无缝的蛋,在软弱无力的监管之下,自然会有医疗机构乘虚而入,坑蒙拐骗大赚黑心钱,这与医院性质无关。之前哈尔滨、深圳等地曝出的天价医疗费事件的主角,不都是公立医院吗?

针对魏则西事件,重要的是查清楚这一事件的几个核心问题,包括癌症免疫疗法被夸大和滥用,公立医院科室承包等等,在基本事实上达成社会共识,完善法治与监管,而非将板子拍在医疗市场化之上。

我们当看到,民营医疗的种种乱象,绝不是过度市场化造成。恰恰相反,医疗市场化步伐缓慢,民营医疗遭遇歧视管理,这正是乱象的一大根源所在。

近几年来,虽然国家一直在鼓励社会办医,但民营医疗仍然面临无处不在的政策壁垒。以医保定点审批为例,民营医院根本难以与公立医院享受同等待遇,在深圳福田区,几百家的社会办医疗机构,被纳入医保定点仅有7家。此外,民营医院在牌照审批、融资、土地审批、职称评定、处方权、设备引进等方面,都不能获得管理部门的公平对待。

民营医院难以获得长期稳定而宽松的发展环境,经营成本高昂,人才引进困难,不能与公立医院站在同一起跑线上竞争。在这样的背景下,一些民营医院养成了短线思维,它们不是用心做长期经营,而是急功近利,想方设法赚快钱,它们不满足于合法赚钱,而是游走于灰色地带,追逐暴利。网络虚假广告,承包公立医院科室等乱象,均由此而生。

医疗市场化绝非民众噩梦,真正的市场化只会激活医疗业的良性竞争,令民众受益。以我国台湾地区为例,台湾的全民健保制度之所以蜚声世界,与充分的市场化有很大关系。40年前,台湾占总量70%的公立医院占据95%的市场营业额,如今25%的公立医院占据30%的营业额。所以,魏则西事件应当是加快医疗市场化改革的契机,而非相反。

当然,民营医院也要从魏则西事件中汲取教训。在信息愈加透明,公众维权意识高涨的时代,那种过度依赖广告营销、打政策擦边球、暴利收费的模式已越来越行不通了。一个民营医院今后要想发展壮大,必须清除自身的"游医"的基因,走正规化、品牌化之路。面对公众的批评,民营医院的经营者们只有不回避问题,积极参与变革,实现脱胎换骨的改变,才能赢得社会的尊重。

(执笔 于平)

■ 2016年5月6日社论

是时候根治医院科室外包乱象了

魏则西事件作为标志性公共事件的涟漪效应，仍在凸显：据《新京报》报道，2016年5月4日，也即北京市卫计委表态将对在京的地方医疗机构科室外包严肃查处的当日，国家卫计委专门召开了关于规范医疗机构科室管理等工作的电视电话会议，提出医疗机构必须依法执业，禁止出租或变相出租科室及发布虚假医疗广告等违法违规行为。

国家卫计委此番发声，无疑是有针对性的重申：应看到，我国《医疗机构管理条例》第46条早就对科室外包明令禁止。2000年卫计委发布的《关于城镇医疗机构分类管理的实施意见》也明确政府举办的非营利性医疗机构不得投资与其他组织合资合作设立非独立法人资格的营利性的"科室""病区""项目"。而《军队医院管理若干规定》《军队医疗机构业务帮带管理规定》，也对部队医院做了类似规定。

而这次重申，其背景不言自明：作为滤镜的魏则西事件，将多重触发社会痛点的乱象暴露在公众面前，其中公立医院科室外包就是问题中的问题。得看到，尽管媒体时有曝光，有关部门、地方也多次治理，可"院中院"病象，仍在以产业链方式为祸甚广，且屡治难消。

科室承包，本起于上世纪80年代的公立医院科室收入年度上缴额，这在当时被视作提升医疗服务的重要举措。但如今，该制度已异化至畸形，其弊端也屡被提及：很多属"公"的医院玩起了"公私混搭"，过度医疗等痼疾由此加剧，最终戕害公立医院公共属性；很多患者本是奔着大医院名头去的，结果却可能成了黑大褂"挂靠"下非法行医的冤大头，而公立医院只收钱不监管的弊习和混搭模式下责权利混乱，也导致出了事故后责任廓清难。

魏则西事件已敲响警钟：无论是承包后自营，还是那种挂靠公立医院依托其挂号、收费系统搞提成的隐形外包，都是亟待剜除的毒瘤。在此情境下，鉴于舆论激愤难抑，是时候趁着以魏则西事件为事件性节点，对科室外包乱象来个彻头彻尾的"诊断根"了。

就眼下看，当务之急，是对科室外包和合法合规范畴的"院旁院"、委托管理、特许经营等模式切割，也对医院科室承包乱象进行摸底排查，进行专项督察与系统整治。基于科室外包模式的深耕，目前至少可做到两点：一者，要将科室承包情况列入医院院务信息公开序列，对被承包的科室挂牌明示，让社会知情；二者，主管机构、地方对辖下相关医院"切割式脱钩"设最晚时限，并对其整改进度表进行核查。前不久中央军委通知，计划用3年左右时间，分步骤停止武警部队一切有偿服务活动，部队医院叫停科室外包牟利的时间表显然更应收紧。其他地方公立医院也一样。

还应看到，有些社会资源承租科室，也是民间办医资源得不到释放后向非制度渠道的外溢。魏则西事件是这种外溢的沉重代价，但其教训不应是拒绝社会资本办医，而是应允许更多社会资本在规范框架下办医。这就需要放开社会力量办医在牌照审批、医保定点设置等，并将管理重心放在事中事后监管上。像这次，斩断了"莆田系"租科室的链条后，也要放开其办专科、综合医院的门槛限制，引导其清除游医基因、向规范化转型。

医院科室外包，本就是种该治的病。而治理之方，就在于让"混搭"的公私脱钩，也厘清鼓励社会办医和"借壳"乱办医的界限。

（执笔 佘宗明）

■ 2016年5月10日社论

人性荒芜的商业模式应走向终结

在会同多部门成立联合调查组进驻百度后，国家网信办2016年5月10日公布了调查结果，认为百度搜索相关关键词竞价排名结果客观上对魏则西选择就医产生了影响，其竞价排名机制存在付费竞价权重过高、商业推广标识不清等问题，必须立即整改。事后百度方面表示，坚决落实联合调查组整改要求。而国家卫计委、中央军委后勤保障部卫生局等，也于昨晚公布了对武警北京二院存在的严重问题的纠正措施。

亡羊补牢，是对逝者告慰，也是对悲剧的避免重蹈。针对魏则西事件中暴露的竞价排名乱象，调查组提出的全面清理整顿医疗类商业推广服务、改变竞价排名机制等整改措施，备受舆论关注。实际上，整改要求属于规制性行政指导，也即行政机关在认定相对人行为具有不正当性的基础上，根据法律与政策对其进行指导、劝告、建议。

严格说来，行政指导不像行政处罚那般产生直接法律责任，但若是行政相对人不听取整改意见，很可能产生妨碍社会秩序、危害公共利益的严重后果。当下，不仅百度有必要严格按照要求进行整改，在更广泛意义上，该要求当成为整个搜索引擎行业的底线准则。

据悉，国家网信办表示，将加快出台《互联网信息搜索服务管理规定》，这也将推动搜索服务管理法治化。

或许在某些人看来，百度是家企业，有其商业利益诉求很正常。时下各类搜索引擎大多都成功开展了竞价排名或推广业务。不过也应看到，作为信息入口的百度，连接的很多信息都事关公共利益。本质上，它不是简单的商事主体，还应承担与其量级相应的社会责任，受责权利对等原则约束。

对搜索引擎而言，若其滥用信息优势，对违法广告尤其是涉医学领域虚假信息予以推广，甚至为之提供认证、信誉担保，就成了违法广告同谋，不仅违背商业伦理，更脱离了法律轨道。实际上，按新广告法规定，虽然竞价排名结果一般并不直接指向具体的某种商品或服务，却直接推送商家的主体网站链接，这属于间接推销的商业广告活动，也应受到法律约束。

正因如此，这次整改才会瞄准竞价排名中的问题，提出以信誉度为主要权重的排名算法，并限制商业推广信息比例。

从长远视角看，这次整改，极可能触动竞价排名模式乃至更深远的商业模式调整，而BAT三家中任何一家有重大商业模式转型，都会间接改变整个互联网生态，如搜狗就推出了"良心"医疗搜索服务。

而这，也给互联网企业提了个醒：只有将盈利模式跟有益社会、造福民众的担当结合，而非将自己定位为赚钱工具，才能更好地赢得市场和民心；对某些步入唯利泥沼的企业而言，尤其该及时转型，而非等到被抓到痛处才改。

无论是涉事互联网企业还是相关医疗机构，其盈利模式中责任的荒废，始于人性深处精神家园的荒芜。吸取这次事件的教训，需要的不仅仅弥补法治的短板，更需要重塑根植于某些企业基因中的商业伦理和模式。百度的整改以及相关搜索行业生态的变化，更警示当今以及未来的商业领袖与精英，丧失情怀、无视社会责任将寸步难行。这也是魏则西事件以及这次整改带来的更为长远的影响。

（执笔 于德清）

后记：总有一种努力和坚持，不可辜负

正在编辑这本《新京报》社论选集之时，我们遇上了聂树斌案复审宣判。

聂树斌案是中国司法的一个结，也是一代中国媒体人的一个情结。正义在路上走了21年，已在时代的洪流中迟到，但我们还是等到了。

12月1日，聂树斌案即将宣判的消息已在网上流传。这天晚上，我们就开始准备第二天的评论、策划。其中一部分内容，就是将这些年来《新京报》所有关于聂树斌案的评论做一个梳理。

由于年代久远，当年很多内容已经在网上搜不到了。我们只能在报社备份的历史文件中，一个版一个版打开来寻找。没有想到，这种琐碎的工作，竟然会令我体验到了一种历史感。

2005年3月15日，《新京报》刊发了《河南商报》聂树斌案"真凶"现身的报道。这一天，聂树斌案进入网络时代公众舆论视线。那个时候，《新京报》刚刚创刊一年半，网上社区天涯论坛方兴正艾，博客才刚刚崭露头角，那是市场化的都市报与门户网站的黄金时代，而舆论热点的意见表达往往还要迟滞一天，还是要跟随报纸的出版节奏。

在3月16日，《新京报》刊发了第一篇关于聂案的评论《死刑裁判改革事不宜迟》，文章为王琳所写。他那个时候的身份还是海南大学讲师。3月17日，《新京报》又刊发了另外一篇评论《美国有位"聂树斌"》。之后几天，因为各种原因，聂案迅速在舆论场消失。

但中国积压的冤案实在太多，很多人没有想到，在报道了聂树斌案十余天之后，又出了湖北的佘祥林案。佘祥林案这次是《新京报》独家报道。佘祥林因为被指控杀妻入狱，已经在监狱里服刑多年。在 2005 年的那一天，被他"杀死"的妻子居然回来了。佘祥林比聂树斌幸运，他遇上了有良心的法官，在重压之下，来了个"疑罪从挂"，没有判他死刑。佘祥林案被报道之后，很快就被释放、平反，获得了国家赔偿。但聂树斌案却进入漫长的博弈。

从此之后到现在的 11 年间，《新京报》刊发了不下 24 篇与聂树斌案直接相关的评论，其中有不少都是社论，在 2015 年以来我们就刊发了 5 篇社论。在每一个案件的节点，我们都努力发出声音，为推动聂案平反尽一份力。

我们相信正义终究会抵达，只是，我们没有想到，这个过程会是漫长的 11 年。

11 年，又是一代的人的时间。在这些年中，一些当年曾经报道过聂树斌案的报纸已经停刊或即将停刊；一些媒体当年同样不吝版面刊发评论文章，如今已经撤销了评论部和评论版；很多关注聂案的媒体人和评论人也已经离开媒体，转行去做其他的事情。在这 11 年中，微博、微信等社交媒体兴起，博客迅速崛起又迅速衰落，在移动互联网时代，门户网站已经成了传统媒体……

只是，不管媒体的传播形态如何改变，聂树斌案还是在那里，社会仍然对正义如饥似渴，法律人、媒体人以及社会各界依旧不改初心在努力和坚持。我们也没有忘记，无论怎样依法治国，聂树斌案都还悬在那里，作为媒体机构也需要一样的努力和坚持，坚守底线，捍卫法治精神，社会的期待和所有人的努力不可辜负。

在聂树斌案终将迎来结果的时候，我们已经摆脱了报纸出版流程的束缚。从 2014 年以来，《新京报》评论部已经拥有了《新京报》评论、沸腾、《新京报》社论三个微信公号。其中《新京报》社论是在今年 10 月中旬正式开通。除了微信公号，我们在微博、头条号、企鹅号等平台，也都有对应的发布渠道。在这些平台，我们的文章也都获得了相当可观的阅读量。这也让我们的声音能够让更多的人听见，更好地影响现实、回应社会的期待。

12月2日凌晨，我们已经初步编写好了聂树斌案的社论。这篇文章还是王琳老师写的，是巧合，或许也是定数。第二天上午山东高院宣判结果一出，我们略作修改、核对，一分钟后，《聂树斌改判无罪，中国司法的一个"结"终于解开》社论就通过《新京报》网、微信公号等多个平台，发布出去。成为当天中国媒体、自媒体中，第一篇评论聂树斌案平反的文章。

所以，在编这本书的时候，我们也就把这篇新媒体上发布的社论收了进来，而且这本文集中，在新媒体首发的社论文章，还有多篇。我们的社论已经不再只是带着油墨的香气，更带着新时代的光和热。

不管技术如何发展，社会如何改变，媒体不会消亡，言论不会消失。在移动互联网时代，我们顺应大势，拥抱技术变革，这也让我们拥有更多的表达自由、获得更大的影响空间。唯有如此，作为媒体才不会辜负时代需求和社会期待，当然，我们也相信，社会不会辜负那些一直在努力并坚持的媒体和评论人。

所以，我们也要特别感谢社论的执笔者们，感谢他们这些年来的一路同行，因为大家共同的努力和坚守，再厚的城墙也无法遮挡这些文字背后的思想之光。

《新京报》评论部主编　于德清